AF202693

ro
ro
ro

Steffen Schroeder, geboren 1974 in München, ist Schauspieler und Schriftsteller. Er war Ensemblemitglied am Wiener Burgtheater, bevor er Claus Peymann ans Berliner Ensemble folgte. Er spielte in zahlreichen Fernsehserien und Kinofilmen, wie etwa «SOKO Leipzig» oder «Der rote Baron». Schroeder engagiert sich für den Weißen Ring und gegen Rechtsextremismus, seit 2017 ist er Botschafter der Organisation Exit-Deutschland. Sein Buch «Was alles in einem Menschen sein kann. Begegnung mit einem Mörder» (2017) löste großes Echo aus. 2020 erschien sein Debütroman «Mein Sommer mit Anja». Steffen Schroeder lebt mit seiner Familie in Potsdam.

«Schroeders Stärke ist die ausgestaltete Phantasie ... Er versetzt sich in die Protagonisten seiner historischen Erzählung hinein, folgt ihren Gefühlen, schildert, was sie sehen, hören und denken.» **FAZ**

«Unglaublich spannend ... Ein ganz tolles Buch, wirklich lesenswert.» **NDR Fernsehen ‹DAS›**

«Ein melancholischer Thriller, ein geballtes Drama, das genug Atem hat, um über den Sinn der eigenen und der deutschen Geschichte nachzudenken.» **Volker Schlöndorff**

Steffen Schroeder

Planck oder
Als das Licht seine
Leichtigkeit verlor

Roman

Rowohlt

Taschenbuch Verlag

3. Auflage November 2025
Veröffentlicht im Rowohlt Taschenbuch Verlag,
Rowohlt Verlag GmbH, Kirchenallee 19, 20099 Hamburg, Juni 2024
Copyright © 2022 by Rowohlt · Berlin Verlag GmbH, Berlin
Die Nutzung unserer Werke für Text- und Data-Mining
im Sinne von § 44b UrhG behalten wir uns explizit vor.
Covergestaltung Cordula Schmidt Design, Hamburg,
nach einem Entwurf von Anzinger und Rasp, München
Coverabbildung Nelly Planck, Copyright Steffen Schroeder
Satz aus der Garamond Premier Pro
bei Dörlemann Satz, Lemförde
Druck und Bindung CPI books GmbH, Leck
ISBN 978-3-499-00931-0

Kontaktadresse nach EU-Produktsicherheitsverordnung:
produktsicherheit@rowohlt.de

Wenn Sie die Art und Weise ändern,
wie Sie die Dinge betrachten,
ändern sich die Dinge, die Sie betrachten.

Max Planck

Das Bekenntnis

All die Jahre hat er versucht, nicht anzuecken. Hat versucht, in diesen schwierigen Zeiten nicht viel Aufhebens zu machen. Immer in der Hoffnung, dass man ihn und seine Kollegen würde gewähren lassen.

Wissenschaft und Politik, das waren zwei Dinge, die man trennen musste. Wissenschaftler sollten sich aus der Politik heraushalten. Und im Gegenzug sollte die Politik die Wissenschaftler in Ruhe forschen lassen. Der Meinung ist er immer gewesen. Dass mit dem Regierungswechsel ein Unglück über Deutschland hereingebrochen ist, hat er hingegen von Anfang an so empfunden. Sicher, er hat es nicht so düster kommen sehen, wie es sein Sohn von Beginn an prophezeit hat. Erwin hat es wissen müssen.

Sein Blick fällt wieder auf den Brief, der vor ihm auf dem Schreibtisch liegt. Er rückt die Brille zurecht.

Der Präsident der Reichskulturkammer steht als Absender groß im Briefkopf.

Sehr geehrter Herr Geheimrat!

Mit diesem Brief erlaube ich mir, Sie an die Beantwortung meines Schreibens zu erinnern,

beginnt der Text, den er schon Dutzende Male gelesen hat. Für gewöhnlich benötigt er keine Erinnerung. Für gewöhnlich ist er von preußischer Pünktlichkeit. Und selbstverständlich beantwortet er normalerweise jeden Brief sorgsam und ohne viel Zeit verstreichen zu lassen.

Aber auch dieses Erinnerungsschreiben liegt bereits seit über einer Woche hier. Erneut erinnere man ihn, heißt es weiter darin, den bereits früher angeforderten Beitrag zu der Broschüre «Bekenntnis zum Führer» zu liefern.

Max Planck sitzt am Schreibtisch des Gästezimmers eines Gutshauses in Rogätz, dem kleinen Dorf in der südlichen Altmark, fern seiner Berliner Heimat. Und weiß nicht mehr weiter. Zum Führer bekennen soll er sich. Dabei hat er das noch nie getan. Ein Freund des Nationalsozialismus ist er von Anfang an nicht gewesen.

Er sieht aus dem Fenster. Vor ihm erstreckt sich der weitläufige Park, der das Gutshaus umgibt. Mächtige Linden und Ahornbäume, rechter Hand die Gutskirche, mit ihrem aus Feld- und Granitsteinen erbauten massigen Turm. Auf der Straße vor dem Torhaus spielen ein paar Kinder. Es ist später Nachmittag, die Sonne steht bereits sehr tief. Auch wenn es heute recht warm ist, macht sich der Herbst allmählich bemerkbar.

Erwin sitzt inzwischen im Gefängnis. Gottlob, im Gefängnis!

Dass man dafür einmal dankbar sein würde, hätte er sich auch nie träumen lassen. Aber nach acht Wochen Ravensbrück, nach acht Wochen Konzentrationslager, da ist man als Vater erst einmal in höchstem Maße erleichtert, wenn man erfährt, der Sohn sei in die Justizvollzugsanstalt Tegel verlegt worden. Schließlich hört man so einiges, wie es in den Konzentrationslagern zugehen soll.

Hochverrat wirft man seinem Sohn vor. Beteiligung an den Machenschaften des 20. Juli. Am Versuch, «den Führer seiner verfassungsgemäßen Gewalt zu berauben». Sagen sie.

Ein Haftbefehl liegt immer noch nicht vor. Aber den braucht man in diesem Land schon länger nicht mehr. Leute, die es wissen müssen, haben ihm vorsichtig zu verstehen gegeben, man müsse mit dem Schlimmsten rechnen. Seitdem versucht er, alles in seiner Macht Stehende zu unternehmen, um seinen Sohn zu retten. An das Reichssicherheitshauptamt, zu Händen des Reichsführers Himmler, hat er einen Brief geschrieben. Er könne sich nicht vorstellen, dass Erwin irgendetwas mit den Geschehnissen des 20. Juli zu tun habe. Er sei auf seinen Sohn angewiesen. Sein Leben lang habe er sich bemüht, nur für seine Wissenschaft und seine Ehrenämter da zu sein und eben auf diese Weise dem Vaterland zu dienen. Er bitte darum, sich in seine Lage zu versetzen.

Maria, die Schwester von Erwins Ehefrau Nelly, hat gleichzeitig an eine Freundin geschrieben, die Himmlers Frau kennt. Sie hatten sich beim Roten Kreuz kennengelernt. Frau Himmler möge doch bitte ihren Mann auf das Gesuch von Max Planck aufmerksam machen.

Das Ergebnis war ernüchternd gewesen. Vor drei Wochen erhielt er einen kurzen Antwortbrief von einem Adjutant Schlauch: Die Belastung seines Sohnes Erwin sei so groß, dass eine Entlassung nicht möglich sei.

Drei Wochen ist Erwin nun schon in Tegel. Wenn man seinem letzten Brief Glauben schenken darf, scheint es ihm recht gut zu gehen. Aber vielleicht will er seinen alten Vater nur schonen? Will vermeiden, dass er sich allzu große Sorgen macht?

Bis zum Machtwechsel ist sein Sohn in der Politik tätig gewesen, als Staatssekretär der Reichskanzlei. Die rechte Hand des Kanzlers sozusagen, das ist Erwin gewesen. Unter Schleicher und Papen, den letzten Kanzlern der Weimarer Republik. Und auch schon zuvor, als persönlicher Sekretär von Heinrich

Brüning. Bevor Hitler an die Macht gekommen ist, haben sich die Staatslenker in der Reichskanzlei ja quasi die Klinke in die Hand gegeben. Er selbst hat daher anfangs gedacht, auch die Episode Hitler werde nur von kurzer Dauer sein. Aber da hat er sich getäuscht.

Er blickt auf das Schreiben vor sich. Ein Bekenntnis zum Führer? Ausgerechnet von ihm? Eigenartig. Noch nicht einmal ein Jahr ist es her, das kommt ihm jetzt in den Sinn, da hat man ihn für seine Verdienste mit der Goethe-Medaille auszeichnen wollen. Dann war die Verleihung allerdings abgesagt worden. Auf Umwegen hat er schließlich erfahren, es gebe Bedenken vonseiten des Reichspropagandaministeriums. «Weil Planck sich bis in die letzte Zeit hinein für den Juden Albert Einstein eingesetzt habe», hat es geheißen. Als «weißen Juden» haben sie ihn, Planck, beschimpft.

Er sieht aus dem Fenster. Die Mauersegler, die den ganzen Sommer hindurch um und über das Gebäude geflogen sind, sind alle verschwunden. Seit ein paar Tagen hat er auch keine Mehlschwalben mehr gesehen. Das Laub des wilden Weins, der die Gutsmauer hochrankt, beginnt sich bereits rot zu färben.

Auch sein Freund Albert Einstein hatte das Ausmaß der Katastrophe von Anfang an vorhergesehen und allen verkündet, in seiner unverblümten, direkten Art. Einer Art, die es ihm und seinen Kollegen in der aufgeheizten antisemitischen Stimmung nach Hitlers Regierungsantritt unmöglich gemacht hatte, weiter für Einstein einzustehen. Froh war er gewesen, dass Einstein schließlich selbst den Entschluss gefasst hatte, aus der Akademie auszutreten, er hatte ihn gar darin bestätigt. Denn den Freund eines Tages aus der Akademie ausschließen zu müssen, das hätte er nicht übers Herz gebracht. Gut elf Jahre ist das her. Einstein ist seitdem fort. Nie wieder ist er nach Deutschland zurückgekehrt.

Stattdessen forscht und lehrt er jetzt in Princeton, einem kleinen Universitätsstädtchen an der Ostküste der Vereinigten Staaten von Amerika.

Der Termin für die Schlussredaktion ist auf den 15. Oktober festgesetzt worden, und ich wäre Ihnen sehr zu Dank verpflichtet, wenn Sie mir Ihre Entscheidung über Ihre Mitarbeit beziehungsweise Ihren Beitrag in nächster Zeit zugänglich machen würden, heißt es im Brief.

6. Oktober steht auf dem kleinen Drehkalender neben dem Tintenfass vor ihm auf dem Schreibtisch. *23. September* lautet das Datum oben auf dem Brief. Allmählich muss er eine Antwort finden. Letzte Woche hat er erfahren, dass sie den Diplomaten Ulrich von Hassell hingerichtet haben. Auch ein Freund von Erwin. Zwei Stunden nachdem er vom Volksgerichtshof zum Tode verurteilt wurde. Schockierend, wie schnell es gehen kann. Vor wenigen Tagen wurde auch Wilhelm Leuschner gehängt, der ehemalige hessische Innenminister. Seit dem 20. Juli finden mehrmals die Woche Hinrichtungen statt. Und augenscheinlich schreckt man vor nichts mehr zurück.

Heil Hitler! steht unter dem Brief, der beharrlich auf eine Antwort wartet.

Letztes Jahr, zu seinem fünfundachtzigsten Geburtstag, hat ihm Hitler ein Telegramm mit Glückwünschen geschickt. Völlig überraschend. Pflichtgemäß hat er sich mit einem Zweizeiler dafür bedankt. Es war der erste Kontakt seit einer kurzen persönlichen Begegnung im Mai 1933. Damals stattete er in seiner Eigenschaft als Präsident der Kaiser-Wilhelm-Gesellschaft, wie es so üblich war, dem neuen Reichskanzler einen Antrittsbesuch ab. Auch, um über die jüdischen Kollegen zu sprechen. Hitler war erst wenige Monate im Amt gewesen, und doch hatte er das Land bereits tiefgreifend verändert. Mit dem Ermächtigungsgesetz hatte er die Gewaltenteilung aufgehoben, mit dem wenige Wochen zuvor erlassenen «Gesetz zur Wiederherstellung des Berufsbeamtentums» wurden Plancks jüdische Freunde und Kollegen aus ihren Ämtern gedrängt.

Selbst die Alte Reichskanzlei hatte plötzlich ganz anders auf ihn gewirkt. Das Gebäude war ihm bestens vertraut. Als oberster Vertreter der deutschen Wissenschaft hatte er in den Jahren zuvor so manche Einladung hierher erhalten. Und auch Erwin hatte er hier häufig besucht, denn schließlich war dies nicht nur der Arbeitsplatz seines Sohnes gewesen, als Staatssekretär hatte Erwin auch eine stattliche Dienstwohnung in dem ehrwürdigen Gebäude bewohnt.

Nun aber leuchtete alles rot. Nicht nur die Reichskanzlei, die ganze Wilhelmstraße versank in einem Meer von Hakenkreuzfahnen. Ein SS-Mann hatte ihn in Bismarcks früheres Arbeitszimmer geleitet, das man jetzt als «Rauchsalon» bezeichnete, und ihm einen Sessel zugewiesen. Dort saß er geduldig wartend und starrte an die dunkle hölzerne Kassettendecke.

Auf den ersten Blick sah alles aus wie früher. Nur über dem Kamin prangte nun ein großer Reichsadler, der ein mit Eichenlaub umkränztes Hakenkreuz in seinen Klauen hielt. Reichlich fehl am Platz wirkte der monströse Vogel in diesem Raum. Geradezu albern sah er aus. Irgendwann hatte er einen Blick auf seine Taschenuhr geworfen: Mit der preußischen Pünktlichkeit war es offenbar vorbei. Er musste an den «alten Herrn» denken, wie sein Sohn den Reichspräsidenten Hindenburg genannt hatte. Nie hätte der Reichspräsident einen Gast auch nur eine Minute warten lassen, er war durch und durch Soldat, Disziplin und Pünktlichkeit sein oberstes Gebot. Damals war er schon lange greis und krank. Und obgleich er sich angestrengt bemüht hatte, sein Amt im Sinne des Volkes weiterzuführen, war er längst nicht mehr voll auf der Höhe, wie Erwin immer wieder betont hatte.

Als sich endlich die andere Tür öffnete und Hitler aus dem Damensalon eintrat, schlug ihm eine Wolke herb-süßlichen Parfums entgegen. Nie zuvor hatte er einen Mann getroffen, der derart viel Parfum verwendete. Mit verkniffenem Gesicht reichte der Führer ihm knapp die Hand, und er spürte instinktiv, dass dieser Besuch sehr anders als vorherige Antrittsbesuche verlaufen würde.

Schon damals war er mit fünfundsiebzig Jahren ein betagter Mann gewesen. Aufgrund seiner Reputation und seiner gesellschaftlichen Stellung war er es gewohnt, dass man ihm zumindest aufmerksam Gehör schenkte.

Nach ein paar einleitenden Worten versuchte Planck vorsichtig, auf die zahlreichen Verdienste seiner jüdischen Kollegen zu verweisen. Legte dar, dass wertvolles Wissen dem Ausland zugutekäme, wenn man seine Kollegen zur Emigration nötige. Ganz bewusst hob er Fritz Haber hervor: Haber, der im Weltkrieg an vorderster Front gekämpft hatte und ein deutscher Patriot war. Haber, ohne dessen Verfahren zur Gewinnung von Ammoniak aus dem Stickstoff der Luft der Krieg von Anfang an verloren gewesen wäre.

Aber der Führer war ihm jäh ins Wort gefallen, hatte nur die schlimmsten Allgemeinplätze vor sich hin geschimpft und ging auf weitere vorsichtige Argumente Plancks nicht mehr ein. Stattdessen redete er sich derart in Rage, dass Planck nichts übrig blieb, als zu verstummen und unverrichteter Dinge wieder von dannen zu ziehen. Wobei der Duft des Führers an ihm haften blieb. Selbst nachdem er sich zu Hause gründlich die Hände gewaschen hatte, hatte er den penetranten Geruch des Parfums Stunden später immer noch wahrnehmen können.

Zutiefst deprimiert berichtete er Werner Heisenberg von seinem Treffen. Und schon damals ahnte er, dass diese Regierung zu einem entsetzlichen Unglück für Deutschland führen werde. Einem Unglück, dem er machtlos gegenüberstand.

«Was jetzt geschieht, ist wie eine Lawine, die den Berg herunterrast, da kann sich kein Einzelner dagegenstellen», meinte er zu Heisenberg. «Man muss warten, bis sie unten angekommen ist. Dem Einzelnen bleibt im Augenblick nur die Wahl, auszuwandern oder das Unglück mitzuerleiden.»

Und dann bekniete er Heisenberg, Erwin Schrödinger und sämtliche nichtjüdischen Kollegen, mit ihm hierzubleiben. Und auszuhalten.

Draußen dämmert es bereits. Die spielenden Kinder vor dem Torhaus sind verschwunden. Im Park singt eine einsame Amsel.

Dass man etwas unternehmen muss, hat Erwin in den letzten Jahren immer wieder gesagt. Dass wir Deutschen große Schuld auf uns geladen haben. Schreckliche Dinge, von denen er bei seinen Reisen an die Front erfahren hat. Und zuletzt hatte er gemeint, dass es nicht mehr lange dauern wird. Bis der Spuk vorüber ist. Mit der Dämmerung färbt sich das Weiß des Briefpapiers in ein fades Grau. Die Buchstaben vor seinen alten Augen beginnen zu verschwimmen. Er könnte das elektrische Licht einschalten. Lässt es aber bleiben.

Schließlich nimmt er die Brille ab. Reibt sich die Augen. Ein Revoluzzer ist er nie gewesen. Zumindest nicht freiwillig. Sicher, vor fast einem halben Jahrhundert hat er die Welt der

Physik revolutioniert, mit seiner Quantentheorie. Aber es ist alles andere als sein Wunsch gewesen, das bestehende physikalische Denken komplett auf den Kopf zu stellen. Ganz im Gegenteil, lange hatte er sogar gehofft, einen Fehler in seinem Denken als logische Erklärung für seine Experimente zu finden.

Das Leben hält für die Menschen Aufgaben bereit. Und man bekommt nicht immer die, um die man sich beworben, die man sich gewünscht hat. Weiß Gott nicht.

Langsam erhebt er sich und tritt aus dem Zimmer. Das Parkett knarzt unter seinem schlurfenden Schritt. Als er die Flügeltür des gegenüberliegenden Salons öffnet, fällt sein Blick auf das Grammofon. Ob er Brahms befragen sollte? Aber Brahms ist zu emotional, Brahms geht direkt ins Herz. Brahms kann man in physikalischen Fragestellungen konsultieren. Wenn man hingegen in einer Herzensangelegenheit einen kühlen Kopf bewahren muss, ist er der falsche Ratgeber.

Resigniert wendet er sich ab.

Schlaraffenforscher

Vor der Tür des Gemeinschaftsraumes von Trakt B kommen sie zum Stehen. Der Wärter sieht durch das in die Tür eingelassene Glasfenster.

«Einstein forscht», meint er schulterzuckend und wirft seinem Begleiter, einem jungen Volontärarzt, der erst vor drei Wochen im Burghölzli seinen Dienst aufgenommen hat, einen süffisanten Blick zu.

«Für gewöhnlich möchte er da nicht gestört werden», erklärt der Wärter. «Also, beim Forschen und beim Klavierspielen, da kann er recht ungemütlich werden ...»

Er sieht seinen Begleiter abwartend an. Der junge Arzt wischt sich nervös über die schwitzende Stirn.

Drinnen, an einem der großen Tische über Bücher und einen Berg Zeichnungen gebeugt, sitzt eine leicht untersetzte Gestalt und raucht. Und denkt nach. Wenn Kammerer wirklich recht hätte, dann wäre alles möglich. Alles hängt miteinander zusammen.

Liebevoll streicht der Mann mit dem wilden Lockenkopf über das Buch, das vor ihm liegt. Langsam fährt er mit den Fingern die Konturen der auf dem Buchdeckel eingeprägten Buchstaben nach: «Paul Kammerer» prangt dort in goldenen Lettern.

Trudi, die Bibliothekarin im Burghölzli, die sich für etwas Besseres hält, dabei ist sie doch selber nur Patientin, hat es ihm dankenswerterweise ausgehändigt. Für ein paar Zigaretten. Käuflich sind sie ja alle. Der Trudi wird er noch einen Tabakbaum züchten. Er grinst.

Dass Kammerer ein großartiger Forscher war, ein «Faszinosum», das hatte selbst sein Vater, der Allwissende, behauptet. Diese Drecksau.

Drecksau. Drecksau.

Aber dem würde er es schon noch zeigen. Mit Kammerer. Paul Kammerer hatte es geschafft, die unterschiedlichsten Amphibien in Gefangenschaft fortzuzüchten, und das unter künstlich erzeugten widrigen Bedingungen: Er hatte Alpensalamander, die im Laufe der Evolution ihre Fortpflanzung an ein Leben an Land angepasst hatten, zurück ins Wasser gezwungen. Er hatte Blinde das Sehen gelehrt: Grottenolme – eigenartig anmutende, augenlose, blasse Schwanzlurche, die in dunklen Höhlen ihr verborgenes Dasein fristen – hatte er ans Licht geholt. Hatte mit ihnen experimentiert, bis sie, unter der Einwirkung von künstlichem Rotlicht, tatsächlich funktionstüchtige Augen ausgebildet hatten.

Und nicht nur das, Kammerer hatte auch nachgewiesen, dass diese neu erworbenen Mutationen an die folgenden Generationen vererbt wurden. Das einzige Manko war: Wissenschaftliche Neuentdeckungen gehen erst in die Geschichte ein, wenn die entsprechenden Experimente von anderen Wissenschaftlern erfolgreich wiederholt werden.

Aber Salamander sind keine weißen Mäuse. Ihre Nachzucht in Gefangenschaft gelingt selten. Noch seltener unter widrigen Bedingungen, und wenn, dann braucht der Nachwuchs vier Jahre, bis er wiederum selbst geschlechtsreif ist und die nächste Generation gezüchtet werden kann. Diese Mühe konnte oder wollte sich niemand machen. Die Darwinisten hielten Kammerer sowieso für einen Betrüger. Anfangs als aufgehender Stern am Wissenschaftshimmel gesehen, waren er und seine Versuche nach seinem Selbstmord vor einigen Jahren schnell in Vergessenheit geraten.

Aber er, genüsslich zieht er an seiner Zigarette, würde Kammerer wieder zum Leben erwecken. Er bläst einen großen Kringel in die Luft, der, sich langsam ausbreitend, höher steigt, bis der wabernde Qualm sich in der Tiefe des Raumes verliert.

Alles hängt miteinander zusammen. Man müsste nur ein paar entsprechende Mutanten züchten. Die vielversprechendsten untereinander kreuzen, und allmählich könnte man sich beispielsweise zu Hühnern hocharbeiten, die Eier mit drei Dottern legen. Oder Kühe mit zwei Eutern. Obstbäume, die kein Blattwerk, sondern nur mehr Früchte tragen. Überhaupt Bäume. Was die alles tragen könnten. Warum nicht gar Schlaraffenbäume züchten? Mit Früchten wie Brotlaibe?

Der Vater, der Allwissende, hatte ihm mal erklärt, Fritz Haber habe Tausenden von Menschen das Leben geschenkt, weil durch den modernen Stickstoffdünger, dessen Herstellung auf Habers Ammoniaksynthese beruhe, das immense Wachstum der Weltbevölkerung überhaupt erst möglich sei. Aber ein richtiges Schlaraffenland, das war dem Haber nicht gelungen. Doch dazu würde er nun antreten.

Und da werde der Vater, die Drecksau, dann schon Augen machen. Im fernen Amerika. Wenn er irgendwann in einer der schreiend bunten amerikanischen Illustrierten lesen würde, was sein Sohn, der junge Einstein, in der kleinen, feinen Schweiz entwickelt hätte. Da würde der dann nicht mehr denken, es sei ein Frevel gewesen, ihn zu zeugen. Da würde der Vater stolz sein. Richtig stolz.

«Herr Einstein?»

Ein Mann im weißen Kittel steht in der Tür. Der Mann hüstelt gekünstelt und wedelt den Rauch beiseite.

«Zeit für Ihre Behandlung.»

Neuerdings wird im Burghölzli auch mit Strom behandelt. Er stellt es sich angenehmer vor als die Kaltwasserbehandlungen, die er die letzten Wochen hat über sich ergehen lassen. Erst recht angenehmer als die Insulinschocktherapie. Das will er nie wieder erleben müssen. Da läuft es ihm, schon bei dem Gedanken, jetzt noch kalt über den Rücken.

Franz, sein Arbeitskollege, meint jedoch, die Strombehandlung sei sehr schmerzhaft. Aber was soll man schon auf Franzens Gerede geben? Franz ist verrückt. Trotzdem ist ihm unwohl, als er gehorsam die Zigarette im Aschenbecher ausdrückt und zögernd dem neuen Arzt und dem Wärter folgt.

Fliegeralarm

6. Oktober 1944, Rogätz

Es klopft an der Tür.

«Herein», ruft er mit seiner hellen, etwas brüchigen Stimme.

Fräulein Frieda öffnet und sieht ihn verwundert an.

«Wünschen Sie kein Licht, Herr Geheimrat? So kann doch kein Mensch arbeiten.»

«Da haben Sie recht», stimmt er ihr aus der Dunkelheit zu.

Das Hausmädchen lächelt irritiert.

«Das Abendessen ist fertig, Herr Geheimrat», erwidert sie schließlich und verschwindet.

Als er vorsichtig die dunkle Holztreppe hinabsteigt, hält er sich am Handlauf fest. Man muss aufpassen, dass man nicht über die Läufer stolpert. Unten angekommen, fällt sein Blick auf das Ölgemälde, das neben der Garderobe hängt: Ein Porträt des Hausherrn, des Unternehmers Carl Still, der ihm und seiner Ehefrau Marga freundlicherweise seit einem Jahr hier Quartier gewährt.

Zunächst war es eine reine Vorsichtsmaßnahme gewesen. Wegen der ständigen Fliegerangriffe auf Berlin. Anfangs hatten sie es gar nicht für nötig befunden, aber Erwin hatte sie schließlich überredet, das Angebot des befreundeten Still anzunehmen.

Es würde nicht für lange sein, hatte Erwin gemeint. Der Krieg wäre bald vorbei. Zumindest was die Vorsichtsmaßnahme angeht, hat Erwin recht behalten: Anfang des Jahres ist ihr Berliner Zuhause bei einem Bombenangriff komplett zerstört worden. Das Mobiliar, seine geliebte Bibliothek mitsamt seinen Tagebüchern und seiner Korrespondenz sind vollständig verbrannt. Die wenige Habe, die sie nach Rogätz mitgenommen hatten, ist alles, was ihnen geblieben ist.

Das Gutshaus, hoch über der Elbe gelegen, kennt er bereits seit Jahren. Carl Still hat ihn und viele seiner Kollegen schon häufig hierher eingeladen. Mit Max Born, Richard Courant und Albert Einstein war er hier. Born referierte über seine gemeinsame Arbeit mit Robert Oppenheimer an einer Näherung zur Vereinfachung der Schrödingergleichung von Systemen aus mehreren Teilchen. Richard Courant hielt einen Vortrag über die Eigenwerte bei den Differenzialgleichungen der mathematischen Physiker. Anschließend haben sie bis tief in die Nacht debattiert. Still, der selbst kein Wissenschaftler ist, sondern lediglich begeisterter Hobbyphysiker, saß häufig nur staunend dabei. Vermutlich verstand er nicht viel. Aber er versuchte, einige physikalische Erkenntnisse in seinen unternehmerischen Tätigkeiten im Kokereigeschäft umzusetzen, und offenbar mit Erfolg.

Zu später Stunde musizierte man häufig gemeinsam. Dann setzte er sich mit Still an den Flügel, und sie spielten vierhändig. Begleitet von Einstein auf seiner «Lina», wie er seine Violine liebevoll nannte, die auf keiner seiner Reisen fehlen durfte.

Nun sind sie alle fort: Born, Courant, Einstein. Aufgrund ihrer jüdischen Abstammung bereits vor Jahren emigriert. Mit Still hat er bis vor Kurzem noch anregende Gespräche geführt, aber leider musste der gute Still vor ein paar Tagen zurück nach Recklinghausen fahren, wo er sich um sein Unternehmen kümmern muss.

«Max, wo bleibst du?»

Marga hat ihn im Flur entdeckt. Offenbar ist sie von ihrem Ausflug zum Gutsverwalter zurückgekehrt. Unter der Hand hat sie Speck und geräucherte Wurst besorgt, die sie nach Berlin schicken wollen. Irgendein Weg wird sich schon finden lassen. Anders als in der Großstadt bekommt man hier mitunter noch einiges auch ohne Lebensmittelmarken.

Kurz darauf nehmen sie gemeinsam mit dem Hausmädchen und Frau Albert, der Küchenhilfe, an dem großen Esstisch im Wohnzimmer Platz. Etwas verloren fühlt man sich, zu viert an einer Tafel, an der locker eine Gesellschaft von fünfzehn Leuten sitzen könnte. Dass das Personal mit ihnen isst, darauf haben sie von Anfang an bestanden. Sonst wäre es noch seltsamer, zu zweit an diesem riesigen Tisch.

«In diesen Zeiten muss man zusammenhalten», hat Marga gemeint, «da kann es nicht schaden, wenn wir alle ein wenig zusammenrücken.»

Jetzt spricht sie das Tischgebet, und anschließend beginnt man zu essen. Kohlsuppe mit weißen Bohnen gibt es, und da Marga beim Gutsverwalter erfolgreich war, sogar mit etwas Speck.

Im selben Moment, als die hölzerne Wanduhr schlägt, ertönt die aufheulende Sirene des Fliegeralarms. Das Hausmädchen und Frau Albert springen erschrocken auf, Max und Marga bleiben sitzen und essen ungerührt weiter.

«Herr Geheimrat», ruft Fräulein Frieda mit gerötetem Gesicht, «die Flieger kommen! Wir müssen in den Keller!»

Max Planck hebt nur kurz den Kopf: «Zuerst esse ich auf.»

Als Marga kurz darauf die großen Flügeltüren des Esszimmers öffnet und sie beide auf die Terrasse treten, steht der Mond immer noch recht voll am Himmel. Vor vier Tagen erst war Vollmond, das Mondlicht spiegelt sich in dieser sternenklaren Nacht in der Elbe, die am Fuße des Steilhangs Richtung Hamburg strömt. Windstill ist es, der Fluss vor ihnen schwarz und spiegelglatt. Nur an der Stelle rechter Hand, an der die Ohre in die Elbe mündet, brechen ein paar zarte Wellen die Oberfläche.

Die Verdunkelungsaktionen sind längst auch in der beschaulichen Altmark angekommen, die Fenster überall mit Decken verhängt oder mit Verdunkelungspapier beklebt. Kaum ein Licht ist in der Ferne zu sehen, der Schein des Mondes und der Sterne sorgt für den gespenstisch schönen Ausblick.

Von der Straße her hört man das auf- und abschwellende Jaulen der Luftschutzsirenen. Donnernd ziehen die Fliegerverbände über den wolkenlosen Himmel.

«Bombenwetter», sagt er leise und greift nach Margas Hand.

«Die sind nicht für uns bestimmt», erwidert Marga, «sie fliegen Richtung Berlin.»

Von der Freiheit in verschlossenen Räumen

Die Welt ist ein Paradox. Und alles ist möglich.

Dass man ausgerechnet in der Enge dieses winzigen Raumes die Weite der Welt erfassen könne! Dass man, eingesperrt in einer kleinen Gefängniszelle, Freiheit erleben könne, das hätte er nie gedacht. Er sieht seinen Vater vor sich, milde lächelnd. Vater, der immer sagt, man müsse alles für möglich halten, nur dann sei einem der Blick unter die Oberfläche, in die Tiefe des Lebens vergönnt.

Die Möglichkeiten seien schier unbegrenzt. Die Welt sei unbegrenzt.

Dass dem wirklich so ist, hat sich ihm erst in jüngster Zeit so recht erschlossen. Seltsam, denkt Erwin, dass er ausgerechnet an diesem finstersten Ort derart helle Momente erleben darf. Eine eigenartige Ruhe und Gelassenheit erfüllt ihn. Das «Totenhaus» nennen sie diesen Ort. Und wenn man als lebender Toter im vierten Stockwerk des Verwahrhauses I der Justizvollzugsanstalt Tegel in seiner Zelle sitzt, seine Hinrichtung erwartend, dann kann einem nichts mehr passieren.

Denn dass sie ihn zum Tode verurteilen werden, davon muss man wohl ausgehen, wenn man die Sache nüchtern betrachtet. All seine Mitstreiter des 20. Juli sind entweder hingerichtet worden oder warten, wie er, auf ihre Verhandlung vor dem Volksgerichtshof. Das Ergebnis ist in der Regel dasselbe: Wer in Verdacht steht, mit dem Attentat auf den Führer und den Plänen eines darauffolgenden Umsturzes des Systems auch nur annähernd etwas zu tun zu haben, muss mit dem Tod durch den Strang rechnen. Da macht Roland Freisler, der berühmt-berüchtigte Präsident des Volksgerichtshofes, in der Regel keine Ausnahme. Berühmter Vater hin oder her.

Aber eigenartigerweise kann einem dieser unverstellte Ausblick auf den bevorstehenden Tod neue Kräfte verleihen. In den letzten zehn Wochen hat Erwin bereits eine kleine Odyssee hinter sich gebracht: Erst kam er ins Zellengefängnis Lehrter Straße, von dort brachte man ihn regelmäßig zu den meist nächtlichen Verhören in die Gestapo-Zentrale in der Prinz-Albrecht-Straße. Anfang August ist er dann in das Konzentrationslager Ravensbrück verschoben worden, wo er auf einige Bekannte aus dem Widerstand traf. Vor drei Wochen hat man ihn schlussendlich nach Tegel überstellt. Und auch wenn sein Kamerad Helmuth Moltke sagt, dass aus dem Totenhaus niemand lebendig herauskommt, ist das hier, im Vergleich zu den letzten Wochen, eine deutliche Verbesserung.

Auch hier bewohnt er eine Einzelzelle. Kontakt zu Mithäftlingen soll weiterhin streng vermieden werden. Schließlich will die Gestapo noch die ein oder andere Information aus ihnen herausbekommen, Absprachen unter den Gefangenen will man verhindern. Aber hier hat er wenigstens ein bisschen mehr Komfort. Letztens hat er in all der Langeweile seine Zelle mithilfe einer Buchkante ausgemessen, zumindest in etwa. Was man so macht, wenn man nichts machen darf.

Sie mag ungefähr einen Meter achtzig breit sein und zwei Meter achtzig lang. Linker Hand steht ein Klappbett, das aus einem einfachen Brett mit dünner Matratzenauflage besteht, tagsüber muss man es hochklappen. Die dazugehörige Wolldecke stinkt, wenn auch bei Weitem nicht so schlimm wie die

Decke in der Zugangszelle, sich mit der zuzudecken hatte er nicht geschafft, obwohl es in der Nacht durchaus frisch wird. An der anderen Wand ein kleiner Tisch mit einem am Boden fest verschraubten Stuhl, auf dem er meistens sitzt. Darüber eine Lampe, die tags und leider auch nachts brennt. Rechts davon ein kleiner Spind für Kleidung sowie zwei Fächer für Zahnputzbecher und Essgeschirr. Daneben steht sein Koffer.

Der Koffer gibt ihm ein in manchen Momenten angenehmes Gefühl von Vergänglichkeit, jede Reise nimmt irgendwann ein Ende. In der gegenüberliegenden Ecke, neben der Tür, steht ein Eimer aus Emaille, der als Toilette dient. Und ein Wasserkrug. An der Stirnseite des Raumes gibt es in zwei Meter Höhe noch ein winziges Fenster. Zu hoch, um hinauszusehen. Aber immerhin kann man sich versichern, dass der Himmel noch da ist.

Unangenehm bleibt, dass man Tag und Nacht Handschellen trägt. Immerhin trägt man sie vorn und wird nachts nicht zusätzlich an die Wand gekettet, wie es in der Lehrter Straße üblich war.

Aber die langen Nächte selbst machen ihm durchaus zu schaffen. Der Nachtverschluss beginnt bereits um achtzehn Uhr, erst morgens um sechs Uhr ist Aufschluss. Dann werden ihm zwecks Körperhygiene und für ein bescheidenes Frühstück die Fesseln kurz abgenommen.

Die einzige Unterbrechung des Zellendaseins ist der mittägliche «Bärentanz», wie sie hier sagen: täglich dreißig Minuten im Freistundenhof im Kreis gehen. Jeder für sich, mit Abstand zu den anderen. Nur wenn Herr Claus Dienst hat, dürfen sie sich dabei leise unterhalten. Herr Claus ist ein «Zwölfender». So nennt man die Beamten, die zuvor mindestens zwölf Jahre als Soldat der Reichswehr gedient haben.

Herr Claus ist wie ein Relikt aus alten Zeiten und verfügt noch über die guten preußischen Tugenden.

Eines hat Erwin hier gelernt: Man muss die positiven Dinge sehen. Trotz allen Unglücks. Die Mahlzeiten hier sind zum Beispiel größer, wenn auch kaum besser als im Konzentrationslager. Zumindest hungert man weniger. Das liegt auch an Vater Kunze, wie ihn die Häftlinge nennen. Willi Kunze leitet die Kantine in Tegel und achtet streng darauf, dass das Personal nichts unterschlägt. Dass die Häftlinge auch das Essen bekommen, das ihnen zusteht.

Die Aufseher hier sind, anders als im KZ, normale Beamte, keine SS-Schergen. Natürlich muss man auch hier immer auf der Hut sein. Aber manche Aufseher, wie Herr Claus, sind in erster Linie Menschen. Das war man ja schon gar nicht mehr gewohnt.

Er schmunzelt. Einer hat beim Hofgang heute gesagt, er fühle sich wie «ein Toter auf Urlaub». Es ist eigenartig. Trotz aller Angst, trotz dieses Gefühls, dass jeder Tag der letzte sein könnte, hat auch das etwas Positives: Eigentlich müsste man jeden Tag so leben, in diesem Bewusstsein. Er kann sich nicht entsinnen, sein Leben jemals so bewusst gelebt zu haben wie in den vergangenen Wochen. Nie hat er all die Dinge, die ihm gegeben sind, all das, was er erreicht hat, derart geschätzt. Nie hat er sich über Kleinigkeiten derartig freuen können. Nie hat er eine derart tiefe Demut vor dem Leben verspürt. Eigenartig, dass das dem Menschen erst unter Zwang gelingt. Dass man erst in der Entbehrung den Reichtum entdeckt.

Was ihn allerdings immer wieder aufs Neue und stets am meisten bedrückt, ist die Sorge um die Familie. Wobei das allen hier so geht. Der jüngere Helmuth Moltke, der zwei kleine Söhne hat, teilte ein paarmal in seinen dunklen Momenten diese Ängste mit ihm: Moltkes Angst, seinen Söhnen nie wieder ein Vater sein zu dürfen, sie vaterlos zurücklassen zu müssen in dieser schwierigen Welt, die aus den Fugen zu brechen droht. Seine Angst, dem jüngeren Sohn noch nicht einmal als Erinnerung erhalten bleiben zu können, zu klein ist der Junge mit seinen zwei Jahren bei der Verhaftung des Vaters gewesen. Dazu die Sorge um die geliebte Ehefrau, die sich künftig allein durchs Leben schlagen muss, ohne Mann an ihrer Seite. Stattdessen mit dem schweren Makel der Schande versehen, zumindest in den Augen vieler Deutscher. Nicht zu vergessen die finanziellen Nöte, die den Hinterbliebenen aufgebürdet werden: Das Vermögen der als Verräter Verurteilten fällt in aller Regel dem Staat anheim, nebst eventuell entstandenen Rentenansprüchen.

Was Kinder angeht, hat Erwin etwas leichter zu tragen als sein Kollege. Jahrelang hatten Erwin und Nelly sich nichts sehnlicher gewünscht als Kinder. Aber dieses Geschenk war ihnen nicht vergönnt gewesen, und irgendwann, mit Mitte dreißig, hatte sich Nelly von dem Gedanken verabschiedet. Heute ist er fast froh darum.

Dabei war, ganz unverhofft und völlig anders als gedacht, dann allerdings doch noch ein Kind zu ihnen gekommen, denkt er mit einem Lächeln, ein großes Kind: die damals siebzehnjährige Liesel. Vor fünf Jahren, wenige Monate nach Kriegsbeginn, hatte eine Freundin von Nelly händeringend nach einer Bleibe für ihre kleine Schwester gesucht. Die Mutter konnte sich nicht mehr um sie kümmern, da sie mit Liesels behindertem Geschwisterchen fliehen musste. Und so war Liesel schließlich per Kinderlandverschickung aus dem Rheinland zu ihnen gereist und hatte seitdem bei ihnen gelebt. Es war erstaunlich: In kurzer Zeit waren sie zu einer richtigen Familie zusammengewachsen. Zwar war Nelly in den letzten Jahren durch ihr spätes Medizinstudium, das sie neben ihrer

Arbeit als Krankenschwester absolvierte, sehr gefordert gewesen, genau wie er selbst in der Geschäftsleitung der Firma Otto Wolff, und doch hatten sie so viel Zeit wie möglich mit gemeinsamen Unternehmungen verbracht. So hatte sich durchaus noch etwas wie ein spätes elterliches Glück in ihr gemeinsames Leben geschlichen. Diesen Sommer schließlich hatte Liesel, mit kriegsbedingter Verspätung, ihr Abitur machen können, und nun wollte sie wie ihre Ziehmutter Nelly Medizin studieren.

Es klopft an seine Zellentür. Unwillkürlich zuckt er zusammen. Seit bestimmt einer Stunde ist er bereits im Nachtverschluss, draußen ist es längst dunkel. Für gewöhnlich öffnet sich die Zellentür um diese Zeit nicht mehr. Aber nun wird der Riegel zur Seite geschoben, ein Schlüssel dreht sich im Schloss, die Tür öffnet sich, und eine große Gestalt erscheint.

«Ich wollte Sie nicht erschrecken», sagt Anstaltspfarrer Poelchau, während er eintritt und die Zellentür sachte hinter sich schließt. «Ich dachte nur, ich übergebe Ihnen noch etwas, bevor ich gehe. Mit besten Grüßen von Ihrer Frau.»

Poelchau zieht einen gefalteten Brief aus dem Ärmel, den er Erwin überreicht.

«Der Besuchsantrag Ihrer Frau ist allerdings abgelehnt worden», fährt der Pfarrer fort, «ebenso der Ihres Herrn Vaters.»

Das war nicht anders zu erwarten gewesen. Besuch erhalten in der Regel nur diejenigen Häftlinge, die dringend Geschäftliches zu besprechen haben. Wenn es denn reichswichtige Geschäfte sind. Darunter wäre er sogar gefallen, mit seiner Tätigkeit bei der Firma Otto Wolff, wo man ja sogar Aufträge für Hermann Göring abwickelte. Aber unter den gegebenen Umständen hat die Firma ihm vor fünf Wochen ein Entlassungsschreiben geschickt.

Vaterlandsverräter sind schädlich für das Geschäftsklima.

«Kann ich sonst noch irgendetwas für Sie tun?»

Wie ein Geschenk scheint ihm dieser Mann. Auf den ersten Blick sieht Harald Poelchau aus wie ein Deutscher aus dem Bilderbuch, mit seiner schlanken, groß gewachsenen Gestalt, dem blonden Haar und den leuchtend blauen Augen. Vielleicht ist sein Aussehen das Geheimnis, warum ihm niemand auf die Schliche kommt, warum er seit Jahren unentdeckt Kassiber an verschiedene Häftlinge aus der Opposition und dem Widerstand übermittelt oder auch mündliche Botschaften überbringen kann. In seiner Wohnung in der Afrikanischen Straße, unweit des Volksparks Rehberge im Wedding, empfängt Poelchau regelmäßig Nelly und einige andere Ehefrauen der inhaftierten Widerständler.

«Wenn ich Ihnen vielleicht mal wieder bei der Gartenarbeit behilflich sein dürfte», erwidert Erwin, «das würde mich sehr freuen!»

Der Pfarrer verfügt über einen kleinen Dienstgarten im vorderen Bereich der Anstalt, nicht weit vom großen Eingangstor gelegen. Üppig bepflanzte Staudenbeete, umrahmt von einer Himbeerhecke und Johannisbeersträuchern. In der Mitte ein großer Apfelbaum, Gravensteiner, dessen gelbe, rot geflammte Früchte bereits reif sein müssten. Poelchau hat das Recht, für die Gartenarbeiten Gefangene zu bestellen. Und ein Arbeitseinsatz im Garten des Pfarrers ist jedem von ihnen eine allzeit willkommene Abwechslung. Hier, im Schatten der Anstaltsmauer vor lästigen Blicken und lauschenden Ohren geschützt, kann man ein offenes Wort wechseln. Hier kann man all den sorgenvollen Gedanken des Gefängnisalltags für ein paar Stunden entfliehen.

«Es gibt durchaus ein paar Dinge zu tun», entgegnet Poelchau gutmütig, «das werde ich gleich morgen beantragen.»

Als er sich verabschieden will, heult draußen die Luftschutz-sirene auf. Ein lang gezogener, auf- und abschwellender Ton, der durch Mark und Bein geht. Das ist keine Vorwarnung, das ist Vollalarm, so viel wissen sie beide. Schon hört man hastige Schritte auf dem unteren Flur, Geklimper der Schlüssel, eine Zugangstür fällt ins Schloss.

«Ich muss mich auf den Weg machen.» Poelchau berührt zum Abschied sachte Erwins Schulter, «Gott beschütze Sie.» Er wirft ihm noch einen tröstenden Blick zu, ehe er die Zellen-tür hinter sich verschließt und mit einem hastigen Knall den Riegel vorschiebt. Kurz darauf hört Erwin Stimmen auf dem Flur, die sich rasch wieder entfernen. Vom Hof kommen Rufe der Aufseher, irgendwo in einem der unteren Stockwerke schreit ein Häftling. Bei vergangenen Fliegeralarmen haben sich die Aufseher die Mühe gemacht, die Gefangenen aus dem obersten Stockwerk auszuquartieren und auf die Zellen im Erdgeschoss zu verteilen. Zu zweit hatte man die restliche Nacht verbracht, was einem das Gefühl von ein wenig Ge-meinschaft gab. Zu zweit ließ sich das Gefühl vollkommener Ohnmacht, gefesselt im verschlossenen Raum dem Bomben-hagel ausgeliefert zu sein, deutlich besser ertragen. Inzwischen hat man offenbar beschlossen, diesen zusätzlichen Aufwand einzusparen, und so hört er nur das sich entfernende Getrap-pel der Aufseherschritte auf ihrem Weg in den Bunker.

Schnell entfaltet er den Brief, den er noch in Händen hält. Nichts richtet ihn innerlich derart auf wie ein paar Zeilen sei-ner Frau. Von ihrer Arbeit in der Charité schreibt sie. Dass Lie-sel sie manchmal begleiten darf. Und dass sie die letzten Tage etwas mehr Schlaf gefunden hat, wegen der wenigen Alarme.

Wenn die Flieger kommen, das sind die Momente, in denen seine Frau ihn am meisten vermisst. Dann gerät sie häufig in

Panik, während es ihm gewöhnlich gelingt, ruhig zu bleiben. Vermutlich aufgrund seiner Erfahrungen als junger Soldat im Weltkrieg. Als er gezwungenermaßen lernen musste, auch in gefährlichsten Momenten besonnen zu bleiben, selbst wenn rund um ihn die Kameraden fielen.

«All meine Gedanken umgeben Dich stets», schreibt Nelly. «Du musst es ja merken, wie lieb ich Dich habe. Wie schön wird es, wenn Du erst wieder bei mir sein wirst. Gott behüt' Dich, und gräme Dich nicht um mich, ich bin ja ganz bei Dir, wenn auch nur in Gedanken.»

Und dann hat sie «Grüße von Vater» unten hinzugefügt. Seinem Vater fühlt er sich aufs Engste verbunden. Schon immer hatten sie ein herzliches Verhältnis, das im Laufe der Jahre, mit den zunehmenden Schicksalsschlägen, die seine Familie ereilten, immer stärker wurde. Den Vater, denkt er, darf er nicht im Stich lassen.

In der Ferne vernimmt er das unheilvoll dröhnende Brummen, das seit Monaten Angst und Schrecken verbreitet. Er legt sich auf den Zellenboden, robbt mühsam unter die Pritsche. Ein lachhafter Schutz, denkt er. Dort draußen sitzen die Menschen in Luftschutzräumen und Bunkern, mit Gasmasken oder mit in Essigwasser getränkten Tüchern vor dem Gesicht, gefüllte Wassereimer und Luftschutztaschen bereitgestellt. Nahezu sämtliche Fenster der Stadt sind verdunkelt, oder zumindest hat man die Lichter in den Zimmern gelöscht, die Straßenbeleuchtung überall ausgeschaltet. Nur hier bei ihnen brennt das Zellenlicht erbarmungslos. Jede Zelle erleuchtet, wie ein in die Dunkelheit gegossener Hinweispfeil.

Der Klang der Motoren schwillt an, dann folgen die ersten Einschläge. Hilfeschreie dringen aus den Stockwerken unter ihm, irgendwo tritt ein Gefangener mit Wucht gegen die Zellentür.

Als in unmittelbarer Nähe eine Kette von fürchterlichen Einschlägen erfolgt, zittert das ganze Haus. Putz rieselt neben ihm herab. «Den Mund offen halten», ermahnt er sich immer wieder. Sonst kann die Druckwelle die Lungen zerreißen.

Plötzlich, ohne vorheriges Rauschen, ein gewaltiger Rums, der das Gebäude erschüttert.

Der Zellenboden scheint zu schwanken, die Lampe über dem Tisch flackert nochmals kurz auf, ehe sie erlischt.

Dunkelheit umhüllt ihn.

Das Zusammenleben der Einzelgänger

6. Oktober 1944, Princeton

Hätte Erwin Planck im Alter von neun Jahren keinen Blinddarmdurchbruch gehabt und hätte sein Leben nicht auch nach der Operation noch wochenlang auf der Kippe gestanden, dann hätte der besorgte Vater sich damals vielleicht nicht abgelenkt, indem er einem seiner Lieblingsstudenten, Moritz Schlick, der bei ihm promovierte, besonders viel Aufmerksamkeit schenkte und mit ihm nicht nur über physische, sondern vielmehr über philosophische Fragen eifrig diskutierte. Vielleicht hätte Max Planck dann nicht dieses Feuer für die Philosophie in seinem Schüler entfacht, verbunden mit der Einsicht, dass die Philosophie mit der Physik sehr vieles verbindet, wenn man denn willens und fähig ist, diese Gemeinsamkeiten zu entdecken. Vielleicht wäre Moritz Schlick dann nicht Jahre später Professor für Naturphilosophie an der Universität Wien geworden, als Nachfolger von Ernst Mach. Und hätte nicht den «Wiener Kreis» ins Leben gerufen, zu dem er jeden Donnerstag in das Mathematische Institut einlud, um Grundlagenprobleme der Mathematik und Naturwissenschaften in Verbindung mit der Philosophie zu diskutieren.

Dann hätte Moritz Schlick auch nie einen Studenten namens Hans Nelböck unterrichtet, dessen Promotion er schließlich begleitete und der im Laufe der Jahre einen krankhaften Wahn entwickelte. Einen Wahn, der schlussendlich in einem maßlosen Hass auf seinen Doktorvater gipfelte, so groß, dass er an einem sonnigen Morgen im Juni 1936 auf der Philosophen- stiege der Wiener Fakultät einen Revolver aus seiner Jackett- tasche zog und Schlick unter den Worten «So, Hund, du verfluchter, jetzt hast du es!» mit vier Kugeln niederstreckte. Moritz Schlick starb noch am Tatort, bevor der Sanitäter ein- traf. Dann hätte der junge Kurt Gödel, ein Mitglied ebenjenes Wiener Kreises, der Schlick äußerst verbunden war, auch kei- nen Nervenzusammenbruch bekommen.

Kurt Gödel hatte wenige Jahre zuvor mit seiner Doktor- arbeit die Mathematik in ihre größte Krise gestürzt – ähnlich wie Planck und Einstein einige Jahre früher die Physik –, in- dem er mit seinem Unvollständigkeitssatz bewies, dass unsere Erkenntnis Grenzen hat. Dass es immer Fragen geben wird, die offenbleiben, weil sie mit logischen Schlussfolgerungen nicht ergründet werden können. In diesem Moment hatte er die Mathematiker der Hoffnung beraubt, dass jedes Problem theoretisch irgendwann rechnerisch lösbar sei.

Und dann hätten die Nazis den Mord an Schlick nicht für sich instrumentalisieren können, indem sie den ermordeten Philosophen, der Sichtweisen vertreten hatte, die nicht ihren Vorstellungen entsprachen, als den eigentlich Schuldigen hin- stellten. Und hätte Kurt Gödel zwei Jahre später, nach dem Anschluss Österreichs an das Deutsche Reich, nicht seine Do- zentur verloren, während man ihn als Vertreter einer «stark verjudeten Mathematik» denunzierte, wäre er wohl nicht in die USA emigriert.

So aber spazieren am 6. Oktober 1944 in Princeton, an der nördlichen Ostküste der Vereinigten Staaten, zwei Männer die Straße entlang und unterhalten sich angeregt auf Deutsch: der Jüngere, Ende dreißig, vornehm gekleidet in Hemd, Anzug und Mantel, auf dem Kopf ein eleganter Hut, das Haar mit Pomade sorgsam nach hinten gekämmt.

Der Ältere könnte sein Vater sein: Er ist bereits fünfundsechzig Jahre alt, trägt eine ausgebeulte, sackartige Hose, die offene Jacke gibt den Blick frei auf einen abgetragenen Pullover, und unter der dunklen Wollmütze auf seinem Kopf ragen wilde weiße Locken hervor. Albert Einstein ist eigentlich vor einem halben Jahr vom Institute for Advanced Study in den Ruhestand versetzt worden. Geändert hat sich seitdem allerdings nicht viel. Noch immer hat er sein Büro in Zimmer 209 des Instituts und sitzt täglich an seinen Studien. Auch wenn er, wie er scherzhaft zu sagen pflegt, das Institut nur noch besucht, «um das Privileg zu haben, mit Gödel zu Fuß nach Hause gehen zu dürfen».

Unkultiviert ist dieses fremde Land, das so unfassbar stolz auf sich ist. Einstein fragt sich oft, worauf dieser Stolz beruht? Was es da eigentlich gibt zum Drauf-stolz-Sein? Den niederträchtigen, brutalen Umgang mit schwarzen Sklaven und die vielen Tausend niedergemetzelten Indianer? Auch die Sprache bleibt ihm fremd, obwohl oder vielleicht gerade, weil sie so einfach ist.

Weil die Amerikaner mit wenigen simplen Worten alles beschreiben, was die Deutschen mit einem Vielfachen an Wörtern differenzieren und ausschmücken. Aber gerade das ist doch das Herrliche! Die profane Schlichtheit schreckt ihn ab. Und so ist der Ehrgeiz, sich tiefer in diese fremde Sprache einzuarbeiten, längst verflogen.

Vom Essen ganz zu schweigen. Er vermisst seine geliebte schwäbische Hausmannskost, aber was will man machen? Die Deutschen sind kräftig bemüht, ihre eigene Kultur abzuschaffen, und wie es scheint, mit Erfolg. Und so ist ihm in den vergangenen zwei Jahren der ebenfalls hierher emigrierte österreichische Mathematiker Kurt Gödel sehr ans Herz gewachsen. Ist er doch einer der wenigen, mit dem man sich anständig unterhalten kann, noch dazu auf Deutsch. Ein bisschen verrückt ist er, was ihn zu einem Außenseiter macht, und auch das verbindet sie.

Als die beiden gerade die Battle Road überqueren wollen, bremst ein Wagen abrupt ab und hält neben ihnen. Eine junge Dame steigt aus und kommt auf sie zugerannt.

«Excuse me! Mister Einstein, is that you?», ruft sie aufgeregt.

«My name is Einstein, yes.»

«Unbelievable!», kreischt sie hysterisch. «It's my lucky day! I'm a huge fan! May I please have an autograph?» Sie plinkert mit den blau geschminkten Augenlidern.

Kurt Gödel kennt die lästige Prozedur bereits und hält sich dezent im Hintergrund.

«It makes one dollar», antwortet Einstein in seinem schwäbischen Englisch.

Die junge Dame sieht ihn irritiert an.

«For donation», erklärt er ungerührt.

Was die Leute an einer dahingekritzelten Signatur erfreut, ist ihm nach wie vor schleierhaft. Aber wenn es für einen guten Zweck ist, hat es zumindest irgendeinen Sinn.

Die junge Dame gafft ihn unbeirrt lächelnd an.

«When you have something to write, I can write», setzt er nach.

Endlich erwacht die Frau aus ihrer Starre und beginnt nervös, in ihrer Handtasche zu kramen.

Schließlich reicht sie ihm einen Stift und zieht eine Dollarnote aus ihrem Portemonnaie hervor.

Kurt Gödel wartet geduldig. Was Einstein jedes Mal unangenehm ist, denn in seinen Augen verdient der exzellente Logiker mindestens genauso viel Beachtung wie er selbst.

Die junge Dame hingegen ist ganz aus dem Häuschen. Aber leider denkt sie nicht mit.

«Where can I write?», fragt Einstein ungeduldig.

«Oh, sorry!», lacht sie auf, läuft rot an und sucht erneut in ihrer Handtasche, bis sie ihm einen verknitterten Kassenzettel hinhält, auf dessen Rückseite er seinen Namen kritzelt.

Sie strahlt bis über beide Ohren, verabschiedet sich winkend und braust davon.

Schweigend überqueren Einstein und Gödel die Straße. Schließlich räuspert sich Gödel und fragt, ob er vielleicht Lust hätte, seine Frau und ihn heute ins Kino zu begleiten: «Schneewittchen und die sieben Zwerge.»

Davon hat Gödel ihm bereits mehrfach vorgeschwärmt. Was ihn an diesen amerikanischen Zeichentrickfilmen so ergötzt, erschließt sich Einstein allerdings nicht. Er schweigt.

«Es gibt nichts Besseres, um sich zu zerstreuen», erklärt Gödel verteidigend und errötet leicht, «wenn man Operetten liebt, wird einen Disney begeistern.»

Einstein mag auch keine Operetten, aber er will den jungen Freund nicht vor den Kopf stoßen. «Ich erwarte heute Abend noch Besuch», antwortet er ausweichend. Gerne würde er den Kollegen mal zum Essen einladen, aber von Essen hält wiederum Gödel wenig.

Er sei auf Diät, hatte er ihm vor einigen Wochen zögernd erläutert, «der Magen – keine einfache Sache».

«Da rennen Sie bei mir offene Türen ein», erwiderte Einstein, «ich bin schon seit Jahren auf Schonkost angewiesen. Bei dem hiesigen Fraß kein Wunder.»

Gödel hatte gequält geguckt.

Später hatte er von Gödels österreichischer Frau Adele erfahren, dass sich ihr Mann fast nur von Tabletten ernähre. Er hätte panische Angst, vergiftet zu werden, und esse daher nichts, was nicht von ihr selbst zubereitet und vor seinen Augen vorgekostet worden wäre. Kurioserweise stammte seine Ehefrau aus dem Milieu, wie ihm ein deutscher Kollege mal zugeraunt hatte. Nicht Balletttänzerin, wie sie selbst behauptete, sondern Tänzerin in einem Wiener Nachtklub, dem «Nachtfalter», sei sie gewesen. Sie war sieben Jahre älter als Gödel und hatte den Zenit ihrer Schönheit bereits überschritten. Dass man sich als junger Mann von einer Frau angezogen fühlte, die eine gewisse Reife und Unabhängigkeit besaß und die nicht nur vergötternd zu einem aufblickte, das konnte Einstein gut verstehen. Auch die Tatsache, dass Gödel seine Angebetete gegen den massiven Willen der Eltern geehelicht hatte. Bei ihm selbst war es ganz ähnlich gewesen. Und das machte den Kollegen in Einsteins Augen umso sympathischer.

«Dann auf morgen?», meint Einstein, als sie an der Mercer Street angekommen sind.

«Auf morgen», erwidert Gödel und zieht seinen Hut, Händeschütteln ist ihm unangenehm, und verschwindet um die Ecke.

Als Einstein ein paar Minuten später die Tür seines schmucklosen Einfamilienhauses aufschließt, stolpert er fast über zwei Katzen, die erschreckt hinaus ins Freie springen. Kaum ist er eingetreten, maunzen drei weitere im Flur, und ein schwarzweißer Kater umschmeichelt schnurrend seine Beine.

Allmählich wird es mit den Tieren zu viel. Zwar liebt Einstein Katzen, aber inzwischen bevölkern sie das ganze Haus. Seitdem seine Ehefrau Elsa vor acht Jahren gestorben ist, ist er umgeben von Frauen und Katzen. Er lebt hier mit seiner

Stieftochter Marga, seiner Schwester Maja, die vor fünf Jahren ebenfalls emigriert ist, und seiner treuen Sekretärin Helen Dukas. Und einer sehr großen Zahl von Katzen, den Überblick hat er allmählich verloren. An die dreißig mögen es inzwischen sein. Katzen sind Einzelgänger. Allerdings durchaus gesellschaftsfähige Einzelgänger, solange man ihre Unabhängigkeit achtet. Das tut er.

Es ist ähnlich wie mit den Frauen. Auch die Frauen, die er anziehend findet, sind empfänglich für Streicheleinheiten, aber keine Kletten. Stolz und unabhängig gehen sie ihrer Wege.

Hunde? Unvorstellbar! Die brauchen ja immer ein Rudel, um glücklich sein zu können. Ein Herrchen, dessen Befehl sie erwarten, dessen Hand sie schlecken dürfen, schwanzwedelnd. Das ist ihm zuwider. Aber Katzen, Katzen sind selbstständig, eigensinnig. Nur dass es jetzt derart viele geworden sind, da muss man mal drüber diskutieren. Bei Gelegenheit. Mit den Frauen.

Schreck und Erleichterung

7. Oktober 1944, Berlin, Winklerstraße

Jetzt ist sie erschöpft. Völlig ermattet lässt sich Nelly auf das Kanapee sinken. Sie zieht eine Schachtel Eckstein Nr. 5 aus ihrer Handtasche und zündet sich eine Zigarette an. Die Arbeit in der Charité wird von Tag zu Tag anstrengender. Auf Anordnung der Regierung wurde ein Teil der Patienten vor einigen Wochen in das Krankenhaus Buch ausgelagert, ein weiterer Teil in die Heilstätte Grabowsee, die restlichen Patienten sind weiterhin in der Charité untergebracht. Das macht die Angelegenheit nicht gerade einfacher – der Chef pendelt ständig zwischen den unterschiedlichen Häusern hin und her, mitunter muss sie ihn begleiten. Von der einst so stolzen und berühmten Klinik ist nach den zahlreichen Fliegerangriffen der letzten Monate nur noch ein spärlicher Rumpf übrig: Die oberen Stockwerke mussten sie sämtlich räumen, nur den Operationssaal haben sie notdürftig instandgesetzt. Die Krankenzimmer im ersten Obergeschoss sind immerhin noch brauchbar, wenngleich auch die Fensterscheiben nur mit Pappe ersetzt werden konnten. Es zieht überall, und mitunter wird es recht kühl. Neuerdings werden die Patienten, die noch irgendwie transportfähig sind, jeden Abend in den Bunker gebracht, der voriges Jahr gebaut wurde. Wobei die Schwestern gut achtzig Patienten auf Tragen die steile Ebene zum Bunkereingang hinuntertragen müssen und am nächsten Morgen wieder herauf. Pfleger gibt es ja kaum mehr, bis auf die wenigen, die zu alt waren für die Front. Nellys eigentliches Reich, die Röntgenabteilung, befindet sich im Keller der Klinik, was den Vorteil hat, dass man dort etwas sicherer ist: Bisher zumindest ist alles heil geblieben.

Aber die meiste Zeit verbringt sie oben im Operationssaal, wo sie dem Chef assistiert. Der baut auf das ihm vertraute Personal, und wenn, wie vergangene Nacht, auch noch Fliegeralarm ist, nimmt die Arbeit kein Ende. Dann müssen sie im kleinen Operationssaal im Bunker eine zusätzliche Schicht einlegen und Notoperationen durchführen. Bei derart heftigen Angriffen wie letzte Nacht kommen ständig neue Opfer hinzu. Der Chef läuft an solchen Tagen immer noch zur Höchstform auf, trotz seines Alters. Vor drei Monaten erst haben sie gemeinsam seinen neunundsechzigsten Geburtstag gefeiert. Wo Ferdinand Sauerbruch all die Energie hernimmt, bleibt ihr ein Rätsel. Ohne Pause operiert er, vernäht, amputiert, wenn es keine andere Möglichkeit mehr gibt. Und vergisst dazwischen nicht, persönlich nach den Patienten zu sehen, die ihm gerade besonders am Herzen liegen, seinen «Wackelkandidaten», wie er sie nennt, und ihnen ein paar tröstliche Worte zu spenden. Wenn einer seiner Mitarbeiter bei dem Tempo und der Energie nicht mithalten kann, bekommt der Chef auch mal einen seiner gefürchteten Wutausbrüche. Da kann schon mal ein OP-Besteck durch die Luft fliegen, dann schimpft er, dass es laut bis auf den Gang hinaushallt: «Gehörst du etwa auch zu denen, die einen Achtstundentag brauchen? Dann fahr nach Hause, schlaf dich aus! Am besten gehst du gleich zu den Beamten, da soll's auch in Kriegszeiten noch Sessel geben, in die man furzen kann!»

Aber auch wenn der Chef ein unverbesserlicher Choleriker ist, so ist er doch bei Personal und Studenten gleichermaßen sehr beliebt. Er verfügt über das, was in diesen Zeiten so selten geworden ist: ein großes Herz, einen Sinn für Gerechtigkeit und menschliche Wärme. Wobei auch der Chef sich seit dem 20. Juli verändert hat: Seine unermüdliche Energie hat er zwar noch, aber ruhiger ist er schon geworden. Er schimpft weniger, macht aber auch deutlich weniger Witze. Auch keine seiner berühmten Anekdoten erzählt er mehr, er verrichtet nur noch konzentriert seine Arbeit und wirkt häufig bedrückt. Sie vermisst seine ausgelassene Art und sein früher so ansteckendes, lautes Lachen.

Nur einen Tag nach Erwins Verhaftung war die Gestapo auch in die Charité gekommen, hatte sich gar ein eigenes Büro in einem der leer stehenden Räume eingerichtet und tagelang einen Großteil der Mitarbeiter befragt. Den Chef selbst hatten sie gleich mit in die Prinz-Albrecht-Straße genommen, wo er von Ernst Kaltenbrunner, dem Leiter des Reichssicherheitshauptamtes, persönlich verhört wurde. Schließlich waren außer Erwin noch zahlreiche andere Beteiligte des 20. Juli auf Sauerbruchs Geburtstagsfeier gewesen, gut zwei Wochen vor dem Attentat. Sein Sohn Peter war zudem ein enger Freund Stauffenbergs. Das alles machte ihn in Kaltenbrunners Augen höchst verdächtig.

Tagelang hatte die Klinik um Sauerbruch gebangt. Schlecht stünde es um ihn, hatte er Nelly zwischenzeitlich unter vier Augen gestanden. Die Gestapo durchsuchte sein Büro und das der Sekretärin Fritsch gleich mit. Erst Tage zuvor hatte die Sekretärin Nelly ein paar Unterlagen in die Hand gedrückt: «Röntgenaufnahmen», hatte sie bestimmt gesagt, obschon man auf den ersten Blick erkannte, dass es sich um keine Röntgenbilder, sondern um ganz andere Unterlagen handeln musste, «Herr Jung holt die Aufnahmen später ab.» Adolphe Jung war einer von Sauerbruchs bevorzugten Assistenten. Ein erfahrener Arzt aus dem Elsass, den man vor zwei Jahren aus den besetzten Gebieten an die Charité zwangsversetzt hatte. Damals hatte Sauerbruch nach einigen Wochen zu Nelly in seinem typischen Humor gemeint:

«Jung gefällt mir, Jung operiert auf der richtigen Seite. Das kannst du ruhig deinem Mann erzählen.»

Was genau Jungs Aufgabe im Widerstand war, das wusste sie nicht. Genauso wenig wie sie wusste, was für Unterlagen die Sekretärin und Jung miteinander teilten. Auch Margot Sauerbruch, die Frau des Chefs, bat sie manchmal, ein paar Dokumente unten im Keller für sie zu verwahren. Sie tat es, ohne nachzufragen, ohne die Unterlagen einzusehen.

Häufig war es besser, weniger zu wissen, das hatte man in diesen Zeiten gelernt. Das war auch Erwins Credo auf ihre anfänglichen Fragen zu seinen Auslandsreisen, zu seinen heimlichen Treffen und vertraulichen Unterredungen gewesen: «Es ist besser, wenn du davon nichts weißt.» Anfangs hatte sie das genervt, dieses ewige Versteckspiel. Aber in den letzten Wochen hatte es sich durchaus ausgezahlt: Bei den Vernehmungen in der Charité und in der Prinz-Albrecht-Straße lief sie nicht Gefahr, jemand anders versehentlich zu belasten, musste sie nicht bemüht die Ahnungslose schauspielern. Sie war in die Details schlichtweg nicht eingeweiht gewesen, und das war gut so. Und so hatte sie all die Aufregungen der letzten Wochen, all die Unsicherheiten, Befürchtungen, all das Bangen um das Leben ihres geliebten Mannes halbwegs gut überstanden.

Vergangene Nacht allerdings ist selbst ihr schwindelig geworden. Da wurden um fünf Uhr morgens plötzlich drei Bombenopfer aus der Justizvollzugsanstalt Tegel eingeliefert, in Begleitung eines nervösen jungen Aufsehers. Zwei Bankräuber mit starken Verbrennungen und ein wegen Notzucht

Einsitzender, dessen Unterschenkel vollkommen zertrümmert war. Sechs weitere Verletzte würden sie im betriebseigenen Haftkrankenhaus behandeln, erzählte der Aufseher atemlos. Anfangs wollte sie sich noch um die Erstversorgung kümmern, Schwester Mathilda rümpfte angesichts des Sexualstraftäters die Nase.

Aber derlei Dinge konnte der Chef nicht ausstehen: «Vor dem Herrgott und auf dem Operationstisch sind alle Menschen gleich», ermahnte er die Schwester streng, ehe er sich an Nelly wandte: «Du setzt dich jetzt erst einmal, Nelly, machst Pause und trinkst ein Glas Wasser», meinte er, «Tegel ist groß, das muss nichts heißen.» Folgsam hatte sie sich in den Hof der Klinik gesetzt, hatte eine Zigarette geraucht und versucht, sich zu beruhigen. Der bunte Kater, den der Chef so mochte, war ihr um die Beine geschnurrt, und gerade, als sie begann, sich etwas besser zu fühlen, war der groß gewachsene Jung an sie herangetreten:

«Am besten, Sie gehen ins Büro vom Sauerbruch, Frau Doktor Planck, und versuchen, in Tegel anzurufen. Ob Ihr Mann zu Schaden gekommen ist.»

Als sie Jung widersprechen wollte, unterbrach er sie sanft: «Ich habe mit Sauerbruch geredet. Er ist derselben Meinung. Anschließend sollen Sie nach Hause fahren und sich ausruhen. Schöne Grüße lässt er ausrichten.»

Jung hatte scheu gelächelt, ehe er zurück zum OP-Saal geeilt war.

«Nur das Nachbargebäude, das Haus der Kriminellen, ist betroffen, gnädige Frau. Nicht das Verwahrhaus I», hatte der alte Pförtner ihr am Telefon versichert. Erleichtert und zugleich völlig erschöpft war sie im Morgengrauen zum Bahnhof Friedrichstraße geeilt und mit der Schnellbahn nach Grunewald gefahren. Vom Bahnhof bis zur Winklerstraße Nummer zweiundzwanzig brauchte sie keine fünf Minuten.

Nachdenklich sitzt sie auf dem Kanapee und zieht an ihrer Zigarette. Trotz ihrer Müdigkeit ist an Schlaf jetzt nicht zu denken. Ihr Blick fällt auf die Transportkisten, die noch immer unausgepackt in der Ecke stehen. Nachdem sie die letzten Jahre mehrfach ausgebombt wurden, haben sie nach dem Einzug in die Winklerstraße vor einem Vierteljahr ihr verbliebenes Hab und Gut gar nicht mehr ausgepackt. In gewisser Hinsicht sind sie in dieser Wohnung nie richtig angekommen, denkt sie. Sie saßen die ganzen letzten Wochen sprichwörtlich auf gepackten Koffern. Und nun ist sie alleine hier, mit dem Kind.

«Soll ich Kaffee kochen?»

Dankbar lächelt sie Liesel an, die plötzlich vor ihr steht.

«Ja, das wäre wohl das Beste.»

Nach der Bombe
7. Oktober 1944, Berlin-Tegel

Es ist früh am Morgen, genauer gesagt kurz vor Sonnenaufgang, als Erwin gemeinsam mit den anderen Gefangenen im Hof neben dem Verwahrhaus I steht und wartet. In einer langen Zweierreihe vor dem großen Straßenbahnschuppen, in dem der vergitterte Waggon abgestellt wird, mit dem die Häftlinge manchmal per Straßenbahn ins Gefängnis transportiert werden. Rauchschwaden ziehen durch die Luft, der Himmel ein dunkles Grau, aus der Ferne hört man vereinzelt Martinshörner. Vor einer halben Stunde hat man sie in aller Hast aus ihren Zellen geholt, hat ihnen zusätzlich zu den Handfesseln noch Fußfesseln angelegt, und nun stehen sie hier. Kalt ist es in den dünnen Häftlingsanzügen, und er bedauert, dass es in der Eile nicht möglich gewesen ist, sich noch irgendein Kleidungsstück überzuwerfen. Die meisten seiner Mitinsassen tragen den Tegeler Sträflingsanzug aus dunkelblauem Leinen, nur diejenigen, die wie er und Helmuth Moltke neben ihm aus dem Konzentrationslager hierhergekommen sind, tragen die gestreifte Kleidung der KZ-Häftlinge. Aber frieren tut man in beiden Anzügen gleichermaßen.

Der sich ihm bietende Anblick lässt ihn den ganzen Schrecken der Nacht nochmals nachempfinden: Eine riesige Sprengbombe hat das Dach des Westflügels vom Verwahrhaus II geöffnet und das Gebäude bis zum Keller durchschlagen. Der

Dachstuhl ist halb abgebrannt, die beiden oberen Stockwerke sind teilweise eingestürzt, einzelne Metallstreben stehen aus den Trümmern bizarr in die Luft. Überall liegt Schutt herum, es riecht nach verbranntem Fleisch. Zwanzig tote Gefangene haben sie bereits geborgen, meldet der Hilfsaufseher gerade dem Direktor Schneidewind, der, eine Zigarette rauchend, mit dem Oberaufseher vor ihnen steht und den Schaden betrachtet.

«Zum Glück hat's nur die Kriminellen erwischt», entgegnet der Direktor brummend, «wenn's das Haus I gewesen wär», er zeigt in Richtung der vor dem Straßenbahnschuppen aufgereihten Gefangenen, «hätten wir jetzt noch einen Riesenärger obendrein.»

«Was sollen wir mit den Leichen machen?», fragt der Hilfsaufseher nervös.

«Im Materialschuppen hinter der Tischlerei», der Direktor deutet zur linken Seite, «hat's noch Särge.»

«Das sind die kurzen, Herr Direktor, für Plötzensee», interveniert der Oberaufseher, «die helfen uns nicht weiter.»

Erwin sieht seinen Kameraden Moltke fragend an.

«Die kurzen Särge sind für die Gefangenen, die in Plötzensee enthauptet werden», erklärt ihm Moltke flüsternd. «Nach dem Guillotinieren legen sie ihnen den Kopf zwischen die Beine: Holz sparen für den Führer. Aber keine Sorge», fügt er bitter lächelnd hinzu, «uns betrifft das nicht. Unsereins wird gehängt, das gilt als ehrloser. Anschließend verbrannt und irgendwo verscharrt.» Moltke zuckt müde mit den Schultern. «Darf nichts übrig bleiben von uns.»

Wie er so seinen Begleiter hört, muss Erwin an die letzten Worte des Journalisten Julius Fučík denken, als dieser vor einem guten Jahr vor dem Volksgerichtshof zum Tode verurteilt wurde: «Der Mensch wird nicht kleiner, auch wenn er um einen Kopf kürzer ist.»

Längst ist Fučík hingerichtet worden, in Plötzensee. Seine Asche irgendwo im Wind verstreut. Die tiefe Stimme des Gefängnisdirektors holt Erwin zurück in die Realität:

«Am besten, Sie rufen die Anatomie an», meint der Direktor nun zum Hilfsaufseher und tritt seine Zigarette aus, «die sollen einen Institutsdiener zur Abholung schicken. Die freuen sich doch immer, wenn sie frisches Material zum Sezieren haben. Und wir sind die Leichen los.»

Während der Hilfsaufseher verschwindet, um zu telefonieren, schreitet der Direktor die lange Zweierreihe der Politischen ab, wie man hier sagt, mit einem etwas verklemmten Lächeln im Gesicht. Man weiß nicht recht, ob es ihm unangenehm ist, dass hier ein beträchtlicher Teil der einstigen geistigen Elite Deutschlands, allesamt Menschen, die bis vor Kurzem noch hohe Positionen und Ämter innehatten, in Sträflingsanzügen schlotternd im Hof steht. Oder ob er ernsthaft meint, bei den größten Feinden des Tausendjährigen Reiches höchstselbst den Aufpasser spielen zu müssen. Drei mit Gewehren bewaffnete Vollzugsbeamte sind ohnehin schon abkommandiert, um diese Aufgabe zu übernehmen.

Vielleicht ist der Direktor auch einfach nur neugierig. Genau wie vor drei Wochen, als Erwin gemeinsam mit rund achtzig anderen politischen Häftlingen aus dem Konzentrationslager Ravensbrück und dem Zellengefängnis Lehrter Straße nach Tegel verlegt wurde. Solche Gefangenen hatte selbst der alte Gefängnisdirektor noch nie gesehen: Alles Persönlichkeiten von hoher politischer, wissenschaftlicher oder militärischer Bedeutung, unter ihnen Generäle, ehemalige Minister, Diplomaten, der Potsdamer Regierungspräsident, zwei ehemalige Staatssekretäre, dazu noch zahlreiche Geistliche. Und so war er höchstpersönlich die vielen Treppen bis in den vierten Stock des Verwahrhauses I hinaufgestiegen, um sich die Sensation, derartig prominente Häftlinge sehen und sprechen zu können, nicht entgehen zu lassen. Aber auch damals wirkte es, als wüsste er angesichts dieser ungewohnten Lage nicht recht, wie er sich zu verhalten habe. Er sprach ein paar knappe Worte mit den Geistlichen und zog sich dann in eine Ecke des Ganges zurück, wo er das Verteilen der Häftlinge auf die einzelnen Zellen aus der Distanz, versteckt hinter ebenjenem verklemmten Lächeln, aufmerksam verfolgte.

Nun beobachtet Erwin, wie der Direktor wenige Meter von ihm entfernt stehen bleibt und dem Oberaufseher einen Wink gibt, woraufhin dieser rüber zum eingestürzten Westflügel des Verwahrhauses II eilt, wo er den dort zu Aufräumarbeiten abkommandierten Häftlingen Anweisungen gibt. Es sind ausnahmslos Häftlinge aus dem Haus der Kriminellen, die mit Schaufel und Schubkarre zugange sind, um Trümmer wegzuräumen und die Leichen aus den zerstörten Zellen zu bergen und eventuelle Überlebende zu finden.

Ein paar wenige Häftlinge werden noch vermisst, heißt es, vermutlich wird man sie irgendwo unter dem Schutt finden. Dass jemandem die Flucht gelungen ist, halten zumindest die Beamten für unwahrscheinlich. Schließlich müssten die Flüchtigen ja immer noch die fünf Meter hohe Gefängnismauer überwinden, mitten im Bombenhagel.

Warum man nur die Kriminellen die Aufräumarbeiten übernehmen lässt, erschließt sich Erwin nicht. Dass man die Politischen schonen will, kann er sich schwer vorstellen, auch wenn man sie hier deutlich besser behandelt, als es im Konzentrationslager der Fall war. Eine Verlegung soll es geben, hat der Theologe Eugen Gerstenmaier vorhin aufgeschnappt, der gemeinsam mit Erwin aus dem KZ Ravensbrück hierher verlegt wurde und im gestreiften KZ-Häftlingsanzug vor ihm in der Reihe steht. Aber wer und wohin, das weiß niemand, zumindest bekommen sie es nicht mitgeteilt.

«Wenn es überhaupt eine Verlegung geben sollte», meint Pater Delp, der neben Gerstenmaier frierend bibbert, «wieso verlegen sie nicht die Häftlinge aus dem zerstörten Verwahrhaus?»

Ein stechender Schmerz im rechten Knöchel lässt Erwin unwillkürlich zusammenzucken. An die Handfessel hat er sich mittlerweile gewöhnt, soweit das eben möglich ist, aber die Fußfessel scheuert unangenehm an seinem mittlerweile wunden Gelenk. Während er noch überlegt, ob es gestattet ist, die Fessel etwas hochzuschieben, nähern sich drei SS-Männer vom Hauptportal her. Sie unterreden sich kurz mit dem Direktor, ehe sie auf die Reihe der Gefangenen zugehen. Ihre Gesichter hat Erwin noch nie zuvor gesehen.

Der eine von ihnen, ein älterer, groß gewachsener Sturmbannführer mit sorgsam gescheitelten, dünnen grauen Haaren, zieht eine Liste hervor und verliest die Namen derer, die vorzutreten haben. Schließlich ruft er «Popitz, Johannes» und kurz darauf «Planck, Erwin». Schon werden sie von seinen Schergen auseinandergerissen, Erwin schreit kurz vor Schmerz auf, als die Fußfessel empfindlich in sein entzündetes Fleisch schneidet.

Während Moltke, Delp und Gerstenmaier umgehend zurück in das Verwahrhaus I geführt werden, hält ein SS-Sturmmann die Gruppe um Erwin herum zurück, schließlich ruft er mit schnarrender Stimme: «Zelle räumen! Bereit machen zur Abfahrt!»

Keine Viertelstunde später findet er sich gemeinsam mit den ausgewählten Mithäftlingen in einer Grünen Minna wieder, wie die Berliner die Transportwagen für Häftlinge nennen.

Eigentlich handelt es sich eher um eine Graue Minna, denkt er, denn als militärisches Fahrzeug ist der Wagen feldgrau gestrichen. Seinen Pappkoffer mit der Kleidung und dem wenigen Besitz, der ihm geblieben ist, musste er vor dem Einsteigen einem Soldaten aushändigen. Dicht gedrängt hocken sie nun auf den langen Holzbänken entlang der Seitenwände, viele stehen, der Wagen ist völlig überfüllt. Erwin sitzt ganz hinten, direkt neben einem der beiden bewaffneten Soldaten, die zuletzt einsteigen und einander gegenüber Platz nehmen. Das hat den Vorteil, dass er über den Soldaten hinweg durch das kleine vergitterte Heckfenster hinaussehen kann. Der Motor heult kurz auf, dann setzt sich der Wagen langsam in Bewegung. Er rumpelt über das Pflaster, es riecht nach Motoröl und Angstschweiß. Bereits nach wenigen Minuten verliert ein junger Kommunist neben ihm die Nerven.

«Jetzt geht's zum Volksgerichtshof und anschließend nach Plötzensee. Sie brauchen Platz, ich weiß es», jammert er mit zittriger Stimme. Niemand erwidert etwas.

«Nach Plötzensee», wiederholt der Mann immer wieder, «ich weiß es, ich weiß es.»

Alles schweigt. Erwin blickt kurz zu seinem Freund, dem ehemaligen preußischen Minister Johannes Popitz, der ihm gegenübersitzt und selbstversunken vor sich hinstarrt. Schweißperlen stehen auf Popitz' Stirn, vier Tage erst ist es her, dass er vor dem Volksgerichtshof stand. Und sein Todesurteil erhielt.

Dann wendet Erwin den Blick, versucht erneut, durch das kleine Gitterfenster einen Blick auf die Welt zu erhaschen. Bäume fliegen vorbei, er erkennt das bereits verfärbte Laub der Stieleichen am Straßenrand, und als sie kurz darauf unter einigen Kastanienbäumen entlangfahren, vernimmt er den blechernen Knall, als eine Kastanie aufs Autodach fällt.

Weiter hinten sieht er eine überfüllte Straßenbahn über eine Kreuzung rattern, vorbei an der Ruine eines großen Mehrfamilienhauses. Am Volkspark Jungfernheide kommen sie kurz zum Stehen, Passanten kreuzen auf ihrem Weg zur Arbeit die Fahrbahn, eine junge Frau mit Kinderwagen hastet vorüber, den Blick in die Ferne gerichtet. Niemand sieht sie, niemand scheint den feldgrauen Transporter wahrzunehmen, der seine vermutlich dem Tod geweihten Passagiere durch das zerstörte Berlin fährt. Plötzlich fällt ihm ein, was sein alter Geschichtslehrer vor Jahrzehnten im Unterricht erwähnt hatte: Vor etwa hundertdreißig Jahren wurden hier in der Jungfernheide die letzten Todesurteile Preußens durch öffentliches Verbrennen auf dem Scheiterhaufen vollstreckt. Eine Begebenheit, über die er nie weiter nachgedacht hat, die seinem Gedächtnis entfallen war, aber hier und jetzt kommt sie ihm auf einmal in den Sinn. Schon fährt der Wagen wieder ruckhaft an, ihre Körper schaukeln aneinander, stützen einander, denn festhalten kann man sich nicht, wenn die Hände auf dem Rücken gefesselt sind.

Als sie am Westhafen die Brücke queren, sieht er kurz die Justizvollzugsanstalt Plötzensee auftauchen und sogleich wieder verschwinden. Der Wagen fährt weiter, biegt nach links ab und rumpelt über das Kopfsteinpflaster am Moabiter Güterbahnhof vorbei. Leise sagt Erwin in Richtung des Kommunisten:

«Nach Plötzensee geht es jedenfalls nicht.»

Ein brauner Fleck

Erschrocken blickt Liesel auf den Kaffeefleck, der sich mitten auf dem großen Perserteppich zu ihren Füßen ausbreitet.

«Das macht nichts», beruhigt sie Nelly und fügt mit einem Lächeln hinzu: «Auf diesem Teppich stand schon Adolf Hitler.»

Liesel zuckt zusammen.

«Deswegen muss man allerdings nicht noch mehr verschütten. Warte, ich nehm dir das ab.» Sie eilt dem Mädchen, das noch verdattert guckt, zu Hilfe und nimmt ihm die Kaffeekanne aus der Hand.

«Aber wieso», fragt Liesel, als sie beide kurz darauf am Küchentisch sitzen und den heißen Kaffee trinken, «was hat Hitler denn hier gemacht?»

«Das war nicht hier», erklärt Nelly, «das war noch in der Reichskanzlei. Als Erwin Staatssekretär war, hatten wir ja eine Dienstwohnung in der Reichskanzlei, der alten natürlich, dem Palais Schulenburg. Ich weiß es noch wie heute: Am 30. Januar 1933 muss es gewesen sein, an dem Tag, als Hitler von Hindenburg zum Reichskanzler ernannt worden war. Erwin hatte für diesen Fall bereits ein Schreiben vorgefertigt, das er Hitler umgehend übergeben ließ: einen Antrag, in dem er um seine Abberufung bat. Das haben sie dann auch umgehend genehmigt. Soviel ich weiß, war das einer der wenigen Beschlüsse, die an Hitlers erstem Amtstag getroffen wurden: Erwin wurde durch Lammers ersetzt, und den bisherigen Pressechef haben sie ebenso durch einen Nazi ausgetauscht. Jedenfalls» – sie zündet sich eine Zigarette an –, «Hitler wollte umgehend in die Staatskanzlei ziehen. Es war aber nichts frei. Der alte Hindenburg wohnte noch in der riesigen herrschaftlichen Wohnung, auf die es Hitler eigentlich abgesehen hatte. Aber den alten Herrn, der ihn gerade zum Kanzler gekürt hatte, konnte er ja schlecht auf die Straße setzen. Auch Hitlers Vorgänger, Kurt von Schleicher, wohnte noch in der Reichskanzlei. Und vielleicht würde man ihn noch als Reichswehrminister brauchen. Und so klingelte es am frühen Abend an unserer Tür. Ich weiß nicht mehr, wo Erwin gerade war. Jedenfalls war ich allein zu Hause.»

Sie macht eine kleine Pause und ascht in den runden Aschenbecher ab.

«Erzähl weiter», ruft Liesel ungeduldig.

«Ich habe mich damals immer gefragt, ob der Führer selbst wohl auch mit ‹Heil Hitler› grüßen würde, was ich reichlich komisch fände. Aber das herauszufinden, ist mir nicht vergönnt gewesen. Ich öffnete also die Tür. Ein aufgeregter SA-Unter-, Ober- oder Was-auch-immer-Scharführer verkündete mir, dass der Führer gleich persönlich kommen und unsere Wohnung besichtigen wolle. ‹Persönlich› betonte er immer wieder und riss die Augen dabei auf, als sei das ein Wunder. Und, zischelte er – dem armen Mann rann der Schweiß vor Aufregung –, es stünde mir nicht zu, den Führer anzusprechen. Dann kam der ganze Tross auch schon die Treppe herauf. Während seine Männer um Hitler herum stramm Spalier standen, ignorierte er meine ausgestreckte Hand galant.

Auf mein freundliches ‹Guten Tag› reagierte er mit einem knappen Kopfnicken, ohne mich dabei eines Blickes zu würdigen. Er trat ein, sah sich um, und genau auf diesem Teppich stand er, mit seinen frisch gewichsten Reitstiefeln. Ich weiß noch, eigentlich hatte ich mich gefreut. Auf einen neuen Lebensabschnitt. Darauf, dass Erwin wohl weniger arbeiten und wir wieder mehr Zeit miteinander verbringen würden. Und auch auf ein neues Zuhause.»

Sie zieht an ihrer Zigarette.

«Weißt du, auch wenn es eine schöne, großzügige und moderne Wohnung war, ich habe mich nie sehr wohlgefühlt in der Reichskanzlei. Aber als Hitler mit seinen Jüngern genau dort stand», sie zeigt auf den Teppich, «da hat es mir doch einen Stich gegeben. Dass wir für diesen Mann nun unsere Wohnung würden räumen müssen. Für einen Mann, der, mürrisch dreinblickend, durch unser Zuhause stolzierte. Der offenbar nichts an unserem Heim schätzte und keinerlei Notiz von einem nahm. Offensichtlich hatte er sich etwas ganz anderes vorgestellt. Und» – sie blickt zu Liesel – «damals hatte ich das noch für übertrieben gehalten, aber tags zuvor hatte Erwin zu mir gemeint: Dieser Mann wird einen Verbrecherstaat errichten. Später kam Erwin nach Hause, und wir trafen uns noch mit Schleicher. Der ganze Abend hatte etwas Gespenstisches. Nachdem politisch wochenlang alles auf der Stelle gestanden hatte, Erwin von den vielen endlosen Sitzungen und Debatten häufig erschöpft und auch enttäuscht war, kam der Wandel nun so schnell. Während wir mit Schleicher in seiner Dienstwohnung beisammensaßen und uns gedämpft unterhielten, johlte draußen die Menge. Hitler sprach vom Balkon der Reichskanzlei, überall Hakenkreuzfahnen, die Leute jubelten. Die Wilhelmstraße war von Fackeln erhellt. Ein schier endloser Fackelzug von SA- und SS-Formationen war bis vor die Reichskanzlei gezogen. Schließlich sangen sie draußen das Horst-Wessel-Lied, ich habe es heute noch im Ohr, auf furchtbare Weise. Wir saßen im fast dunklen Zimmer, nur unsere Zigaretten glühten. Und an den Wänden tanzten die Schatten der Fackeln. Ich musste noch oft an Erwins Ausspruch denken. Und an diesen seltsamen Abend. Kurt von Schleicher war nach seinem erzwungenen Rücktritt zwei Tage zuvor tief deprimiert. Den Vorschlag Erwins und einiger Generäle hatte er abgelehnt: den Reichspräsidenten zu zwingen, Hitler nicht zum Kanzler zu berufen. Und notfalls gar den militärischen Ausnahmezustand zu verhängen.»

«Warum hat er das getan?», fragt Liesel.

«Ich bin keine Politikerin. Erwin könnte dir das sicher besser erklären. Es hätte einen Verfassungsbruch bedeutet, und Schleicher fühlte sich durch die Verfassung gebunden.

Was im Nachhinein absurd erscheint, weil sein Nachfolger ebenjene Verfassung mit Füßen trat. Aber Schleicher hatte immer gehofft, Hitler zähmen zu können. Lange Zeit hatte man Hitler gar nicht ernst genommen. Den ‹österreichischen Gefreiten› hatten sie ihn genannt. Und ich denke, Schleicher hat geglaubt, Hitler, einmal an der Macht, würde sich in Kürze selbst entzaubern. Und die nationalsozialistische Idee sei dann endlich ein für alle Mal erledigt. Aber da hat er sich geirrt.

Keine anderthalb Jahre später hat Hitler Schleicher und seine Frau erschießen lassen. In ihrem eigenen Zuhause, einer Villa am Griebnitzsee, die er von Otto Wolff gemietet hatte. Wir wurden sofort von der Haushälterin angerufen, die das Ganze hatte mit ansehen müssen. Als Erwin und ich dann in dem Haus in Babelsberg eintrafen, war der Potsdamer Polizeipräsident bereits vor Ort. Allerdings schickte er die Mordkommission, die sich schon an die Arbeit gemacht hatte, wieder nach Hause. Offensichtlich war das Geschehene von langer Hand geplant gewesen. Die Haushälterin, die Erwins Bitte nachkam, bei einem Notar eine beglaubigte Aussage zu machen, bewusst nicht bei der Polizei, ging bald darauf ins Wasser. Sie ertrank im Heiligen See. Wir vermuteten allerdings, nicht freiwillig. Aber jetzt genug der Schauergeschichten.»

Sie nimmt einen tiefen, letzten Zug und drückt die Zigarette im Aschenbecher aus.

«Auf jeden Fall», sagt Nelly zu ihrer Ziehtochter, «einen braunen Fleck hat der Teppich schon lange. Das muss dich nicht kümmern.»

Das Bekenntnis II

Eine gewisse Ordnung verleiht dem Leben Struktur. Und macht das Leben mit all seinen Unvorhersehbarkeiten erträglicher. Früher hat er versucht, dies auch seinen Studenten zu vermitteln. Nach wie vor hält er daran fest, dem Tagesablauf eine strenge Struktur zu geben, eine Ordnung, an der er sich aufrichten kann. Um halb sieben Uhr steht er auf, jeden Tag. Nach der Morgentoilette macht er zwanzig Minuten Gymnastik. Wenn man das überhaupt noch so nennen kann. Sein Bewegungshorizont hat sich aufgrund seiner Arthrose stark eingeschränkt. Aber soweit es ihm möglich ist, versucht er zumindest etwas Bewegung in seine alten Knochen zu bringen. Dann frühstückt er gemeinsam mit seiner Frau und geht die Tageszeitung durch. Zumindest an den Tagen, an denen man noch eine Zeitung bekommt. Anschließend unternimmt er einen Spaziergang ins Dorf, alleine mit sich und seinen Gedanken. So auch an diesem Morgen.

Den Spazierstock in der Hand, tritt er aus dem Gutshoftor und läuft den staubigen Weg entlang der Magdeburger Straße hinunter Richtung Ortsmitte. Früher waren seine Spaziergänge deutlich ausschweifender. Im Grunde lässt sich eine Gegend nur wirklich erfassen, indem man sie durchschreitet. Dieser Ansicht ist er auch heute noch. In jungen Jahren hatte er sich einmal vorgenommen, zumindest seine Wahlheimat

Berlin in Gänze kennenzulernen. Was man einmal durchlaufen hat, behält man für immer im Kopf. Und so hatte er einst ein großes Raster über den Berliner Stadtplan gelegt und war über ein Jahr lang jedes einzelne Planquadrat systematisch abgelaufen.

Aber sei es das Spazierengehen oder die Gymnastik, mit dem Alter wird der Radius zunehmend kleiner. In jeder Hinsicht.

Auf der gegenüberliegenden Straßenseite leuchtet das satte Rot einer Hakenkreuzfahne in der morgendlichen Herbstsonne. «Die tausend Jahre sind bald rum», hat Erwin zuletzt gemeint. Die Wehrmacht werde dem Spuk ein Ende bereiten. Und dann werde auch der leidige Krieg endlich vorbei sein. Was das Militär angeht, verfügt Erwin über beste Beziehungen. Viele seiner ehemaligen Kameraden sind inzwischen in einflussreichen Positionen, auch einige Generäle zählen zu seinen langjährigen Freunden. Auf den vielen Auslandsreisen für seinen Arbeitgeber hat er regelmäßig die Gelegenheit genutzt, sie an der Front zu besuchen, und ist auf diese Weise über die dortige Stimmung bestens unterrichtet gewesen. Überhaupt ist Erwin unentwegt an Informationen gelangt, die anderen versperrt blieben: Auf seinen Geschäftsreisen in die neutralen Länder Schweiz, Portugal und Schweden hat er von Geschäftspartnern und Diplomaten ganz andere Dinge erfahren als das, was man der hiesigen zensierten Presse entnimmt. Auch die dortigen Radiosender verbreiten andere Nachrichten als die ewig positiv gestimmten Durchhalteparolen, die man im Reichsprogramm vernimmt. Und wenn Erwin in Berlin war, las er ganz offiziell die *Neue Zürcher Zeitung*, die wegen geschäftlicher Gründe und Zwecke in die Firma geliefert wurde, deren Lektüre ansonsten streng verboten war. Erwin hat auch ihn stets mit den neuesten Informationen versorgt.

Rechter Hand zweigt der Fährdamm ab. Kurz hält er inne und wirft einen Blick die Straße hinunter. Ein paar Hühner laufen gackernd über das Kopfsteinpflaster, dahinter funkelt das Wasser der Elbe in der Sonne. Dort unten liegt die kleine Fähre, mit der man auf die andere Seite, Richtung Schartau, hinüberkann. Wenn Nelly und Erwin früher zu Besuch kamen, haben sie bei ihren gemeinsamen Fahrradausflügen hier übergesetzt und mit Vorliebe die umliegenden Obstplantagen und Erdbeerfelder aufgesucht. Anfang Juli hatte er Erwin noch geschrieben, er möge sich beeilen, die Erdbeerernte neige sich bereits dem Ende zu, die Früchte seien in diesem Jahr besonders süß.

Er wendet sich ab, stolpert beinahe über das unregelmäßige Pflaster, fängt sich jedoch mithilfe des Stocks. Unterhalb des Katerbergs biegt er links in die Adolf-Hitler-Straße. Als er am Schaufenster von Friseurmeister Giesecke vorbeiläuft, hebt er kurz grüßend die Hand, obgleich er in der Spiegelung der Scheibe nur sich selbst erkennen kann. Jeden zweiten Tag macht er hier Station, um sich rasieren zu lassen. Gestern erst hat er sich mit dem alten Giesecke ein wenig unterhalten. Der Friseur ist nicht viel jünger als er, da lässt es sich mitunter ganz nett in vergangenen Zeiten schwelgen. Davon abgesehen hat er nicht viel Anschluss hier im Dorf, wenn ihr Gastgeber, Fabrikant Still, nicht vor Ort ist. Die Leute hier sind freundlich, aber zurückhaltend. Bauern, Fischer und einige Handwerker leben hier. Viele der Bewohner haben Flüchtlinge aus Magdeburg und anderen schwer bombardierten Städten aufgenommen. Wer er ist, das weiß hier niemand. Manche halten ihn für einen pensionierten Lehrer, ein anderes Mal wurde er freundlich gefragt, ob er noch Schuhe besohle. Die offensichtliche Verwechslung hat er höflich verneint.

Mitunter sehen die Dorfbewohner ihn leicht befremdlich

an. Das mag an seiner altmodischen Kleidung liegen, die heute aus der Zeit gefallen wirkt. Ein dunkler, etwas abgetragener dreiteiliger Anzug, den steifen Stehkragen ziert eine Fliege. Auf dem Kopf ein Homburger, ein hoher Filzhut mit nach oben gebogener Krempe und Mittelkniff in der Krone.

Er läuft am «Magdeburger Hof» vorbei, wo er an Wochenenden manchmal mit Marga zu Mittag isst. Kurz vor dem Horst-Wessel-Platz überquert er die Straße und betritt das kleine Postamt.

Ob es Briefe für ihn gäbe, fragt er die Beamtin. Sie schüttelt bedauernd den Kopf. Mit leeren Händen tritt er wieder vor die Tür.

Die Sonne blendet, als er die Adolf-Hitler-Straße nun zurückgeht. Beim Haus des Tierarztes, den er manchmal bei den Stallungen des Gutshofes trifft, macht er Rast. Mit der Linken hält er sich an der Straßenlaterne fest, während er verschnauft. Kurz überlegt er, ob er sich auf den Steintritt des Eingangsportals setzen soll.

Er lehnt seinen Spazierstock an den Laternenpfahl und greift sich an den Unterleib. Die Narbe juckt. Gern würde er sich setzen, aber heute ist einer dieser Tage, an denen man nicht weiß, ob man anschließend wieder hochkommt.

Er entscheidet sich, stehen zu bleiben. Vor dem Haus blühen Herbstzeitlose. Bienen schwirren umher und kriechen in den Schlund der üppigen Blüten. Faszinierende Pflanzen, deren Blütezeit beginnt, wenn der Großteil der Sommerblumen bereits vergangen ist. Wie aus dem Nichts schieben sich die blattlosen Blütenstängel im Herbst aus der Erde hervor. Die zugehörigen Blätter erscheinen erst im Frühjahr, wenn von den Blüten keine Spur mehr zu sehen ist. «Die Zeitlosen sind Vaters Lieblingsblumen. Wen wundert's?», hat Erwin früher gescherzt.

Vorsichtig kratzt er sich an der Narbe in seiner Leistenge-
gend. Ein knappes halbes Jahr ist es her, dass Ferdinand Sauerbruch dankenswerterweise seinen Leistenbruch operiert hat.

Die Wundheilung im Alter, eine langwierige Sache.

Sauerbruchs Sohn Peter haben sie kürzlich aus dem Gefängnis entlassen. Erstaunlich. Wenn man bedenkt, dass Peter
Sauerbruch mit Oberst Stauffenberg befreundet war. Beide
hatten sie im selben Reiterregiment gedient. Und umso er-
staunlicher, da es selbst für den alten Sauerbruch schlecht aus-
gesehen hatte. Das macht durchaus Mut. Auch wenn die Situation bei ihm und seinem Erwin eine völlig andere ist.

Er greift nach dem Spazierstock, wirft den Herbstzeitlosen
noch einen Blick zu. Dann stößt er sich mit einem kleinen
Ruck vom Laternenpfahl ab und läuft weiter die Straße hinauf.

Am Fährdamm sieht er einen kleinen Frachter die Elbe
Richtung Magdeburg fahren. Der Rückweg jetzt ist stets be-
schwerlicher, steigt die Straße doch spürbar an. Weiter oben
biegt er rechts in die Seilerstraße. Völlig entkräftet setzt er sich
auf die kleine Friedhofsmauer. Angeblich hat sich der SS-Arzt
Karl Gebhart für Ferdinand Sauerbruch starkgemacht, das
hat er zumindest gehört. Kann sein, immerhin ist Gebhart
einst ein Schüler Sauerbruchs gewesen. Aber das ist vermutlich nicht der einzige Grund. Letztens hat er den Volksempfänger eingeschaltet und war zutiefst erschrocken, als er eine
vertraute Stimme vernahm: Ferdinand Sauerbruch hielt eine
Ansprache, in der er das «feige Handeln» der Attentäter vom
20. Juli scharf verurteilte und das deutsche Volk auf den Führer einschwor. Was man nicht alles tut, wenn Leib und Leben
in Gefahr sind. Erst recht, wenn es sich um den eigenen Sohn
handelt.

Sosehr er Sauerbruch auch schätzt, politisch ist er stets
wankelmütig gewesen. Anfänglich war Sauerbruch, wie viele

patriotisch gesinnte Deutsche, selbst der nationalsozialistischen Idee verfallen. Nach der Machtübernahme hat er gar das «Bekenntnis deutscher Universitätsprofessoren zu Hitler und dem nationalsozialistischen Staat» unterzeichnet. Als Hauptredner ist er bei dessen Präsentation aufgetreten. Allerdings, das muss man ihm zugestehen, sind seitdem elf Jahre vergangen, und Sauerbruchs Ansichten bezüglich der neuen Regierung haben sich rasch geändert. Auch hat er sich von Anfang an für jüdische Kollegen und Freunde starkgemacht. Aber sein Verhalten blieb zwiespältig: Während er auf der einen Seite kaum ein Blatt vor den Mund nahm, wenn es um seine Kritik am Nationalsozialismus ging, ließ er sich auf der anderen Seite vom Staat mit Auszeichnungen überhäufen. Dass er indes alles andere als ein Freund des Systems ist, das weiß an der Charité wohl jeder noch so kleine Hilfsangestellte. Das hat ihm Nelly immer wieder bestätigt.

«Heil Hitler!» Der Ortsgruppenführer, der im Haus gegenüber dem Friedhof wohnt und gerade aus der Tür tritt, reißt ihn aus seinen Gedanken.

Er muss sich räuspern, ehe ihm der deutsche Gruß über die Lippen kommt. Allmählich ist es Zeit, nach Hause zu gehen. Er nickt nochmals in Richtung des Ortsgruppenführers, greift nach seinem Stock, den er an die Mauer gelehnt hat, und macht sich ächzend auf den Weg.

Ob der Führer an ihm Rache nehmen will, fragt er sich. Dafür, dass er sich nie abgewendet hat von nun verpönten Dingen, im Speziellen von den Erkenntnissen Albert Einsteins. Dass er sich nie zur sogenannten Deutschen Physik eines Lenard bekannt hat? Dass er einst bei seinem Besuch bei Hitler Fürsprache für seine jüdischen Kollegen hielt? Dass er zwei Jahre später, als sein jüdischer Freund und Kollege Fritz Haber im Exil verstorben war, eine Gedenkveranstaltung organisierte? Dass er erfolglos zu verhindern suchte, dass ein Nationalsozialist neuer Präsident der Akademie der Wissenschaften wurde? Oder für seine versteckte Kritik in zahlreichen seiner Vorträge? Wenn er beispielsweise in seinem Vortrag «Die Physik im Kampf um die Weltanschauung» gleiches Recht für alle forderte und vor einem Gemeinwesen warnte, in dem die Rechtssicherheit ins Wanken gerate? Oder vergangenes Jahr, als er, kurz nach dem Erhalt des Glückwunschtelegramms vom Führer zu seinem fünfundachtzigsten Geburtstag, bei einem Treffen im Auswärtigen Amt im Beisein einiger NS-Funktionäre die historische Qualität von Einsteins Physik rühmte? Von Erwin hat er erfahren, was ein schwedischer Journalist im Nachhinein über sein Auftreten geschrieben hat: «Der kleine Mann im schwarzen Anzug war zu groß, um von irgendwelchen Bemühungen der Nazis, die Welt zu verändern, berührt zu werden.»

Aber entspricht das wirklich ihm? Im Grunde hat er doch, anders als sein Sohn, stets versucht, sich aus politischen Dingen herauszuhalten. Er hat alles unternommen, damit die Wissenschaft ihre unabdingbare Arbeit möglichst unangetastet im Schatten der politischen Veränderungen fortführen konnte. Das ist aber auch alles gewesen.

Um halb eins gibt es pünktlich Mittagessen. Aber an diesem Tag bekommt er kaum einen Bissen hinunter.

«Hast du von Nelly gehört?», fragt er seine Frau. Obwohl ihm klar ist, dass sie, wenn dem so wäre, ihn längst davon unterrichtet hätte. Nachmittags spielt er in der Regel am Flügel. Auch dies ein tägliches Ritual. Die Musik spendet ihm Trost, in der Musik kann er sich noch immer verlieren. Wenn er abends nicht einschlafen kann, greift er nach den Partituren, die auf seinem Nachttisch bereitliegen, und beginnt die Stücke im Kopf zu spielen.

Sein Rücken schmerzt, als er vor dem Flügel Platz nimmt. Erst spielt er Brahms, dann Schubert.

«Am liebsten», kommen ihm Erwins Worte bei ihrem letzten Treffen in den Sinn, als er Anfang Juli anlässlich seiner fünfzigjährigen Mitgliedschaft in der Preußischen Akademie der Wissenschaft geehrt wurde, «am liebsten», sagte Erwin gegenüber Werner Heisenberg, «mag ich Vaters Vortrag über ‹Sinn und Grenzen der exakten Wissenschaft›», und dann hat Erwin seine Schlusspassage zitiert: «Das Einzige, was wir mit Sicherheit als unser Eigentum beanspruchen dürfen, das höchste Gut, was uns keine Macht der Welt rauben kann und was uns wie kein anderes auf die Dauer zu beglücken vermag, das ist eine reine Gesinnung.» Auch hierin empfindet sein Sohn also wie er.

Als er später zu Bach übergeht, fällt ihm wieder einmal auf, dass Bach, einer der größten Komponisten aller Zeiten, selbst häufig gegen die Grundregeln des Komponierens verstößt. Was seine Genialität wohl gar unterstreicht. Zum Schluss gibt er sich üblicherweise dem Improvisieren hin. Sein Spiel ist heute dunkel und getragen. Dann kann er sich selbst nicht mehr hören und bricht ab.

Nach dem Musizieren widmet er sich für gewöhnlich wissenschaftlichen Fragestellungen. Daran hält er fest, auch in Kriegszeiten, komme, was da mag. In den letzten Tagen ist es ihm nicht gelungen, sich tiefer in einige Gedanken Werner Heisenbergs zum Quantensprung einzuarbeiten.

Heute, hat er entschieden, muss er das Antwortschreiben verfassen. Die unterschiedlichen Varianten hat er immer wieder aufs Neue durchdacht, im Geist und Herzen erwogen.

Schließlich setzt er sich an den Schreibtisch, spannt einen frischen Bogen Papier in die schwarze Olympia-Schreibmaschine Modell Nr. 8 und beginnt zu tippen.

Seine Hände zittern derart stark, dass er ständig zwei Tasten gleichzeitig trifft. Den Gehorsam verweigern, dafür ist er nicht gemacht. Aber manchmal muss man mit den Regeln brechen. Verzweifelt schlägt er auf die Tasten ein, die Typenhebel der Olympia drohen ineinander hängen zu bleiben. Schließlich muss er Marga bitten zu übernehmen. Und diktiert ihr.

Nach ein paar einleitenden Worten, die den Empfang des Schreibens bestätigen, antwortet er: «Ich bedaure, Ihnen mitteilen zu müssen, dass ich in Anbetracht der Verhaftung meines Sohnes zurzeit nicht die Worte finden kann, die dem Zweck der Broschüre entsprechen würden.»

Morgen wird er den Brief zur Post bringen.

Ordnung beginnt nicht im Kopf

Überall im Burghölzli herrscht eine strenge Ordnung.

Sämtliche Möbel, ob die Betten im Schlafsaal, die Tische und Bänke im Speisesaal oder das spärliche Mobiliar auf den Korridoren – alles steht exakt ausgerichtet in Reih und Glied. Morgens hat das Bett ordentlich gemacht zu werden, die Decke linksseitig nach innen geschlagen. Der Stuhl hat präzise mittig davorzustehen, mit der Lehne Richtung Fußteil. Und nicht umgekehrt, wie es Gustav immer macht. Nichts darf liegen gelassen werden, alles muss sorgsam aufgeräumt sein.

«Ordnung ist das halbe Leben», lautet der Wahlspruch der Oberwärterin, «und wenn im Schädel Chaos herrscht, gilt dies in verstärktem Maße.» Dabei tippt sie sich regelmäßig mit ihrem knochigen Zeigefinger derart kraftvoll an die Schläfe, dass ein eigenartig hohles Geräusch entsteht.

Selbst hier an seinem Arbeitsplatz in der Korbflechterei liegt nichts herum, alles ist stets aufgeräumt und sorgsam geordnet. Schilf, Binsen, Bast, Stroh, Ruten in unterschiedlichen Stärken und Längen – sämtliche Arbeitsmaterialien liegen in Fächern sortiert in den Regalen.

Und der Meister achtet streng darauf, dass das auch so bleibt.

Neben Eduard sitzt Hänschen, ein kleiner, schmächtiger Uranist, den er bereits von früheren Aufenthalten kennt. Eigentlich heißt er Hans, aber weil er so zierlich ist, wird er von allen Hänschen genannt.

Früher hat sich Eduard oft mit Hänschen unterhalten, aber dann hat ihn der Assistenzarzt eines Tages beiseitegenommen. Ob Hänschen ihm bei der Körperhygiene im Waschraum zusehe, wollte der Arzt wissen. Als er verneinte, meinte der Arzt unbeeindruckt: Er solle sich trotzdem mal schön in Acht nehmen, die Urninge seien nämlich nicht so harmlos, wie sie aussähen. Die hätten es faustdick hinter den Ohren. Und überhaupt, der Uranismus sei leider ansteckend. Er hätte schon so einige gesehen, die selbst zum Männertreu geworden seien.

Seitdem hält Eduard etwas mehr Abstand zu Hänschen.

Ihnen gegenüber, neben dem Meister, sitzt Franz. Franz hat das Privileg, die Bodensterne anfertigen zu dürfen, worauf er mächtig stolz ist. Denn für den Bodenstern muss man zuerst vier Weidenstöcke mittig spalten, dann vier weitere durch die Schlitze stoßen, um ein Kreuz zu bilden. Zum Spalten der Stöcke benötigt man ein Messer. Und das Vertrauen für den Umgang mit dem Messer, das muss man sich erst einmal mühsam beim Meister verdienen.

Hinten in der Ecke neben der Tür sitzt der alte Hermann. Wahrscheinlich ist er gar nicht so alt. Sieht nur so aus. Den haben sie schon komplett kaputtgekriegt. Der kann nur noch Ruten in den Einweichbottich legen, und das tut er auch nur, wenn der Meister ihn laut genug anschreit, um ihn aus seiner Lethargie rauszuholen.

Die meisten Patienten im Burghölzli gehen, solange sie es noch können, einer Arbeit nach. Wobei die Arbeit seit einiger Zeit «Arbeitstherapie» heißt. Der alte Hermann hat sich anfangs entrüstet: «Wenn man nicht bezahlt wird, geht man doch nicht zur Arbeit», das hatte er schon bei Eduards erstem Aufenthalt im Burghölzli vor vierzehn Jahren laut gerufen, «da müsste ja einer verrückt sein! Man geht doch nicht in ein Krankenhaus, um zu schuften!»

Daraufhin hatte man dem alten Hermann eine Cardiazolschock-Therapie verordnet. Anstatt der Arbeit. Seitdem zieht er das Arbeiten einer Behandlung vor. Denn wer die Cardiazolschock-Therapie bekommt, der durchlebt seinen eigenen Tod, und da wollte schon so mancher lieber gleich sterben. So was will keiner ein zweites Mal.

Frauen gibt es nicht in der Korbflechterei. Im Burghölzli herrscht eine strenge Geschlechtertrennung bei den Patienten. Die Frauen putzen, sind in der Küche beschäftigt, in der Wäscherei oder auch am Webstuhl. Die Männer arbeiten auf dem Feld oder in der Korbflechterei, manche auch in der Näherei. In der arbeiten zwar auch Frauen, allerdings von den Männern getrennt.

Beziehungen jeglicher Art zwischen männlichen und weiblichen Patienten sind nicht erwünscht. Da unterscheidet sich der neue Direktor des Burghölzli nicht von seinem Vorgänger. Auch der neue Direktor vertritt die modernen Standpunkte der Eugenik: Erbkranker Nachwuchs ist dringendst zu vermeiden. Deshalb werden zahlreiche Patientinnen sterilisiert. Männliche Patienten häufig kastriert, vor allem bei sexuellen Abartigkeiten. Der alte Direktor, Herr Professor Maier, den Eduard von seinen vorherigen Aufenthalten noch kennt, hat das nicht anders gehandhabt.

Allerdings anscheinend nicht, soweit es ihn selbst betraf: Eduard erinnert sich noch gut an die hübsche Anneliese, eine junge Patientin und Tochter eines Bundesrichters. Jahrelang ist sie vom Herrn Professor persönlich behandelt worden, ehe sie auf Druck des Vaters schließlich entlassen wurde. Ein paar

Monate später gab es ein höchst eigenartiges Wiedersehen. Da lief die Anneliese mit einem Bündel im Arm draußen vor der Anstaltsmauer entlang. Und hat allen laut verkündet, wessen Kind das kleine Wesen war, das sie in ihren Armen hielt: «Seht, das ist das Kind von Professor Maier!», hat sie unaufhörlich mit hochrotem Kopf geschrien. Das war dann doch gehört worden.

Da musste der Herr Professor Maier seinen Hut nehmen. Musste ausziehen aus der großen Direktorenwohnung über dem Eingangsportal, und seinen Posten an der Zürcher Universität musste er gleichfalls räumen. Die Anneliese war anscheinend trotz Sterilisation schwanger von ihm geworden. Da hatte irgendein Arzt nicht sauber gearbeitet.

Seit zwei Jahren ist jetzt der Bleuler da, der neue Direktor. Auch Manfred Bleuler wohnt jetzt in der feudalen Direktorenwohnung über dem Haupteingang. Das Burghölzli ist seine Heimat, sagt er. Schließlich ist er hier geboren worden, vor gut vierzig Jahren. Er ist der Sohn vom alten Bleuler, der dreißig Jahre lang Burghölzli-Direktor war und der die Schizophrenie erfunden hat. Das heißt, die Schizophrenie gab es schon vorher, aber da hieß sie noch Dementia praecox.

Manfred Bleuler kennt jeden versteckten Winkel der Anstalt. Als Kind hat er mit Gret und Agathe Jung, den Töchtern von Carl Gustav Jung, im Hof Verstecken gespielt. Im Burghölzli bestand schon damals Internatspflicht: Die angestellten Ärzte leben auch hier. Ansonsten hat sich nicht viel geändert, wenn Eduard so darüber nachdenkt. Wobei – neuerdings verdienen sie sogar ein wenig Geld mit ihrer Arbeit. Nicht viel, aber zumindest ein paar Franken für Zigaretten. Vielleicht doch ein Erfolg des alten Hermann? Allerdings kriegt der jetzt nichts mehr davon mit, der legt nur noch stoisch Ruten in den Bottich.

Darüber hinaus preisen sie im Burghölzli stets neue Therapiemethoden an. Schließlich ist man hier schon immer sehr modern gewesen. Wobei da etwas ist, was er bis heute nicht versteht: Heilmittel und Strafe liegen hier sehr nah beieinander, häufig verschmelzen sie gar. Während man ihm vor ein paar Tagen die Vorteile der neuartigen Elektroschockbehandlung noch als «Erleichterung verschaffendes Heilmittel» angepriesen hatte, hat die Oberwärterin heute Gustav ganz unverhohlen mit selbiger gedroht: Wenn er nicht gehorche, erhalte er eine weitere Elektroschockbehandlung. Ob er das etwa wolle?

Zumindest hat es funktioniert, Gustav hat nicht gewollt. Hat daraufhin pariert. Ganz ruhig ist er geworden, hat zu zappeln aufgehört und hat nur weiter dämlich gegrinst. Aber das tut er sowieso die ganze Zeit.

Die Eduard versprochene Erleichterung, nach mehreren Elektroschockbehandlungen, hat sich indes nicht eingestellt. Im Gegenteil, seit gestern hört er wieder Stimmen in seinem Oberstübchen. Unaufhörlich klopfen die da oben an. Sagen ihm, er solle sich wehren. Nach Hause gehöre er. Zur Mutter. Schließlich ist er diesmal schon so lange fort.

Dem Franz das Messer wegnehmen, flüstert eine Stimme in seinem Kopf.

Den Weg freischneiden! Freistechen!, eine andere.

Hinaus in die Freiheit!, befiehlt die erstere.

Er kämpft dagegen an. Versucht, sich auf seinen Korb zu konzentrieren. Klopft mit einem Kantholz das Flechtwerk nieder, ehe er neue Flechtruten einsteckt.

Franz hat sich frische Weidenstöcke aus dem Regal geholt und spitzt jetzt mit seinem Messer Aufstecker zu. Wie Indianerpfeile sehen die aus. Früher haben sein Bruder und er zu

Hause im Garten mit einem selbst geschnittenen Bogen aus Haselnuss und solchen Pfeilen geschossen. Wobei der große Bruder im Zielen besser war. Einmal hat der Bruder eine Amsel vom Baum geschossen. Da musste Eduard weinen, weil ihm die Amsel so leidtat. Aber der Bruder meinte nur, er, Tete, sein Spitzname in Kindertagen, esse doch auch Hühnchen, das sei nichts anderes. Und hat die Amsel der Katze gegeben.

Raus in die Freiheit! Die Mutter wartet!, ruft die Stimme in seinem Kopf. Langsam erhebt er sich, geht an Franz vorbei und holt acht lange dünne Weidenruten für den Viererkranz aus dem Regal.

Er macht einen Bogen um Franz und den Meister, bis zum alten Hermann, der gleichmütig neben seinem Bottich wacht, und kehrt zu seinem Schemel zurück. Nimmt den Korb zwischen die Knie, legt die erste Rute ein. Wie er es gelernt hat, beginnend mit der Rutenspitze. Hält sie mit der linken Hand niedergedrückt, während er mit der Rechten flicht.

Immer vor zwei, hinter zwei.

Rechts davon die nächste Rute einlegen.

Vor zwei, hinter zwei.

Franz schnitzt die Aufstecker zurecht.

Weidenspäne fliegen in den Korb zu seinen Füßen. Immer wieder hält er die zugespitzten Äste hoch, Richtung Lampe. Einen nach dem anderen.

Kneift dabei fachmännisch begutachtend ein Auge zu.

Ehe er nach dem nächsten Ast greift.

Blödsinnig, denkt Eduard. So spitz müssen die ja gar nicht sein, die Aufstecker.

Eduard richtet den Blick wieder auf den Korb zwischen seinen Knien.

Wenn der Vater ihn hier sehen würde, denkt er.

Eine Arbeit für Bekloppte.

Er legt die nächste Rute ein.

Vor zwei, hinter zwei.

Stich zu!, befiehlt die Stimme in seinem Kopf. *Stich dem Franz den Aufstecker ins Auge!*

Nicht hingucken, denkt er. Weiterflechten, denkt er.

Mit der linken, äußersten Rute beginnen und vor zwei, hinter zwei weiterflechten.

Oder stich dir selber ins Auge!, lockt die andere Stimme und lacht boshaft. *Das wäre lustig!*

Eduard hält inne.

«Dick auf dick verlängern», ruft da der Meister, der plötzlich hinter ihm steht. «Bis zur Spitze ausflechten! Anschließend zusammenschlagen.»

Unwillkürlich erschaudert er. Traut sich nicht, den Blick zu heben.

Er will, dass du ihn zusammenschlägst, geifert die Stimme in seinem Kopf.

In seinem Augenwinkel sieht er die Umrisse des Meisters, groß und bedrohlich. In seiner Rechten hält der Meister das Kantholz, hebt es jetzt hoch.

«Zusammenschlagen nicht vergessen», meint er schließlich, deutet auf den Korb zwischen Eduards Knien und drückt ihm das warme Kantholz in die Hand.

Eduard starrt auf das Holz in seiner rechten Faust. Starrt und starrt. Seine Knöchel werden weiß.

Genau in dem Moment, als seine Hand sich wie von alleine hebt, stupst ihn Hänschen sachte mit dem Ellbogen an.

«Sieht schön aus, dein Korb», flüstert Hänschen mit seiner weichen Stimme und lächelt ihn an.

Nachher geht es besser.

Als er die Überstände mit der Gartenschere abschneidet, flüstern die Stimmen in seinem Kopf erneut: Er möge sich doch einen Finger abschneiden. *Schnipp!*

Aber es gelingt ihm recht mühelos, das unselige Geschwätz beiseitezuwischen. Der schwierige Abschlusskranz geht ihm locker von der Hand, und der Meister ist mit dem Ergebnis zufrieden. Er fertigt noch zwei weitere Körbe, ehe es zum Abendessen Steckrübensuppe gibt.

Die Köchin mit den großen Brüsten gibt an diesem Abend die Suppe aus.

Wenn sie schließlich alle gedrängt an den langen Tischen im Speisesaal sitzen, die Blechnäpfe gefüllt, und das große Geschlürfe beginnt, schämt er sich. Auf Essmanieren achtet hier niemand mehr. Ein bisschen ist es wie im Schweinestall. Wobei er selber auch nur ein Schwein unter vielen ist.

Später, als er zu Bett geht, muss er an die Köchin denken. Das inspiriert ihn, noch heimlich ein paar Brüste zu zeichnen. Anschließend versteckt er das Notizbuch hinter dem Heizkörper. Darf niemand finden, seine Zeichnungen.

Kurz bevor der Schlaf ihn übermannt, kommt ihm noch einmal Hänschen in den Sinn.

Hänschen hat so gar nichts Ansteckendes. Hänschen ist einfach nur anders, denkt Eduard. Wie wir alle. Nur eben jeder auf seine Art.

Vor dem Volksgerichtshof

Unser Führer trinkt keinen Alkohol und raucht nicht» steht unter dem Hitlerbild, das über dem grünen Linoleumtisch hängt. Seit einer halben Stunde sitzt Erwin in einem Raum des Berliner Kammergerichts und wartet, zwei Polizisten ihm gegenüber. Das Reden ist ihm verboten, auch die Beamten schweigen.

Tags zuvor hat man ihn vom Zellengefängnis Lehrter Straße, wo er die beiden vergangenen Wochen verbrachte, in die Gestapo-Zentrale in der Prinz-Albrecht-Straße verlegt. Dieses Mal wurde er jedoch nicht wie gewohnt im Keller untergebracht, sondern bekam eine Zelle im Hochparterre zugewiesen. Die Fensterscheibe des schlauchförmigen Raumes war bei einem der letzten Luftangriffe offenbar zu Bruch gegangen, auch die Heizung funktionierte nicht. Dadurch war es zwar recht kühl, aber das stürmische Herbstwetter wehte angenehm frische Luft zu ihm herein. Hin und wieder segelte gar ein buntes Ahornblatt zwischen den Gitterstäben hindurch und fiel zu den übrigen, die auf dem Boden unter dem Fenstersims bereits einen kleinen Haufen bildeten. Nach den tristen Tagen in dem düsteren, engen Raum im Zellengefängnis Lehrter Straße genoss er es, seit Wochen erstmals wieder einen Ausblick zu haben: Das Fenster, von passabler Größe, befand sich in Schulterhöhe. Direkt davor fiel sein Blick auf ein großes eisernes Tor, dahinter verlief die Prinz-Albrecht-Straße. Passanten hasteten durch den Regen. Linker Hand lag das Völkerkundemuseum, das er vor ein paar Monaten noch mit Liesel besucht hatte. Etwas weiter rechts konnte er auf der gegenüberliegenden Straßenseite die Einfahrt hinuntersehen, bis zum Reichsluftfahrtministerium.

Eigenartig, dachte er, dass die vermutlich letzten Stunden eines Lebens sich so gar nicht anders anfühlten. Eigenartig auch, ausgerechnet jetzt auf das Viertel blicken zu können, das ihm so vertraut ist. Alles schien ihm so nah und gleichzeitig so unerreichbar fern. Gut zehn Jahre war es her, dass er selbst noch täglich hier entlanggehastet war, als er, gar nicht weit, in der Wilhelmstraße lebte und arbeitete. Er musste an Nelly denken, die jetzt vermutlich in der Charité Dienst hatte, keine zwanzig Minuten Fußweg entfernt. Er dachte an Liesel, die in der Winklerstraße vielleicht gerade das Essen vorbereitete. An den Vater, dem er sich zeitlebens so eng verbunden fühlte, und an Marga, seine Stiefmutter. Daran, dass die beiden noch immer in Rogätz weilten, abgeschnitten von Freunden und Familie, und dass sie vermutlich dringend auf Nachricht von ihm warteten.

Sie alle würde er zurücklassen müssen. Mitleid überkam ihn, und ein schlechtes Gewissen. Ihr Schicksal schien ihm schwieriger als seines. Dem anderen in seinem Unglück machtlos zuschauen zu müssen und am Ende übrig zu bleiben. War das nicht schwerer, als selbst dieses Unglück zu durchleben und aus der Welt zu scheiden?

Bevor die Melancholie sich weiter Raum verschaffen konnte, beschloss er, sich durch etwas sportliche Betätigung abzulenken. Mehrere Sätze Kniebeugen führte er aus, im Wechsel mit Liegestützen. Letztere waren mit Handschellen eine Herausforderung, aber inzwischen hatte er sich auch daran gewöhnt. Allerdings war der Zellenboden derart staubig, dass er nach einer Weile aufgab. Stattdessen nutzte er den Umstand, dass der schmale Raum für eine Zelle ungewöhnlich lang gestreckt war, sieben Meter mochten es sein. Und so tigerte er einem eingesperrten Raubtier gleich auf und ab, dabei laut seine Schritte zählend. Als er bei zweitausendachthundertvierundfünfzig war, knallte der Riegel zur Seite, und die Zellentür öffnete sich.

«Was soll das hier werden, wenn's fertig ist?», fragte ein in Zivil gekleideter Aufseher.

«Etwas körperliche Ertüchtigung», erwiderte Erwin.

«Die kannst du dir sparen.»

«Hätten Sie vielleicht einen Besen für mich?», fragte Erwin, indem er auf den staubigen Zellenboden zeigte.

«Für dich ist die Zelle sauber genug», entgegnete der Fremde, «fertig zum Nachtverschluss!» Folgsam streckte Erwin die Arme vor. Der Mann schloss die Handschellen auf, um sie ihm anschließend, die Hände nun auf dem Rücken, wieder anzulegen. Eine besondere Sicherheitsvorkehrung in der Prinz-Albrecht-Straße, die das Schlafen umso schwieriger machte.

«Und jetzt kehrt Ruhe ein, sonst gibt's kalte Platte!» Mürrisch deutete er auf Erwins Pritsche und knallte die Zellentür hinter sich zu. Draußen dämmerte es bereits, und der Gedanke, die dünne Matratze samt Bettzeug abgeben zu müssen, ließ Erwin frösteln.

Als er sich hinlegte, nahm der Wind draußen zu. Mit den Zähnen zog er die Bettdecke bis unters Kinn. Gerade als ihn der Schlaf zu übermannen vermochte, schreckte ihn fernes Donnergrollen hoch. Etwas umständlich setzte er sich auf, trat ans Fenster und blickte hinaus. Wegen der Fesselung war es ihm nicht möglich, seine Brille aufzusetzen, und so meinte er erst, es sei Regen, der da vom Himmel peitschte. Bis er die feinen weißen Perlen auf dem Fenstersims als Hagelkörner erkannte. Er reckte den Hals, beugte vorsichtig den Kopf vor, die eiskalten Gitterstäbe schmerzten beinahe an seiner Stirn. Dann streckte er die Zunge aus, und tatsächlich gelang es ihm, ein paar Hagelkörner zu erwischen, die augenblicklich in seinem Mund zerschmolzen. Plötzlich zuckte ein Lichtblitz durchs nächtliche Schwarz, kurz darauf mächtiges Donnerknallen. Unwillkürlich musste er an seine letzte Nacht im Konzentrationslager Ravensbrück denken, vor gut fünf Wochen. Als er das letzte Mal ein Gewitter erlebt hatte.

Eigentlich war Ravensbrück ein Frauenkonzentrationslager. Man hatte ihn wie die anderen politischen Häftlinge in einem kleinen Zellenbau ganz am Rande des Lagers untergebracht. Von seinem Fenster aus blickte er auf die gut drei Meter hohe Außenmauer, die das KZ umschloss. Obenauf verliefen vier Reihen Stacheldraht, die unter Strom standen. In jener Nacht, als das Gewitter direkt über ihnen war, schlug ein Blitz in die elektrische Umzäunung ein. Er sah etwas, das er noch nie zuvor gesehen hatte: Ein grelles Lichtband flackerte, gleich einem lodernden Springseil, ständig seine Form verändernd, zwischen den Drähten. Surrend und knisternd lief es als leuchtende Welle über den Stacheldraht. Als Kind hatte der Vater ihm das physikalische Phänomen eines Lichtbogens erklärt. Eine elektrische Entladung, die bei hoher Spannung und Stromdichte durch Ionisation entsteht. Nun sah er sie, und es war ein gespenstisch schöner Anblick, der ihn zutiefst bewegte. Der ihm zeigte, wie nah das Schreckliche und das Schöne beieinander sein konnten. Am darauffolgenden Tag hatte man ihn dann nach Tegel verlegt, und erstmals hatte er nach langer Zeit wieder Hoffnung geschöpft, hatte wieder Licht am Ende des Horizonts gesehen.

Und so legte er sich an diesem Abend, dankbar für das Gewitter, wieder auf seine Pritsche und schlief erstaunlich schnell ein.

Am Morgen wurden ihm die Fesseln für ein bescheidenes Frühstück, bestehend aus einer Tasse Tee und einer Schüssel Hafergrütze, kurz abgenommen. Anschließend wurde er mit einer Grünen Minna hierher zum Berliner Kammergericht in die nahe gelegene Elßholzstraße gebracht. Zwei Polizeibeamte nahmen ihn in Empfang, führten ihn durch die imposante Eingangshalle, einige Treppen hinauf und endlose Flure entlang, bis sie vor einer unscheinbaren Tür haltmachten.

Noch immer sitzt er in dem kleinen Nebenraum an einem grünen Linoleumtisch und wartet. Hin und wieder hört man ein paar Schritte den Gang hinunterhasten. Der jüngere Polizist trommelt unentwegt mit den Fingern der rechten Hand auf die Tischplatte. Nach einer Weile beginnt er leise zu seinem Kollegen zu sprechen. Wie die letzte Verhandlung vor drei Tagen verlaufen sei, erzählt er. Dass die Defätisten Julius Leber, Adolf Reichwein und Hermann Maaß zum Tode verurteilt worden seien. Was ja klar gewesen sei. Ein ermüdend langer Arbeitstag sei das gewesen, meint der junge Polizist, während er fortwährend auf die Tischplatte trommelt. Reichwein habe er im Anschluss an die zeitintensive Verhandlung auch noch zur Vollstreckung nach Plötzensee begleiten müssen.

Erwin ist bemüht, sich nichts anmerken zu lassen. Was ihm nicht recht gelingen mag. Wenn man die Menschen auch noch persönlich kennt, wenn man wochenlang mit ihnen Hofgang hatte, fällt es schwer, bei der Nachricht ihres Todes einen ungerührten Eindruck zu wahren. Dankenswerterweise wird der Polizist von seinem Kollegen an dieser Stelle recht grob zurechtgewiesen. Den Mund soll er halten! Es sei nicht gestattet, von derlei Dingen zu reden, noch dazu vor einem Verräter.

Daraufhin kehrt wieder Ruhe ein.

Irgendwann fängt der junge Polizist allerdings an zu pfeifen. «Ein junges Volk steht auf», pfeift er. Das beliebte Hitlerjugend-Lied, nicht gleich erkennbar, da er die Melodie nicht ganz trifft. Aber dann wird plötzlich die Tür aufgerissen, und Erwins Begleiter springen schlagartig auf.

Der neubarocke Plenarsaal des Berliner Kammergerichts, in den er nun geführt wird, ist zum Brechen voll, die Zuschauerreihen bis auf den letzten Platz besetzt, an die zweihundert Leute mögen es sein. Viele tragen Uniform, aber auch Zivilisten sind darunter. In der ersten Reihe sticht die lange Gestalt von Ernst Kaltenbrunner hervor, dem Leiter des Reichssicherheitshauptamtes. Neben ihm sieht er Gestapochef Heinrich Müller, den er von zahlreichen Verhören kennt. Müller, der lieber foltern lässt, als sich selbst die Finger schmutzig zu machen.

Über fast die gesamte Stirnseite des Raumes erstreckt sich das lange Richterpult, linker Hand steht im rechten Winkel ein Tisch, an dem die Anwälte sitzen. Die beiden Polizisten schieben Erwin in die dahinter platzierten Stuhlreihen, lösen seine Fesseln und nehmen schließlich rechts und links von ihm Platz. Erwin reibt sich seine schmerzenden Handgelenke. Einer der bestimmt fünf Meter vor ihm sitzenden Anwälte muss für ihn zuständig sein, denkt er, gesprochen hat er ihn bisher nicht und wird es allem Anschein nach auch jetzt nicht können.

Dann wird Friedrich-Werner Graf von der Schulenburg von zwei Polizisten hereingeführt. Kurz sehen sie sich an, als Schulenburg einige Meter von ihm entfernt von seinen Begleitern platziert wird.

Alles blickt erwartungsvoll auf das leere Richterpult. Schließlich öffnet sich links von Erwin eine Tür, und Roland Freisler, der gefürchtete Präsident des Volksgerichtshofes, tritt forschen Schrittes herein, gefolgt von seiner Entourage, bestehend aus drei ehrenamtlichen Beisitzern und dem Oberreichsanwalt Schulze. Hinter dem langen Richterpult kommen sie zum Stehen und heben den Arm zum deutschen Gruß, ehe sie wie auf Kommando gleichzeitig Platz nehmen.

Wenigstens das muss er jetzt nicht mehr machen, geht es Erwin durch den Kopf. Als Angeklagter ist ihm der deutsche Gruß sogar verboten. Manch ein Beschuldigter werde von Freisler zusammengeschrien, weil er reflexhaft den Arm gehoben habe, wurde Erwin berichtet. Wie er es wagen könne, schämen solle er sich! Den deutschen Gruß dürften nur Volksgenossen anwenden, die Ehre haben!

Roland Freisler ist ein hagerer Mann von Anfang fünfzig, mit hoher Stirn und unruhig flackernden Augen. Seine leuchtend rote Richterrobe hat etwas Herrschaftliches. Er spricht ungewöhnlich laut und schnell und ist bekannt für sein hartes Urteil. Über tausend Todesurteile soll er bereits gefällt haben. «Rasender Roland» wird er im Volksmund genannt, hinter vorgehaltener Hand.

Ob genau überprüft worden sei, wer im Saale anwesend ist, fragt Freisler den Amtsrat. Ob alle Anwesenden ein dienstliches Interesse kraft ihres Amtes hätten. Ob auch alle Personen ordnungsgemäß in die Listen eingetragen worden seien. Der Amtsrat beantwortet jede Frage pflichtschuldigst mit «Jawohl!».

Freisler lässt sich die Listen überreichen, dann erklärt er die Regeln der allgemeinen Geheimhaltung und ein generelles Verbot des Mitschreibens. Erwins Blick wandert über das opulente rote Marmorportal hinter Freisler, ein Schmuckstück preußischer Baukunst mit zahlreichen Verzierungen, das nun eine große Hakenkreuzfahne rahmt. Davor, dem Präsidenten des Volksgerichtshofs quasi über die Schulter blickend, steht eine riesige Hitlerbüste auf steinernem Sockel. Nachdem die Formalitäten geklärt sind, erteilt Freisler dem Oberreichsanwalt Schulze das Wort, und dieser beginnt.

«Gegen den Angeklagten Planck erhebe ich Anklage wegen folgender Tat: das hochverräterische Unternehmen, mit Gewalt die Verfassung des Reiches zu ändern und den Führer seiner verfassungsmäßigen Gewalt zu berauben, vorbereitet zu haben. Wobei die Tat darauf gerichtet war, zur Vorbereitung des Hochverrats einen organisatorischen Zusammenhalt herzustellen und damit zugleich es unternommen zu haben, im Inlande, während eines Krieges gegen das Reich, der feindlichen Macht Vorschub zu leisten.»

Der gleiche Vorwurf wird anschließend dem Mitangeklagten Friedrich-Werner Graf von der Schulenburg gemacht. Dann wird Erwin aufgefordert vorzutreten. Die beiden Polizisten führen ihn zu einem kleinen Pult, nun steht er Freisler direkt gegenüber, während die Beamten auf Stühlen rechts und links von ihm Platz nehmen. Vor ihm auf dem Pult zwei Mikrofone, das eine sorgt für eine lautsprecherverstärkte Übertragung im Saal; das andere zeichnet die Verhandlung für den Führer auf.

Das Papier raschelt, während Freisler durch die vor ihm liegende Akte blättert.

«Sie wurden am 12. März 1893 in Berlin geboren, sind verheiratet und kinderlos. Richtig?»

«Jawohl.»

«Sie haben 1911 Abitur gemacht und studierten zunächst Medizin. Im Weltkrieg waren Sie Offizier, wurden im September 1914 verwundet und gerieten in französische Kriegsgefangenschaft. Knapp drei Jahre später wurden Sie durch einen Gefangenenaustausch in die Schweiz ausgeliefert und kehrten nach Deutschland zurück. Sie tragen das Verwundetenabzeichen. Sonstige Ehrenabzeichen?»

«Das EK II und das EK I, Herr Präsident.»

«Das Eiserne Kreuz zweite Klasse und das Eiserne Kreuz erste Klasse, nun gut.» Erstmals schenkt Freisler ihm einen kurzen Blick, ehe er im Stakkato fortfährt. «Sie wurden von der Reichswehr übernommen, deren Verbindungsmann zur Reichskanzlei Sie nach dem Krieg waren. 1926 schieden Sie dann aus der Reichswehr aus. Die restliche Zeit waren Sie als Regierungsrat beziehungsweise Oberregierungsrat in der Reichskanzlei tätig und brachten es im Systemstaat bis zum Staatssekretär der ehemaligen Reichskanzler von Papen und Schleicher. Nach der Machtergreifung unternahmen Sie eine einjährige Reise um die Welt und traten 1937 in den Handelskonzern Otto Wolff ein. Jemals Parteigenosse gewesen?» Der Präsident sieht ihn listig an.

«Ich habe, als ich ...»

Doch Freisler fällt ihm barsch ins Wort: «Das ist eine Frage, die man mit ‹ja› oder ‹nein› zu beantworten hat! Da brauche ich kein intellektuelles Gequatsche à la Romanisches Café! Also, waren Sie jemals Mitglied der Partei?»

«Nein, Herr Präsident.»

«Na bitte. Da sieht man doch bereits, welcher Gesinnung Kind Sie sind. Für den Nationalsozialismus konnten Sie sich also nie erwärmen. Deswegen hatten Sie Ihrem späteren Arbeitgeber, der Firma Otto Wolff, versprochen, sich künftig von politischen Dingen fernzuhalten. Aber so ist es dann ja offensichtlich nicht geblieben.»

«Ich wollte mich durchaus aus der Politik heraushalten,

Herr Präsident. Deswegen bin ich auch nicht in die Partei eingetreten.»

«Wollen Sie uns für dumm verkaufen? Unterstehen Sie sich, hier derart heuchlerische Winkelzüge zu machen!»

Wütend schlägt Freisler mit der flachen Hand auf den Tisch.

«Trotz Ihres Entschlusses, der Politik zu entsagen, sind Sie offenbar weiterhin politisch so stark interessiert gewesen, dass Sie von Anfang 1942 bis mindestens Juni vergangenen Jahres an staatsfeindlichen Besprechungen teilgenommen haben. Gemeinsam mit den bereits gerichteten Verrätern von Hassell, Goerdeler, Beck und dem ehemaligen Finanzminister Popitz. Und zwar in der Wohnung des Letzteren. Diese Besprechungen zeugen von schwärzestem Defätismus allerdunkelster Art!»

Freislers Stimme schallt jetzt gellend durch den Saal.

«Nicht nur, dass der Verräter Beck die Kriegslage in der ihm gewohnten, bewusst defätistischen Weise dargestellt hat, nein, der gerichtete Verräter von Hassell hat den Reichsaußenminister obendrein nach Strich und Faden für unfähig erklärt!»

Freisler macht eine Pause und sieht ihn herausfordernd an.

Als Erwin nach einem Moment zu einer Antwort ansetzt, brüllt er: «Sie sprechen nur, wenn Sie gefragt sind, Sie erbarmungswürdiges Würstchen!»

Verhaltenes Gelächter im Publikum.

«Wie kommen Sie also dazu, Gespräche mit derart politisch schizophrenen Persönlichkeiten zu führen? Abartige Elemente, die da meinen, Sie könnten spalten zwischen Führer und Volk?»

«Wie Ihnen sicher bekannt ist, Herr Präsident», antwortet Erwin zögernd, «bin ich zum damaligen Zeitpunkt für die

Firma Otto Wolff viel ins Ausland gereist. Ich habe auf meinen Reisen einiges gesehen und gehört, sodass ich mir große Sorgen über den weiteren Verlauf des Krieges machte.»

Freisler kneift die Augen zusammen.

«Sie versuchen, Ihrem unfassbar unanständigen Treiben auf schändlichste Weise ein moralisches Mäntelchen umzuhängen! Pfui! Nach Auffassung des Volksgerichtshofs ist bereits derjenige abartig, der überhaupt die Möglichkeit einer deutschen Niederlage in Betracht zieht! Da fängt das Übel ja bereits an, wie wir alle wissen! Aber wenn ich Sie richtig verstehe, gehören Sie zu jenen hochmütigen Ehrgeizlingen, die meinen, alles besser zu können. Popitz hat sich ja bei Ihren Unterredungen vornehmlich über Finanzfragen und das Unterrichts- und Erziehungswesen ausgelassen. Der gerichtete Verräter Goerdeler hat mehrfach und in aller Deutlichkeit die Meinung vertreten, dass ‹es nur durch Einsetzung einer neuen Regierung möglich ist, zu einem leidlichen Frieden zu kommen›. Was haben Sie ihm denn da entgegnet?»

Freisler sieht ihn fragend an.

«Ich bin», erwidert Erwin, «ich bin der Auffassung gewesen, dass die neue Regierung durch den Führer gebildet werden soll.»

«Infamer Lump!», die Stimme des Präsidenten überschlägt sich vor Wut. «Denken Sie, Sie können uns, Sie können das deutsche Volk schändlich zum Narren halten? Uns liegt die Liste ja vor, auf der Ihr Name steht!»

«Welche Liste?», fragt Erwin.

«Tun Sie nicht derart scheinheilig», brüllt Freisler jetzt mit hochrotem Kopf, «die Liste, auf der die ganze Verbrecherclique samt ihrer angedachten zukünftigen Aufgaben nach dem schändlich geplanten Meuchelmord unseres geliebten Führers verzeichnet ist!»

Triumphierend reißt er ein Blatt Papier in die Höhe.

«Der gerichtete Verräter Goerdeler sieht sich selbst als künftigen Reichskanzler. Der gerichtete Verräter Wilhelm Leuschner hatte sich das Amt des Vizekanzlers auserkoren. Und als Reichsminister des Auswärtigen sehe ich hier Ihren Freund Graf von der Schulenburg, zu dem wir heute noch kommen werden.» Er deutet in Richtung Schulenburgs, ehe er fortfährt.

«Reichsminister des Innern: Eugen Bolz. Das zeugt von einem Hochmut, wie er noch nie da gewesen ist! Ganz unten auf dieser Kabinettsliste der Schande, dieser Ansammlung infamer Defätisten, lese ich: Erwin Planck! Welches Amt war denn Ihnen zugedacht? Mit welchem Ministerposten wollten Sie denn Ihre defätistischen Sorgen beiseitelegen?» Er funkelt Erwin böse an.

«Ich habe mir Sorgen um unser Land gemacht. Den Ausdruck defätistisch lehne ich ab.»

«Das können Sie tun», entgegnet Freisler kalt. «Was Sie ablehnen, interessiert uns ebenso wenig, wie die perverse Neigung eines Homosexuellen den gesunden deutschen Mann interessiert. Denn Sie sind ja auf politischem Gebiet – wenn Sie nicht sehen, dass dies tollster Defätismus ist – ebenfalls pervers. Hier gilt aber unsere gesunde Meinung und nicht die Ihrige.»

«Mir ging es ausschließlich um das Wohl Deutschlands», erklärt Erwin müde. «Die letzte Rettung unseres Landes habe ich einzig in einem Regierungswechsel gesehen.»

«Sie sind ganz offenbar in der Welt des Parlamentarismus gefangen», lacht Freisler boshaft auf, «wo jeder Mondwechsel von einem Regierungswechsel begleitet und es daher kein Verbrechen war, noch während des Bestehens der alten Regierung bereits eine neue vorzubereiten. Nun, die Zeiten haben sich glücklicherweise gewandelt, daran kann auch Ihr reaktionäres Gehabe nichts ändern. Ich denke, wir haben genug gehört. Oder hat der Verteidiger noch Fragen? Das hat er nicht, sehe ich.»

Und an Erwin gewandt: «Haben Sie noch etwas zu sagen?»

Erwin zögert. Im Grunde ist es nicht anders verlaufen, als er erwartet hatte. Das, was es zu erreichen gab, hat er geschafft: Er hat niemanden verraten. Auch wenn er als «Verräter» denunziert diesen Saal verlassen muss.

Trotz der zahlreichen stundenlangen Verhöre der letzten Wochen, trotz der mehrfach damit verbundenen Folterqualen ist es ihm bisher gelungen, niemanden zu belasten. Auch vor der heutigen Verhandlung war er besorgt, er könne einen der noch lebenden Freunde und Mitstreiter belasten. Er ist dankbar, dass ihm das erspart geblieben ist.

Und so blickt er schließlich auf und erwidert: «Nein, Herr Präsident.»

Freisler nickt.

«Wissen Sie», hebt Freisler nochmals an, und plötzlich wird seine Stimme ruhig und geradezu sanft, «wissen Sie, dass unser Recht auf unserem Gewissen beruht und dass unser Rechtsgewissen sehr tief in unseren Volkssprichwörtern verankert ist?»

Freisler starrt ihn durchdringend an, ehe er fortfährt.

«Kennen Sie das deutsche Sprichwort ‹mitgegangen, mitgefangen, mitgehangen›?»

Erwin nickt.

«Antworten Sie ruhig so, dass man Sie auch verstehen kann!»

«Ja.»

«Gut!», lächelt Freisler ihn an. «Denn dann wissen Sie ja, was Sie erwartet.»

Damit entlässt der Präsident Erwin, die beiden Polizisten führen ihn zurück auf seinen Platz, und sein Freund Schulenburg wird aufgerufen. Die restliche Verhandlung hindurch fühlt er sich wie benommen. Er hört Freislers laute Stimme wie aus weiter Ferne, der Vernehmung Schulenburgs vermag er nicht zu folgen. Er weiß trotzdem so viel, dass es dem ehemaligen Diplomaten nicht viel anders als ihm ergeht. Schließlich wird auch der alte Schulenburg wieder zurück an seinen Platz geführt, und das Gericht zieht sich zur Beratung zurück.

Die beiden Polizisten, seine Begleiter, führen ihn den langen Gang hinunter und setzen ihn wieder an den grünen Linoleumtisch in dem kleinen Raum.

«Unser Führer trinkt keinen Alkohol und raucht nicht.» Er betrachtet das Hitlerbild.

Der junge Polizist trommelt mit den Fingern auf die Tischplatte, dann reißt er den Mund auf und gähnt.

Eine halbe Stunde später wird Erwin wieder in den Saal geführt. Das Publikum unterhält sich im entspannten Plauderton, es hört sich an wie die Pausenstimmung während einer Theatervorstellung. Als Freisler mit seinem Gefolge erscheint, verstummt die Menge schlagartig, und der Präsident verliest das Urteil:

«Im Namen des deutschen Volkes: Ehrlose, feige Verräter sind Erwin Planck und Friedrich-Werner Graf von der Schulenburg. Sie verschworen sich mit einer Gruppe eidbrüchiger Offiziere, die unseren Führer ermorden wollte, als Minister einer feindhörigen Verräter-Regierung unser Volk in dunkler Reaktion zu knechten und unseren Feinden auf Gnade und Ungnade auszuliefern. Statt mannhaft wie das ganze deutsche Volk – dem Führer folgend – unseren Sieg zu erkämpfen, verrieten sie das Opfer unserer Krieger, Volk, Führer und Reich. Sie sind für immer ehrlos und werden mit dem Tode bestraft. Ihr Vermögen verfällt dem Reich.»

Briefe auf Leben und Tod

Auch wenn er die schreckliche Nachricht noch immer kaum fassen kann: Immerhin lebt Erwin noch, das ist das Einzige, was jetzt zählt, denkt er sich. Und was berechtigten Anlass zur Hoffnung gibt, wird doch das Urteil bei einem Großteil der Verurteilten umgehend vollstreckt. Jetzt gilt es, die Zeit, die ihnen gewährt wurde, bestmöglich zu nutzen.

Seit einer Woche ist es bereits regnerisch und kalt, der Himmel wolkenverhangen und von einem tristen Grau. Er sitzt am Schreibtisch und sucht erneut nach Worten. Wie will man nur die richtigen Worte finden, noch dazu bei den falschen Leuten?

«Die mir wiederholt von Ihnen, mein Führer», schreibt er schließlich, «in ehrenvollster Weise zum Ausdruck gebrachte Anerkennung meiner Leistungen im Dienste unseres Vaterlandes berechtigt mich zu dem Vertrauen, dass Sie der Bitte des im siebenundachtzigsten Lebensjahr Stehenden Gehör schenken werden. Als Dank des deutschen Volkes für meine Lebensarbeit, die ein unvergänglicher geistiger Besitz Deutschlands geworden ist, erbitte ich das Leben meines Sohnes.»

Der Regen läuft in langen Schlieren die Scheibe hinunter. Gestern Abend noch hat er ein weiteres Gnadengesuch für Erwin aufgesetzt, an Reichsjustizminister Thierack. Ob es eine Chance hat, ist auch hier schwer zu bemessen. Bislang hat er nicht davon gehört, dass Thierack je ein vom Volksgerichtshof ausgesprochenes Todesurteil zurückgenommen hätte. «Blutminister» wird Thierack genannt. Seit dem Beginn seiner Amtszeit vor gut zwei Jahren ist die Zahl der verhängten Todesurteile nochmals deutlich gestiegen.

Er rückt seine Brille zurecht. Man darf sich nicht entmutigen lassen. Auch an Himmler hat er erneut geschrieben. Seinen Brief von Ende August hat er nochmals beigefügt. Er kennt Himmler nicht persönlich, und so hat er ihm geschrieben, dass er bereits seinen ältesten Sohn im Weltkrieg verloren hat. Er versuchte, an sein Mitgefühl zu appellieren.

«Ich bitte Sie, sehr geehrter Herr Reichsführer, sich in meine Lage versetzen und ermessen zu wollen, was es für mich auch unter Berücksichtigung meines Namens, der in Deutschland und der Welt Geltung besitzt, bedeuten würde, wenn ich auch diesen Sohn durch ein sehr hartes Urteil verlieren müsste.» Diesmal bittet er Himmler abschließend, sich beim Reichsjustizminister dafür einzusetzen, «dass die Todesstrafe im Gnadenweg in eine Freiheitsstrafe umgewandelt wird».

Nachmittags ruft Nelly aus der Charité an. Sie hat an Eva Maria Hofmeister geschrieben, jene Bekannte von Himmlers Frau, die Nellys Schwester bei der Arbeit kennengelernt hat. Frau Hofmeister möge doch bitte Margarete Himmler auf den Brief von Max Planck aufmerksam machen. Damit der auf dem großen Schreibtisch des Herrn Reichsführers nicht untergeht.

Man muss nach jedem noch so kleinen Strohhalm greifen, den man kriegen kann. Nelly will noch an Franz von Papen schreiben, den vorletzten Reichskanzler, unter dem Erwin als Staatssekretär gedient hat. Aber inzwischen ist Papen schon längst kein Vizekanzler im Kabinett Hitler mehr, der er anfangs war, sondern nur noch Botschafter des Deutschen Reiches im fernen Ankara, von wo er vermutlich nicht viel bewegen kann.

Auch an Staatsminister Otto Meissner hat Nelly heute Morgen noch einen Hilferuf gesandt, erzählt sie ihrem Schwiegervater. «Der gemütliche, dicke Otto», wie Erwin ihn immer genannt hat, leitet bereits seit vierundzwanzig Jahren das Büro des Reichspräsidenten. Er diente schon unter Ebert und Hindenburg. Seit dessen Tod leitet er die neue «Präsidialkanzlei des Führers und Reichskanzlers». Eigentlich hatte Meissner damals sein Rücktrittsgesuch eingereicht, aber aufgrund seiner guten diplomatischen Beziehungen ließ Hitler ihn nicht ziehen. Und so ist er einer der ganz wenigen der alten Garde, der, ohne ein Parteibuch zu besitzen, in seiner alten Funktion geblieben ist.

«Das ist gut», entgegnet Max Planck, «auch wenn ich nicht beurteilen kann, ob Meissner in irgendeiner Form Einfluss nehmen kann. Seine Aufgaben sind ja doch eher repräsentativer Art.»

Das erinnert sie an Erwins Worte, Meissner betreffend: Er sei ein aufrechter Mann, aber in Erinnerung bleiben werde er wohl höchstens für die deutsche Nationalhymne, die wir ihm zu verdanken hätten. Womit Erwin sich auf den Umstand bezog, dass Meissner einst vom damaligen Reichspräsidenten Ebert um Rat gefragt worden war, als man nach einer neuen Nationalhymne für die frisch gegründete Weimarer Republik suchte. Otto Meissner, ein großer Freund deutschen Liedguts, empfahl Hoffmann von Fallerslebens «Deutschlandlied».

«Da haben wir die großartigsten Komponisten und Dichter der Welt», pflegte Erwin zu sagen, «und ausgerechnet dieses sehr mäßige Stück deutscher Kultur wird unser Aushängeschild. Das haben wir dem gemütlichen, dicken Otto zu verdanken.» Allerdings verwunderte es Erwin nicht, dass die Nationalsozialisten die Hymne beibehielten. «Noch etwas, das gegen dieses Stück spricht. Denn Geschmack haben die Nazis ja nun wirklich nicht.»

«Ich bin noch unschlüssig, ob ich dem Kultusminister Rust schreiben soll», meint Max Planck zu Nelly am Telefon. «Nach allem, was ich gehört habe, ist er kein großer Freund von mir. Auch aus der Ecke seines Ministeriums wurden mehrfach Vorwürfe laut, ich widmete mich zu wenig der sogenannten Deutschen Physik. Daher frage ich mich, ob ein entsprechender Brief nicht eher zum Nachteil gereichen könnte.»

Aber Nelly überzeugt ihn vom Gegenteil. «Es ist doch am wichtigsten», sagt sie, «möglichst breite Aufmerksamkeit zu bekommen. Und sich den Umstand zunutze zu machen, dass du schließlich international einen Namen hast. Das ist das Einzige, was die Nazis vielleicht noch schrecken kann. Das hat man bereits bei Ossietzky gesehen. Den haben sie nach der Verleihung des Friedensnobelpreises doch zähneknirschend aus dem KZ entlassen.»

«Ich sehe schon, ich sollte bei komplizierten Fragestellungen des Öfteren meine Schwiegertochter konsultieren», meint Max Planck, ehe er sich verabschiedet und betont, dass er und Marga sich sehr darauf freuen, sie in einem guten Monat in Berlin zu besuchen.

«Und grüß mir das Kind!», sagt er, ehe er auflegt.

Als er wenig später den ersten Entwurf eines Schreibens an Staatsminister Rust zu Papier bringt und sein Blick auf der Suche nach den richtigen Worten wieder aus dem Fenster schweift, sieht er draußen erstmals die Sonne zwischen den Wolken hervorbrechen.

Briefe auf Leben und Tod II

24. Oktober 1944, Princeton

In Princeton regnet es bereits seit Tagen. Auf dem großen Fensterbrett vor seinem Schreibtisch sitzt Tiger, Einsteins Lieblingskatze, starrt in das nieselnde Grau und maunzt klagend. Schließlich hebt er das Tier auf seinen Schoß und streichelt es. «Ich weiß schon, wo es fehlt, meine Beste, aber wie man es abstellt, weiß ich wirklich nicht», erklärt er der Katze, was sie für den Moment zufriedenzustellen scheint. Zumindest gibt sie Ruhe.

Auch an diesem Morgen hat ihn Kurt Gödel um zehn Uhr abgeholt. Bei strömendem Regen sind sie mit Schirmen bewehrt den zwanzigminütigen Weg zum Institut gelaufen. Gute zwei Stunden lang hat er dann seiner jungen Assistentin Bruria Kaufman seine neue Feldtheorie erklärt. Ein schwieriges Unterfangen, was allerdings in der Natur der Sache begründet ist. Die Sechsundzwanzigjährige, geboren in New York, als Jugendliche nach Palästina gegangen und nun zurückgekehrt, ist von beeindruckendem Verstand und erstellt regelmäßig komplizierteste mathematische Berechnungen für ihn.

Sein Freund und Kollege Wolfgang Pauli, der vor einigen Jahren ebenfalls emigriert und am Institut gelandet ist, wird nun wieder Witze darüber machen, dass er der Physik einmal pro Jahr eine neue sogenannte Weltformel, eine neue Feldtheorie, präsentiert. Mit noch unbekannter Halbwertszeit.

Die Forschung bleibt ein beharrliches Auf-der-Stelle-Treten. Früher gingen ihm die Dinge leichter von der Hand. Seit Jahren ist ihm, als sitze ihm der physikalische Teufel im Nacken. Immer wieder aufs Neue gaukelt dieses Unwesen ihm eine plausible Lösung vor, um ihm nur wenige Monate später mit lustvoller Inbrunst die Zunge herauszustrecken.

Als er aus dem Institut zurückkehrte, hatte seine Sekretärin Helen Dukas mit dem Mittagessen auf ihn gewartet; herrliche Königsberger Klopse gab es. Seit Elsas Tod hat das treue Fräulein Dukas auch die Aufgaben des Haushalts übernommen. Heute vor einer Woche hatte sie ihren achtundvierzigsten Geburtstag. Er hat ihr eine schöne deutsche Ausgabe des Don Quijote geschenkt, eines seiner literarischen Lieblingswerke, worüber sie sich sichtlich gefreut hat. Gestrahlt hat sie zumindest über beide Wangen.

Sechzehn Jahre arbeite sie nun bereits für ihn, hat sie nebenbei erwähnt. Was er selbst nicht so genau hätte sagen können, mit Jahreszahlen hat er es nicht so. Ob er noch wisse, was seine ersten Worte damals gewesen seien, als sie sich ihm vorgestellt habe, in der Haberlandstraße in Berlin? Da musste er natürlich passen.

«Sie waren damals magenkrank, Herr Professor, lagen zu Bett und begrüßten mich mit den Worten: ‹Hier liegt eine alte Kindsleich!›», erklärte sie grinsend.

«Ja, doch, das klingt nach mir», gestand er ein, «ich fühlte mich aber auch hundsmiserabel.»

Die Katze auf seinem Schoß beginnt wieder zu maunzen. Als wüsste dieses Tier, woran er denkt. Aber vermutlich beklagt es nur den nicht enden wollenden Regen, der, vom Wind gepeitscht, immer wieder ans Fenster klopft. Im Zimmer nebenan hört er seine Sekretärin bereits wieder tippen. Und auch er wird sich jetzt seiner täglichen Nachmittagsbeschäftigung widmen, also dem Schriftstück, das vor ihm auf dem Schreibtisch liegt. Gemeinsam mit Fräulein Dukas betreibt Einstein seit Jahren erfolgreich eine Art «Einwanderungsbüro», wie er zu sagen pflegt. Ohne Unterlass schreibt er Empfehlungsbriefe und entwirft Gutachten, die Fräulein Dukas anschließend abtippt, um jüdischen Wissenschaftlern und Künstlern bei der Flucht aus Deutschland zu helfen und ihre Einreise in die USA zu ermöglichen. Da die amerikanische Einwanderungsbehörde auch eine Arbeitsplatzzusage oder zumindest eine Finanzierungsgarantie verlangt, liefert er diese gleich mit. Er stellt Hunderte von finanziellen Bürgschaften aus, auch an Menschen, die er überhaupt nicht kennt. Ob ihn das finanzielle Risiko nicht schrecke, fragte ihn letztens ein Kollege. «Das kann mich zum Glück nicht schrecken», antwortete er, «es besteht nämlich gar keins. Oder wie viel ist ein Menschenleben wert?»

Gestern wiederum fragte einer seiner Assistenten zweifelnd, ob das nicht auffalle. Er hätte den Eindruck, jeder besäße bald ein Empfehlungsschreiben von Einstein.

Auch das stört ihn nicht im Geringsten. Er sieht es als seine heilige Pflicht an, etwas zu unternehmen. Auch gerade weil sich hier so wenige seiner Glaubensbrüder für die verfolgten Juden in Deutschland einsetzen. Aber das hat ihn schon damals in Berlin gewundert: Überrascht war er gewesen, mit wie wenig Mitgefühl die Mehrzahl der deutschen Juden anfänglich das Schicksal der Juden im Osten verfolgte.

Er hat die Namen nicht gezählt, aber einige Hundert Menschen werden es inzwischen vermutlich sein, denen er auf diese Weise das Leben gerettet hat. Das Geklapper der

Schreibmaschine ist verklungen, stattdessen klopft es nun an der Tür seines Arbeitszimmers. Fräulein Dukas bringt ihm die heutige Post, wie immer ein beträchtlicher Stoß Briefe, alle bereits vorsortiert: Autogrammpost, die warten kann. Dann wissenschaftliche Korrespondenz, Behördenschreiben und zwei Rechnungen, mit mittlerer Dringlichkeit. Und eine Handvoll besagter Bittbriefe mit oberster Priorität. Daneben hält sie etwas verlegen einen weiteren Briefumschlag in ihrer linken Hand.

«Von Eduards Mutter», sagt sie und legt den Umschlag vor ihm auf dem Schreibtisch ab. Fräulein Dukas nennt seine erste Frau nie beim Namen, fällt ihm bei dieser Gelegenheit auf. Sie spricht immer nur von «Eduards Mutter».

Als die Schreibmaschine nebenan wenige Minuten später wieder zu klappern beginnt, nimmt er den Brief, den er erst auf den Stapel mit den Autogrammanfragen geworfen hat, doch wieder in die Hand und reißt den Umschlag auf.

«Was will sie denn diesmal?», brummt er, während er die Zeilen ihrer gestochen scharfen, sehr kleinen Handschrift überfliegt. Mileva Einstein berichtet von Eduards unverändertem Zustand, von den zahlreichen jüngsten Therapieversuchen. Auch eine Strombehandlung habe bisher keine nennenswerten Erfolge erzielt. «Warum nur», fragt sie am Ende des Briefes, «kümmerst du dich um alle Menschen auf der Welt, nur nicht um deinen eigenen Sohn?»

Wiedersehen in Afrika

Manchmal unterstützt Nelly die unerfahreneren OP-Schwestern morgens bei der Vorbereitung und baut den Katgut- und Seidentisch auf, so auch heute. Sie legt die Porzellanplättchen mit den zwölf Katgutnummern auf, schneidet die Fäden auf fünfunddreißig Zentimeter Länge und legt die diversen Fäden, sauber nach den zwölf Größen geordnet, zurecht. Darunter ordnet sie das Drainagematerial an und tränkt die schmalen Gazestreifen mit Jodoform. Sie überprüft die Anzahl der Sonden und legt Spritzen und Kanülen für die Punktion auf sowie Schläuche und diverse Schalen, um die Punktionsflüssigkeiten aufzufangen. Daneben legt sie sterile Handschuhe bereit.

Einzig der Chef verweigert bis zum heutigen Tage das Tragen von Handschuhen. Da fehle ihm das Feingefühl, meint er. Stattdessen wäscht er sich in einem aufwendigen Reinigungsritual minutenlang mit Bürste und Seife die Hände, benetzt dann die Fingerspitzen mit Jodtinktur, um sie abschließend fünf Minuten in reinem Alkohol zu baden.

Ihre Augen wandern nochmals prüfend über den frisch eingedeckten Rolltisch. Bis der Chef eintrifft, muss alles in Perfektion vorbereitet sein. Gestern hat sie die neue Instrumentenschwester, die Nadel für Nadel einfädelt, gerade noch rechtzeitig darauf aufmerksam gemacht, dass der Chef nur mit Nadeln mit gewöhnlichem Öhr arbeitet und nicht mit solchen mit Schlitzen, die beim Einfädeln deutlich leichter zu handhaben sind.

Anschließend begutachtet sie den Instrumententisch. Scheren sämtlicher Größen liegen bereit, daneben eine große Anzahl Kocherklemmen und Péan-Klemmen. Biegsame und starre Klammern, gerade und gebogene, Abstandhalter und zuletzt die anatomischen und chirurgischen Vorbereitungszangen. Während sie alles abzählt, verschwimmt die Palette von Instrumenten vor ihren Augen zu einem einzigen silbrigen Metallklumpen. Sie reibt sich die Augen, Müdigkeit überkommt sie.

Vergangene Nacht gab es erneut Mosquito-Alarm. Stundenlang saß sie mit Liesel im Luftschutzkeller, bis das erlösende Entwarnungssignal kam. Als sie endlich wieder im Bett lag, wanderten ihre Gedanken wie so häufig zu Erwin, und an Schlaf war nicht mehr zu denken.

Während die OP-Schwestern im Nebenraum den zweiten Instrumententisch vorbereiten, überprüft Adolphe Jung die Scheinwerfer am Operationstisch und richtet eine weitere Lampe für den Bedarfsfall ein.

«Heute Morgen habe ich BBC gehört», flüstert er, «Roosevelt hat die Wahlen erneut gewonnen. Und das Beste ist», fügt er hinzu, «jetzt hat der Präsident auch im Repräsentantenhaus die Mehrheit und kann über das weitere Kriegsvorgehen weitgehend allein entscheiden. Das wird den Nazis gar nicht schmecken.» Jung ist überzeugt, sagt er, während er an dem Scheinwerferstativ herumschraubt, «dass das Kriegsende nun in greifbare Nähe rückt».

Kurz darauf trifft der Chef ein, sichtlich gut gelaunt. «Ein Anruf für dich», meint er lächelnd zu Nelly und schickt sie in sein Büro. «Es ist wichtig. Also lass dir ruhig Zeit.» Schlagartig ist ihre Müdigkeit wie weggeblasen.

Als sie kurz darauf zum Hörer greift, meldet sich eine Sekretärin der Firma Otto Wolff und verbindet sie mit Erwins ehemaligem Chef.

«Ich habe gute Nachrichten für Sie», erklärt Siedersleben, räuspert sich und liest den Inhalt eines Telegramms vor, das er heute Morgen aus Himmlers Büro empfangen hat: «Der Reichsführer SS wünscht, dass Professor Planck mündlich mitgeteilt wird, dass der Reichsführer SS von seiner Eingabe Kenntnis genommen hat und dass der Strafvollzug zunächst ausgesetzt ist. Der Reichsführer SS brachte hierbei zum Ausdruck, dass er eine Begnadigung durch die Umwandlung in eine lebenslängliche Zuchthausstrafe für vertretbar hielte.»

Für einen Moment ist sie sprachlos. Schließlich bedankt sie sich überschwänglich und wählt, kaum dass sie aufgelegt hat, mit zittrigen Fingern die Telefonnummer des Gutshauses in Rogätz. Auch ihrem Schwiegervater fehlen zunächst die Worte. Ein Schniefen hört sie am anderen Ende der Leitung.

«Vielleicht wird doch noch alles gut», sagt er, «wenn Erwin begnadigt wird und der leidvolle Krieg endlich sein Ende nimmt, werden die Dinge ganz anders aussehen.»

Den restlichen Arbeitstag ist sie beschwingt wie seit Langem nicht mehr. Am späten Nachmittag, gerade hat sie zwei Röntgenaufnahmen entwickelt, wird sie erneut ans Telefon gerufen.

«Hier Tegel», vermeldet eine ihr wohlbekannte Stimme, als sie den Hörer ans Ohr legt. Es ist Harald Poelchau, der ihr erklärt, dass Erwin bereits zurück in die Justizvollzugsanstalt verlegt wurde. Er bittet sie, nach der Arbeit noch bei ihm zu Hause vorbeizukommen, damit er ihr einen Brief von Erwin übergeben kann.

Am frühen Abend muss der Chef noch ins Virchow-Klinikum fahren und nimmt sie mit. Als sie kurz vor ihrem Ziel in die Seestraße biegen, sieht sie linker Hand in der Ferne die Justizvollzugsanstalt Plötzensee liegen. Ein kalter Schauer überkommt sie.

«Erst einmal klingt doch alles sehr vielversprechend», sagt Sauerbruch mitfühlend, als er den Wagen auf das Klinikgelände steuert und auf dem für ihn reservierten Parkplatz einparkt. «Man darf die Hoffnung nie aufgeben», meint er, als er sie verabschiedet, «nicht umsonst sagen wir das immer zu unseren Patienten. Für mein Dafürhalten ist es die halbe Miete.» Dann geht er im Stechschritt Richtung Klinikeingang, wo er bereits erwartet wird.

Selten hat sie die Stadt derart dunkel erlebt. Der Himmel bedeckt und sternenlos, die Häuser ringsum verdunkelt. Kein Mensch und kein Auto sind auf der Straße zu sehen, als sie die Fahrbahn quert. Die Zeiger der Uhr an der Trambahnstation Seestraße Ecke Amrumer stehen auf halb sieben, als sie in die Afrikanische Straße biegt. Sie läuft am Goethepark vorbei und quert die Transvaalstraße. Weiter entlang des sich hinstreckenden Volksparks Rehberge hastet sie, quer durch das Afrikanische Viertel. Feiner Nebel umgibt sie, kühle, feuchte Luft, die sie im Laufschritt tief in ihre Lungen zieht. Bevor die Afrikanische leicht nach rechts abknickt, erheben sich links die im Park neu errichteten Luftschutzbunker wie gewaltige schwarze Schatten. Zielstrebig läuft sie weiter die Straße hinauf. Kurz nachdem sie den Nachtigalplatz mit seinen neuen, im nationalsozialistischen Stil errichteten Gebäuden gequert hat, steht sie vor der Nummer 140, einem schlichten Mehrfamilienhaus.

Harald Poelchau und seine Frau Dorothee empfangen sie mit gewohnter Herzlichkeit. Das angebotene Abendbrot lehnt sie dankend ab, dafür ist sie viel zu aufgeregt. Während der Pfarrer mit seiner Familie zu Abend isst, sitzt sie wie bei ihren früheren Besuchen im Wohnzimmer auf dem gestreiften Gründerzeitsofa, das sie an das frühere Zuhause ihrer Schwiegereltern erinnert, und liest Erwins Brief.

Froh und dankbar sei er, nun wieder in Tegel untergebracht zu sein, schreibt Erwin. Die fortwährenden Verhöre seien anstrengend gewesen, aber hier gäbe es doch noch einige anständige Beamte, und natürlich Doktor T.

Doktor Tegel, oder kurz Doktor T. wird Harald Poelchau von den Gefangenen genannt. Warum eigentlich Doktor?, schießt es Nelly erstmals durch den Kopf. Vielleicht hat Poelchau ja einen akademischen Titel. Vielleicht heißt er auch so, weil er ihnen Heilung bringt, auf einer höheren Ebene.

Wie es dem Kind gehe, möchte Erwin wissen. Ob Liesel sich noch immer für Medizin interessiere. Und ob Nelly auch genügend Schlaf fände, bei den ständigen Alarmen. Um ihn müsse sie sich diesbezüglich keine Sorgen machen, «du weißt ja, dass ich mich davon weit weniger beeindrucken lasse. In der Regel schnarche ich laut dagegen an.»

Er bittet um ein Stück Käse oder Wurst, um frische Unterwäsche, und ob sie ihm eine Ausgabe der Odyssee besorgen könne. Außerdem benötige er ein Fläschchen Jodtinktur. Dann schreibt er noch, dass er erfahren habe, dass nun auch sein bester Freund Helmuth Rhenius verhaftet worden sei.

Allmählich beginnt die eben errungene Leichtigkeit wieder zu schwinden, und sie bemerkt, wie sich erneut das schwere, sorgenvolle Gefühl in ihrer Magengegend breitmacht. Wieso, fragt sie sich, braucht Erwin Jod? Und warum verhaftet man ausgerechnet jetzt seinen besten Freund?

«Ich bin überaus glücklich, dass wir uns nun wieder häufiger werden schreiben können. Jeder Brief von dir ist mir wie eine heimliche Zusammenkunft. Zwischen den Zeilen sehe ich dich in der Afrikanischen bei Doktor T. auf dem Sofa sitzen und zu mir sprechen.

Also, schreib nur recht bald!

Dein Mops»

Ein kleines Herz hat er daneben gezeichnet.

Darunter steht: «Wir sehen uns in Afrika!»

Klopfzeichen

Seit gestern ist er zurück im sogenannten Todeshaus der Justizvollzugsanstalt Tegel. Gründe für seine erneute Verlegung wurden ihm keine genannt. Wer weiß, ob es die überhaupt gibt? Sonderlich geplant erscheint ihm die ganze Vorgehensweise nicht. Diffus, alles.

Immerhin, hier gibt es Herrn Claus, der ihn mit starrer Miene empfangen hat. Um ihn später, als sie allein waren, geradezu Anteil nehmend zu begrüßen. Und natürlich Doktor T., der ihm gleich nach dem gestrigen Hofgang einen kurzen Besuch abgestattet hat. Auch einige Mitstreiter hat er wiedergesehen. Hat zwar nicht mit ihnen sprechen können, aber ein kurzes Lächeln sagt mittlerweile mehr als viele Worte.

Friedrich-Werner Graf von der Schulenburg, der ehemalige Diplomat, ist in der Zelle gleich neben seiner. Beim Hofgang heute war der alte Schulenburg über das unverhoffte Wiedersehen genauso erfreut wie er. Zuletzt sind sie sich am Tag ihres Todesurteils begegnet.

«Manche Menschen fühlen sich besonders miteinander verbunden, weil sie den gleichen Geburtstag haben. Ich fühle mich geehrt, meinen Todestag mit Ihnen zu teilen», hatte Schulenburg ihm zugeflüstert, als sie nach der Urteilsverkündung abgeführt worden waren.

Als Botschafter hatte Schulenburg über zehn Jahre in Moskau verbracht. Zuvor hatte er verschiedene Konsulate im Nahen Osten geleitet. Auch militärisch war er aufgrund seiner Erfahrungen als Reserveoffizier im Weltkrieg bestens bewandert. Jahrelang hatte er sich für eine friedvolle Verständigung zwischen Deutschland und Russland eingesetzt. Er hatte maßgeblich am längst zweifelhaften deutsch-sowjetischen Nichtangriffspakt mitgearbeitet, vor fünf Jahren. Aber Schulenburg merkte von Anfang an, dass Hitler sich darum nicht weiter scherte. Immer wieder hatte Schulenburg zuletzt vor einem Krieg mit Russland gewarnt, den er für aussichtslos hielt. Bis zu Hitler persönlich war er vorgedrungen. Aber der Führer hatte ihm erklärt, dass er keinerlei Absichten hege, einen Krieg gegen Russland zu führen. Und ihm ins Gesicht gelogen. Schulenburg nahm Kontakt zum russischen Botschafter in Berlin auf. Er unterrichtete den Kollegen von der zunehmenden Kriegsgefahr, machte deutlich, dass Hitler Russland angreifen werde. Und beschwor ihn geradezu, das zu tun, was er für den einzigen Ausweg hielt: Stalin dazu zu bewegen, mit Hitler in Kontakt zu treten. Der russische Botschafter war reichlich irritiert, als der alte Schulenburg abschließend den Zeigefinger vor seinen wilhelminischen Schnauzbart hielt und mit gedämpfter Stimme sagte: «Zu niemandem ein Wort. Dieses Gespräch ist streng vertraulich!»

Eine derartige Pflichtwidrigkeit eines deutschen Diplomaten konnte sich der russische Kollege schlichtweg nicht vorstellen. Er vermutete deshalb eine Finte. Oder dass Schulenburg verrückt geworden sein müsse. Also tat er, was er für am klügsten hielt: Er unternahm gar nichts. Einen Monat später begann der Überfall der deutschen Wehrmacht auf die Sowjetunion.

Schulenburg hatte sich schließlich in den Kreis der Widerständler um Goerdeler begeben. Mehrfach waren Erwin und er sich bei den geheimen Treffen bei Popitz begegnet. Als potenzieller Außenminister nach einem erfolgreichen Umsturz war Schulenburg in ihrem Kreis gehandelt worden, nicht zuletzt aufgrund seines diplomatischen Geschicks und seiner russischen Verbindungen.

Als Erwin sich auf die Pritsche legt, klopft es dreimal an der Wand. Offenbar möchte sein Zellennachbar ihm noch etwas mitteilen. Er richtet sich auf, greift mit gefesselten Händen nach Bleistift und einem Stück Papier und legt das Ohr an die Wand.

Es klopft zweimal, gleich darauf fünfmal. «j» schreibt er auf den dünnen Fetzen. Dann klopft es einmal, kurz darauf erneut fünfmal hintereinander. Er fügt ein e hinzu. Es folgen vier Klopfer, gleich darauf drei, anschließend wiederholt sich letzteres Muster. Zweimal notiert er den Buchstaben s.

Früher musste er sich den Klopfcode noch aufzeichnen. Das gesamte Alphabet in eine simple Matrix gepresst, genauer gesagt in fünf Reihen und fünf Spalten. Jeder Buchstabe setzt sich nun aus zwei Zahlen zusammen, diese Koordinaten werden kurz hintereinander geklopft. Lediglich die Buchstaben c und k haben denselben Code, damit die Rechnung aufgeht. Inzwischen kennt er den Code eines jeden Buchstabens längst auswendig.

Natürlich braucht es etwas Zeit, um sich auf diese Art zu unterhalten. Aber Zeit ist eines der wenigen Güter, die ihnen im Überfluss zur Verfügung stehen. «jessen» steht nun vor ihm auf dem Papier. Offenbar will ihm Schulenburg etwas über den Gefährten Jens Jessen mitteilen, der vor wenigen Wochen verhaftet wurde.

Jessen hatte die Passierscheinhauptstelle im Passamt geleitet und auf diese Weise dem ein oder anderen aus dem Kreis der Widerständler eine Reisemöglichkeit organisieren können.

«jessen todesu–» hat er inzwischen notiert. Nun ist also auch Jessen zum Tode verurteilt worden, denkt er, als das Klopfen plötzlich verstummt. Stattdessen vernimmt er ungewöhnliche Geräusche. Das Klimpern des Schlüsselbundes eines Wärters auf dem Flur, mehrere Schritte nähern sich. Sofort ist sein ganzer Körper in Alarmbereitschaft.

Im Gefängnis entwickelt man eine ganz eigene Intuition. Ein Gespür für Gefahr, vergleichbar nur mit seinen Erlebnissen als Soldat an der Front. Im Angesicht des Todes scheint der Mensch eine geradezu übermenschliche Wahrnehmungskraft zu entwickeln. Hastig schiebt er Stift und Papier unter die Matratze.

«Moment», ruft jetzt eine unbekannte Stimme draußen auf dem Flur, «wir müssen erst das Jupiterlicht aufbauen.» Klappernde und scheppernde Geräusche folgen, ein Scharnier quietscht. Kurz darauf leuchtet der Spalt unter seiner Zellentür grell auf. «Kamera läuft», ruft jetzt eine weitere Stimme. Dann vernimmt er das Rasseln des Schlüsselbundes, der Riegel knallt zur Seite, und das Schloss der Nachbarzelle wird aufgesperrt. Nach einem Moment der Stille ruft die Stimme von vorher: «Bitte Platz lassen! Ich sehe nichts, Herrschaften.»

«Mund auf!», hört er kurz darauf nebenan jemanden barsch befehlen.

«Oben links einer. Nein, zwei», fährt die raue Männerstimme schließlich fort. «Rechts unten einer, links unten drei.»

«Na, da haben wir ja morgen einiges zu tun», feixt ein anderer.

Gelächter.

Plötzlich wird ihm klar, was bei seinem Zellennachbarn gerade passiert. Bisher hat er nur davon gehört. Fleischbeschau nennen sie es, wenn die Henkersknechte am Vorabend der Hinrichtung den Delinquenten auf wertvolle Goldzähne hin untersuchen. Auch dass der Weg zum Schafott gefilmt wird, genau wie die Hinrichtung selbst, hat er bereits gehört. Der Führer ist misstrauisch geworden, heißt es. Abends sieht er sich die Filme in seinem Privatkino in der Reichskanzlei an.

«Fertigmachen zur Abfahrt», ruft es nebenan. Der Befehlston des Wärters reißt ihn aus seinen Gedanken. Er ist wie erstarrt. «Auf geht's», hört er kurz darauf, es folgt das Getrappel sich entfernender Schritte. Schließlich ein klackendes Geräusch, und der gleißende Lichtstreif unter seiner Zellentür erlischt. Es klappert noch ein wenig auf dem Flur, als der Scheinwerfer abgebaut wird, dann ist der Spuk vorüber.

Eine eigentümliche Ruhe kehrt ein. Dieser Ort, normalerweise stets von Lärm erfüllt, ist still geworden. Nie hat er Stille als derart unerträglich empfunden. Schließlich klopft er an die Zellenwand. Und obwohl er weiß, dass er keine Antwort bekommen wird, klopft er immer wieder. Klopft lauter. Er schlägt mit den Fäusten gegen die Wand. Nichts.

Später in der Nacht liegt er wach. Er betet für Schulenburg.

Irgendwann steht er auf, setzt sich an den kleinen Tisch und zieht einen Bogen Papier hervor. Mit gefesselten Händen bemüht er sich, einen Abschiedsbrief zu schreiben.

Die ganze Zeit wartet er darauf, dass der Schlüsselbund wieder klimpert, die Schritte durch den Flur hallen, der Lichtstreifen unter der Tür aufflammt. Und die fremde Stimme sagt: «Kamera läuft.»

Schließlich wurde er am selben Tag zum Tode verurteilt wie Schulenburg. Schließlich ist er als Nächster dran, schließlich teilt er mit ihm den Todestag, denkt er. Sollen sie ihn doch endlich holen!

Aber Gesetzmäßigkeiten, egal welcher Art, scheint es in dieser Welt nicht mehr zu geben.

Nach der Sonnenfinsternis

In den letzten Jahren sind seine Vorträge immer beliebter geworden. Neuerdings werden sie auch als hübsch gedruckte Broschüren in riesigen Mengen verkauft. Und wenn er irgendwo über «Das Wesen des Lichts» spricht, über «Das Prinzip der kleinsten Wirkung» oder «Vom Wesen der Willensfreiheit», sind die Plätze trotz der schwierigen Zeiten binnen Kürze ausverkauft. Gerade auch junge Menschen strömen in Mengen herbei. Und wenn er, der greise Mann, seinen Vortrag schließt, bedenken sie ihn regelmäßig stehend mit Ovationen.

Das erfreut ihn. Das gibt Anlass zur Hoffnung. Offenbar suchen die Menschen in diesen düsteren Zeiten nach neuen Glaubenssätzen.

«Ein rechtlicher Anspruch auf Glück, Erfolg und Wohlergehen im Leben ist niemandem von uns in die Wiege gelegt worden», pflegt er in seinem Vortrag über «Sinn und Grenzen der exakten Wissenschaft» zu sagen. «Darum müssen wir eine jede freundliche Fügung des Schicksals, eine jede froh verlebte Stunde als ein unverdientes, ja als ein verpflichtendes Geschenk entgegennehmen.»

Als er fünfzig Jahre alt war, erkrankte seine geliebte erste Frau Marie an Tuberkulose und verstarb wenige Monate später. Ein paar Jahre darauf verlor er Karl, den Ältesten. Karl fiel vor Verdun. Im darauffolgenden Jahr hatte er sich gefreut, erstmals Großvater zu werden. Aber wenige Tage nachdem seine Tochter Grete ihr Kind zur Welt gebracht hatte, verschied sie im Wochenbett.

Unzertrennlich waren Grete und Emma gewesen. Eineiige Zwillinge, die sich früher einen Spaß daraus gemacht hatten, dass andere sie kaum auseinanderzuhalten vermochten. Nach dieser Tragödie nahm Emma das Kind ihrer verstorbenen Zwillingsschwester an. Sie hatte ihren Beruf als Krankenpflegerin kurzerhand an den Nagel gehängt und war nach Heidelberg gezogen. Gemeinsam mit dem jungen Witwer hatte sie für Grete Marie gesorgt, und schließlich waren sie und ihr Schwager ein Paar geworden. Bald darauf trug Emma ein eigenes Kind unter dem Herzen.

Doch dann geschah das Unfassbare: genau heute, vor fünfundzwanzig Jahren. Am 21. November des Jahres 1919 ereilte Emma das gleiche Schicksal wie ihre Schwester. Kurz nach der Geburt ihrer Tochter verstarb auch Emma im Kindbett. Nun war Erwin der Letzte, der ihm aus seiner ersten Ehe verblieben war. Neben dem deutlich jüngeren Sohn Hermann, dem einzigen gemeinsamen Kind mit Marga.

Der Mensch hat keinen Anspruch auf Glück. Eine tragische Zeit war es gewesen, damals, im November 1919. So wie es auch jetzt eine tragische Zeit war, wenn auch auf ganz andere Weise. Große Unruhe hatte damals geherrscht. Der Krieg war verloren. Nach der Abdankung des Kaisers war die Republik gleich mehrfach ausgerufen worden, was den Neuanfang nicht einfacher machte. Das Kabinett Scheidemann war bereits nach wenigen Monaten zurückgetreten. Mitte Juli war der verhasste Friedensvertrag von Versailles in Kraft getreten, und Reichspräsident Ebert sah sich seit August wiederholt gedemütigt aufgrund eines Badehosenfotos. Beim Besuch eines Kindererholungsheims war er mit Reichswehrminister Gustav Noske und ein paar Mitgliedern der Konsumgenossenschaft Produktion beim Baden in der Ostsee fotografiert worden. Unüblicherweise trugen sie dabei keine Herren-Badeanzüge, sondern einfache Badehosen. Nachdem die konservative *Deutsche Tageszeitung* das Foto veröffentlicht hatte, wurde es trotz Eberts Protest immer wieder erneut gedruckt und gerne mit Bildern von Kaiser Wilhelm II. oder Hindenburg in Prunkuniform konterkariert. Ein deutsches Staatsoberhaupt in Badehose! Lächerlicher konnte man sich nicht machen. Das war Wasser auf die Mühlen der zahlreichen Republikkritiker gewesen.

Er blickt auf das Foto, das in einem dunklen Holzrahmen vor ihm auf dem Schreibtisch steht: der vielleicht zwölfjährige Karl, links und rechts die Zwillingsschwestern.

Am Tag vor dem Unglück hatte er in der Zeitung gelesen, was Hindenburg vor dem Untersuchungsausschuss für Schuldfragen im Reichstag ausgesagt hatte: Einen britischen General zitierte er, der gemeint habe: «Die deutsche Armee ist von hinten erdolcht worden.» Die Niederlage sei nicht die Schuld der Armee beziehungsweise der Kriegsführung gewesen, sondern der oppositionellen Kräfte. Sozialdemokratie, Kommunisten und das bolschewistische Judentum seien der vaterländischen Armee in den Rücken gefallen.

Dieses Dolchstoßmärchen rührte patriotische Gefühle auf. An den hinterlistigen Speerwurf des grimmigen Hagen von Tronje im Nibelungenlied mussten die Deutschen denken. Jahrelang würden die Nazis diese Legende als Vorwand nehmen, um Juden und politische Gegner zu verfolgen.

Zu allem Übel war damals Anfang November unvermittelt der Winter eingebrochen. Die Menschen hungerten und froren. Manchmal fiel tagelang der Strom aus, hatte man kein fließend

Wasser. Aber auch Erfreuliches hatte es gegeben: Wenige Tage zuvor hatte er erfahren, dass das schwedische Nobelkomitee ihm den Nobelpreis der Physik für das Jahr 1918 verliehen hatte, mit kriegsbedingter Verspätung. Die Freude darüber sollte allerdings nur von kurzer Dauer sein. Der erneute Verlust eines geliebten Kindes hatte ihn in eine tiefe Krise gestürzt.

Als sein Freund Albert Einstein ihn damals in der Wangenheimstraße besuchte und Max Planck ihm von seinem Unglück erzählte, brach Einstein in Tränen aus. Dankbar war er ihm dafür gewesen. Hart und verkrustet hatte er sich gefühlt. Erst als der Freund so unmittelbar emotional geworden war, war es auch ihm möglich gewesen, seinen Gefühlen freien Lauf zu lassen. Wie zwei Kinder hatten sie in seinem Arbeitszimmer gesessen und geweint.

Wenige Tage später hatte der Einsteinrummel begonnen – und seither nie wieder aufgehört. Plötzlich kannte jedes Kind den wilden Lockenkopf seines Kollegen. Nicht nur in Berlin, sondern auf der ganzen Welt. Und alles wegen der Sonnenfinsternis. Ende Mai hatte sich die Sonne in sehr entlegenen Gebieten in Brasilien und Afrika über ungewöhnlich lange fünf Minuten verdunkelt. Diesen Umstand hatten sich britische Forscher zunutze gemacht, um Einsteins Allgemeine Relativitätstheorie, die seit vier Jahren unter denen, die sie überhaupt halbwegs begriffen, für Kopfschütteln sorgte, auf die Probe zu stellen. Sie wollten überprüfen, ob die Sonne das Licht von Sternen tatsächlich so stark ablenkt, wie es Einstein 1915 im Rahmen seiner Allgemeinen Relativitätstheorie berechnet hatte. Da die Sonne alle Sterne überstrahlt, bestand die Möglichkeit zur Überprüfung nur während einer Sonnenfinsternis. Ende September waren die Briten mit ihrer Auswertung fertig gewesen und hatten Einstein ein Schreiben geschickt, in dem sie seine Berechnungen bestätigten: Nicht nur die Lichtablenkung an der Sonne war damit bewiesen worden, sondern auch der Relativitätstheorie konnte nun kaum ein Physiker mehr etwas entgegensetzen. Weder Einstein noch er selbst waren überrascht gewesen.

Für gewöhnlich werden große wissenschaftliche Entdeckungen von der Bevölkerung kaum wahrgenommen. Im Winter 1919 war es jedoch anders gewesen: Nachdem die Ergebnisse der Untersuchung auf einer Sitzung der Royal Society am 6. November verkündet worden waren, berichtete tags darauf die Londoner *Times* über eine «Revolution in der Wissenschaft». Drei Tage später titelte die *New York Times*: «Sterne im Himmel alle schief».

Anfangs bekamen sie davon gar nichts mit, denn es dauerte noch ein paar Tage, bis auch die deutsche Presse von den Ereignissen Kenntnis nahm. Aber schließlich zierte Einsteins Porträt auch das Titelblatt der *Berliner Illustrirten Zeitung*, und sein Kollege und das neue Weltbild waren Stadtgespräch. Oft schmunzelten sie darüber.

In den darauffolgenden Wochen war es fast ein wenig wie früher gewesen: Erwin, der wieder in Berlin lebte, besuchte ihn fast täglich abends in der Wangenheimstraße. Häufig kam Einstein zu Besuch, und sie taten das, was sie so oft getan hatten, das, was sie alle miteinander verband: Sie musizierten. Manchmal kam Otto Hahn vorbei und sang mit seiner wunderbaren Tenorstimme. Häufig war Lise Meitner zu Gast.

Was ihm immer einen Strich gab, erinnerte sie ihn doch an seine verstorbenen Töchter. Denn früher, als Lise noch heimlich bei ihm studiert hatte, als das Frauenstudium noch nicht erlaubt gewesen war, früher hatte Lise am Wochenende mit den Zwillingen und Erwin im Garten Verstecken gespielt. Auch schwimmen im Wannsee war sie mit seinen Töchtern gegangen, kaum dass das öffentliche Baden erlaubt gewesen war. Und abends hatte sie schon damals begeistert der Musik gelauscht. Einstein, der nie Socken trug, stand im Sommer einmal sogar barfuß auf dem Parkett des Wohnzimmers, seine Lina unter dem Kinn, Erwin saß über sein Cello gebeugt, er selbst am Flügel. Sie spielten Brahms oder Schubert und wurden eins.

Es waren diese Momente, wenn der Geist zur Ruhe kam, wenn der Kopf das Denken einstellte und die Musik sie trug. Dann schien die Zeit stehen zu bleiben, und sie bewegten sich durch den Raum wie ein Schwarm Fische im endlosen Meer. Durch unbekannte Kräfte miteinander verbunden.

Wenn er darüber nachdenkt: Einstein hatte über seine erste Ehefrau stets abfällig gesprochen. Jahrelang hatte er versucht, sie zur Scheidung zu überreden. Anfang 1919 waren sie dann endlich geschieden worden. Und er hatte keine vier Monate später Elsa geheiratet. Obwohl ihm bei der Scheidung ein zweijähriges Heiratsverbot auferlegt worden war, wie er ihm einmal gestanden hatte. Elsas Eltern hatten jedoch mit Nachdruck auf einer baldigen Hochzeit bestanden.

Aber auch mit ihr schien Einstein bald nicht mehr glücklich zu sein. Zumindest verhielt er sich oft brüsk, wenn Planck bei ihnen zu Besuch war und Elsa im Arbeitszimmer auftauchte, einem hübschen Turmzimmer über ihrer Wohnung in der Haberlandstraße.

«Nicht jetzt, Elsa!» – «Du störst, Elsa», rief Einstein dann entrüstet. Manchmal hatte er sich dabei ein wenig für ihn geschämt. Elsa sollte nur schnell das Tablett mit den Getränken abstellen und wortlos wieder verschwinden. Sie war kein hochgeistiger Mensch, aber durchaus eine ansprechende Persönlichkeit. Schauspiel hatte sie studiert. Und wenn sie das Glück hatte, an einer Gesprächsrunde teilnehmen zu dürfen, rezitierte sie gerne große deutsche Dichter und parodierte auf wunderbare Weise bekannte Persönlichkeiten. Über ihren Goebbels hatte er immer gelacht. Die Ehe hielt Einstein für «Sklaverei in einem kulturellen Gewande» oder, wie er manchmal sagte, «den erfolglosen Versuch, einem Zufall etwas Dauerhaftes zu geben».

Auch über seine Söhne verlor Einstein selten ein gutes Wort.

Und doch, obwohl man annehmen musste, dass Einstein in seiner eigenen Familie im Grunde nur ein lästiges Problem zu sehen schien: Ausgerechnet Einstein brachte ihm in dieser Zeit des Schmerzes besonderes Mitgefühl entgegen. Es war verrückt: Wenn es nicht um seine eigene Familie ging, war Einstein von einer Empathie und einer Sensibilität gewesen, der man selten begegnete.

Er erhebt sich, öffnet das Fenster und sieht hinaus. Über die Elbauen hinweg wandert sein Blick in die Ferne, in die sternenklare Nacht.

Das Schwierige am Alter waren die Leerstellen. Die vielen Menschen, die man in einem langen Leben geliebt hatte und die einen nach und nach verließen. Und nun sollte auch sein viertes Kind vor ihm aus dem Leben treten? Das konnte, das wollte er nicht glauben. Ausgerechnet Erwin. Von dem er immer gemeint hatte, er habe das Glück auf seiner Seite.

Schon der Umstand seiner Empfängnis war ein glücklicher gewesen. Eine Pfingstreise nach Kopenhagen im letzten Jahrhundert, 1892. Eine Zeit, von der seine Frau noch auf dem Sterbebett gesagt hatte, es sei die glücklichste ihres Lebens gewesen. An einem Sonntag im März 1893 war Erwin schließlich zur Welt gekommen. Hieß es nicht, Sonntagskinder seien Glückskinder?

Der Sonnenschein der Familie war er. Der Jüngste, der nicht nur der Liebling der Mutter war, auch die Zwillingsschwestern hatten sich immer um «Mops» gekümmert, wie sie Erwin tauften, weil er immer so lustig war. Auch später waren er und die Schwestern sich sehr nahe gewesen. «Meine Muse» hatte Emma ihren jüngeren Bruder stets genannt.

Aber, so erinnert er sich, in den ganz alten Zeiten hatte es auch geheißen: Sonntagskinder sollen dämonische Wesen erkennen. Und bekämpfen.

Widerstand

Es war eine Art Vorahnung gewesen, erinnert er sich. Knapp vier Monate ist es her, dass er am Morgen des 23. Juli, einem Sonntag, seiner Frau erklärte: «Es kann sein, dass dein Mops nachher nicht mehr da ist.»

Nelly hatte an diesem Tag Dienst in der Charité. Sie war bereits spät dran und zog sich gerade am Spiegel des Schminktisches die Lippen nach, als er leise hinzufügte: «Ich habe das Gefühl, dass sie mich heute holen werden.»

Sie hielt inne und warf ihm über den Spiegel einen Blick zu. «Das hast du schon oft gehabt», entgegnete sie zuversichtlich.

Aber bei der anschließenden Verabschiedung drückte sie ihn an sich und hielt ihn in der Umarmung fest.

Kaum hatte sie die Tür hinter sich zugezogen, war er, anders als sonst, ins Schlafzimmer geeilt und hatte ihr aus dem Fenster nachgeblickt. Auf der Straße hatte sie sich noch einmal umgedreht und ihm zugewinkt. Dieses Bild sieht er noch immer vor sich: Nelly in ihrem geblümten dunkelblauen Kleid mit den Puffärmeln, das ihr so gut steht. Wie sie unter dem am Straßenrand blühenden Lindenbaum innehält und lächelnd zu ihm hochwinkt. An ihren Händen die beigen Lederhandschuhe, die er ihr zum Hochzeitstag geschenkt hat, farblich genau auf ihre Pumps abgestimmt.

Liesel hatte an diesem Wochenende bei ihrer Tante übernachtet. Und als müsste er sich selbst nochmals davon überzeugen, dass dem wirklich so sei, öffnete er an jenem Morgen leise Liesels Zimmertür und sah hinein. Der Anblick des unberührten Bettes beruhigte ihn.

Anschließend überlegte er, ob er einen der Koffer oder Kisten auspacken sollte, die, noch immer gefüllt mit Umzugsgut, in seinem Arbeitszimmer standen. Erst vor einem Monat waren sie in die neue Wohnung in der Winklerstraße gezogen. Diverse Male waren sie in den letzten Jahren ausgebombt worden. Zuletzt hatten sie vorübergehend bei seinem Freund, dem General Georg Thomas, gewohnt, dann einige Wochen in einer Dienstwohnung seines Arbeitgebers in der Dorotheenstraße. Aber auch diese Bleibe war den Fliegerangriffen zum Opfer gefallen. Inzwischen fragte man sich, ob es überhaupt lohne, das restliche Hab und Gut noch auszupacken. Lustlos öffnete er einen der Koffer, überlegte es sich dann aber anders und räumte stattdessen seinen Schreibtisch auf. Wie er es immer tat, wenn er auf Reisen ging. Mit dem Unterschied, dass seine Geschäftsreise nach Schweden erst für den übermorgigen Tag geplant war. Den Bankier Jacob Wallenberg würde er treffen und im Auftrag der Firma ein wichtiges Geschäft für den leidigen Vierjahresplan abschließen.

Ursprünglich hatte das Treffen bereits heute stattfinden sollen. Und ursprünglich hatte er dabei weit Wichtigeres im Sinn gehabt: Wie mit Oberst Stauffenberg abgesprochen, sollte er, nach dem erfolgten Umsturz, als Unterhändler für einen Waffenstillstand agieren. Entsprechende Konditionen hatte er mit Wallenberg besprechen wollen. Bis hin zu Churchill hatten sie gestreut, dass im Falle des Gelingens der «Operation Walküre» das gesamte deutsche Gebiet im Reich verbleiben müsse. Zu retten, was noch zu retten sei, das war sein Auftrag gewesen.

Aber nun war alles anders gekommen. Hitler war bei der Explosion der Bombe im Führerhauptquartier drei Tage zuvor nur geringfügig verletzt worden. Noch im Verlauf des Abends hatten regimetreue Truppen den Bendlerblock besetzt, Stauffenberg und weitere Mitverschwörer waren erschossen worden.

Es war, als hätte von Anbeginn ein Fluch über sämtlichen Attentatsplänen auf Hitler gelegen. Zahlreiche Versuche waren aufgrund unterschiedlichster Umstände immer wieder gescheitert. Letztes Jahr hatte Generalmajor Tresckow versucht, Hitler unter militärischen Vorwänden nach Smolensk zu locken, wo man plante, ihn zu erschießen. Aber wie so oft hatte der Führer kurzfristig abgesagt. Als er dann überraschend doch kam, war der verbündete Generalfeldmarschall von Kluge ins Wanken geraten und verweigerte seine Zustimmung. Weder das deutsche Volk noch die deutschen Soldaten könnten ein derartig brutales Verbrechen nachvollziehen, man müsse einen geeigneteren Moment abwarten. Daraufhin war Tresckow auf die Idee gekommen, eine Bombe mit Langzeitzünder in Hitlers Flugzeug zu schmuggeln und auf diese Weise einen Flugzeugabsturz vorzutäuschen. Aber trotz gewissenhafter Planung misslang auch dieser Versuch: Im kalten Frachtraum vereiste der Zündmechanismus und löste nicht aus.

Eine Woche später, bei der alljährlich stattfindenden Gefallenenehrung in Berlin, bot sich die nächste Gelegenheit. Im Anschluss an die Zeremonie war die Eröffnung der Ausstellung russischer Beutewaffen im Zeughaus geplant, auch Hitler hatte sein Kommen zugesagt. Diesmal erklärte sich ein mutiger Oberst bereit, sich selbst in die Luft zu sprengen und Hitler, Göring, Himmler und Keitel mit in den Tod zu reißen. Aber aus unerfindlichen Gründen verließ Hitler die Veranstaltung bereits nach wenigen Minuten, es gelang dem Soldaten gerade noch, den Zünder unbemerkt wieder zu entschärfen.

Gegen Ende des Jahres gingen wieder Gerüchte, der Umsturz stünde unmittelbar bevor. Mitte Dezember sollten die neuen Wehrmachtsuniformen präsentiert werden. Bei dieser Veranstaltung wollte sich ein Major eine Bombe um den Leib binden und sich auf den Führer stürzen. Wenige Tage zuvor jedoch geriet das Lager mit den Uniformen bei einem Bombenangriff in Brand, und die Veranstaltung musste abgesagt werden.

Er nahm an seinem Schreibtisch Platz. Auch heute würde es wieder strahlend schönes Wetter geben, bereits jetzt war es merklich warm. Die Sonnenstrahlen fielen durch die großen Fenster direkt auf die Schreibtischplatte vor ihm, auf der sein Pass samt Visum seit Tagen zur Abreise bereitlag. Eine plötzliche Müdigkeit überkam ihn.

Unzählige Male war er in den letzten Jahren auf Reisen gewesen. Im Auftrag der Firma und, seit Kriegsbeginn, zunehmend im Dienst seiner Nebentätigkeit als Mitarbeiter in dem von General Thomas geleiteten Stab der Wehrwirtschaft im Oberkommando der Wehrmacht. Seitdem die Grenzen geschlossen waren, war ihm dadurch eine der seltenen Möglichkeiten für Auslandsreisen verblieben, wie sie nicht mehr viele Deutsche hatten. Nach Schweden, Italien und in die Schweiz war er häufig gefahren, aber auch in die besetzten Länder Polen, Belgien, Holland, nach Nordfrankreich. Noch vor Kriegsausbruch hatten sie sich bemüht, das bevorstehende Unglück abzuwenden, erste Attentatspläne waren geschmiedet und wieder verworfen worden. Kurz vor dem deutschen Überfall auf Polen hatte er gemeinsam mit General Thomas eine Denkschrift verfasst, in der sie sämtliche Daten zum Stand der Rüstung und Wirtschaft im Reich zusammenfassten und vor einem drohenden Weltkrieg warnten. Aber Wilhelm

Keitel, der Chef des Oberkommandos der Wehrmacht, blieb unbeeindruckt, Hitler werde nie einen Weltkrieg führen, hatte er entrüstet erklärt.

Später konzentrierte sich Erwin darauf, weitere Mitstreiter für den Widerstand zu werben und Informationen zu übermitteln. Während man nach Möglichkeiten zu einem Sturz Hitlers suchte, trafen sie auch Vorbereitungen für die Zeit nach einem Machtwechsel. Auf seinen Reisen sprach Erwin mit Diplomaten und einflussreichen Geschäftsleuten, über die Brüder Wallenberg bemühte er sich, in Kontakt mit den Westalliierten zu treten, in Berlin sollte er heimlich den Untersekretär des amerikanischen Außenministeriums treffen. Auf seinen Reisen an die Front trat er mit den verschiedenen Generälen in Verbindung, an der Ostfront traf er Generalmajor Tresckow, im Westen führte er Gespräche mit seinem alten Bekannten General von Falkenhausen, der nun Militärbefehlshaber in Belgien und Nordfrankreich war. In Berlin warnte er den holländischen Botschafter vor dem bevorstehenden Einmarsch deutscher Truppen, dazwischen arbeitete er bei regelmäßigen Treffen mit Popitz, Hassell, Jessen und Goerdeler an einem vorläufigen Staatsgrundgesetz und einer künftigen Verfassung. «Unser Wanderprediger», hatten Popitz und Hassell Erwin scherzhaft genannt, und genau so hatte er sich auch gefühlt. Letzten Endes blieb er allerdings ein erfolgloser Wanderprediger, dem seine frisch gewonnenen Jünger stets wieder abhandenkamen. Wann immer es einen militärischen Erfolg gab, gerieten die Generäle ins Wanken. Dann traten die Gräueltaten, von denen allerorten berichtet wurde, plötzlich in den Hintergrund, und alles lief weiter wie bisher. Inzwischen, so fürchtete er, war die Schuld des deutschen Volkes derart groß geworden, dass an einen raschen Frieden, einen, in dem die Deutschen noch Forderungen irgendwelcher Art hätten stellen können, kaum mehr zu denken war. Nun konnte man dem bevorstehenden Untergang nur noch ohnmächtig entgegensehen, oder wie er zu Nelly zu sagen pflegte: «Wir müssen Sühne leisten für das geschehene Unrecht.»

Noch immer saß er an seinem Schreibtisch und hing diesen Gedanken nach, als es an der Tür klingelte. Zweimal kurz hintereinander. Ein gewisses Drängen lag in diesem Klingeln, und schlagartig wurde ihm klar, dass der Augenblick gekommen war. Eilig griff er nach einem Bogen Papier und begann, ein paar Worte an Nelly zu schreiben, als es wieder klingelte. Da ließ er das Blatt auf dem Schreibtisch liegen und eilte zur Tür.

Ein kleiner, schmallippiger Gestapo-Beamter teilte ihm mit, dass er verhaftet sei, ein weiterer Beamter in Zivil befahl ihm, sich umzudrehen, und legte ihm Handschellen an, während ihre Kollegen bereits wortlos in die Wohnung drangen. Kurz darauf standen sie gemeinsam vor seinem Schreibtisch. Der musternde Blick des Kleinen wanderte über Kisten und Koffer und blieb schließlich an dem Bogen Papier und dem Füllhalter hängen, der geöffnet auf der Tischplatte lag. Grinsend bemerkte der Mann: «Sieht nach überstürztem Aufbruch aus.»

«Nein», entgegnete Erwin bestimmt, «wir sind erst kürzlich hier eingezogen. Und noch mit dem Auspacken beschäftigt.» Der Kleine nickte stumm, ohne den Blick vom Schreibtisch zu nehmen. Schon griff er nach Erwins Pass und besah sich das Visum für Dänemark und Schweden, das bereits seit einer Woche gültig war.

«Da sind Sie wohl zu spät dran?» Der Mann schenkte ihm einen süffisanten Blick.

«Mein Gesprächstermin für die Firma ist erst übermorgen», erwiderte Erwin gelassen.

Der Kleine nickte.

«Haben Sie Ihre Festnahme erwartet?»

«Ja», antwortete Erwin, «das habe ich. Da Sie auch meine Freunde verhaftet haben.»

«Man sollte immer auf gute Gesellschaft achten», erwiderte der Kleine, ehe er boshaft hinzufügte: «Aber Gleich und Gleich gesellt sich gern.»

Dann gab er seinem Kollegen einen Wink, und obwohl Erwin gar nicht daran dachte, sich zu wehren, packte der Beamte hart zu und stieß ihn derart grob vor sich her, dass er beinahe gestürzt wäre.

Der verbotene Schlüssel

Seit einer Woche ist Hänschen wieder zurück. Sitzt in der Korbflechterei wieder auf seinem Platz, direkt neben Eduard. Nur noch ruhiger als sonst wirkt er, ganz in sich gekehrt.

Hänschen hat es mit seinen Ausflügen übertrieben. Irgendwann haben sie ihn erwischt, in einem Schlafsaal des Frauentraktes. Fünf Tage Himmelbett haben sie ihm verordnet: die enge Tobzelle unten im Keller, die nach allen Seiten mit Matratzen ausgekleidet ist.

Den Schlüssel, der ihm das Tor zur Frauenwelt eröffnet hatte, den haben sie ihm vorher natürlich abgenommen. Aus einem Stück Holz hatte er ihn gefertigt, die Feile dazu beim Meister geklaut. Mit seinen zarten Händen kann Hänschen sehr geschickt arbeiten, das weiß hier jeder. Die filigransten Flechtarbeiten vollbringt er, manchmal fertigt Hänschen gar Körbe an, die sind winzig klein, wie für ein Puppenhaus gemacht. Aber bis in jedes Detail wie ein großer.

Gewundert haben sie sich allerdings schon, die Wärter. «Ein Uranist interessiert sich für Frauen!», haben sie entrüstet getuschelt. Obschon sie ja genau dies stets von Hänschen gefordert hatten. Ja, selbst die weisen Ärzte, die sonst immer alles wissen, schienen ratlos.

Einige Patientinnen hatten ein paar Dinge vermisst. Aber an so etwas hätte nie jemand gedacht. An dem Tag allerdings, als Hänschen aus dem Himmelbett zurückkam, da war er abends immer noch so neben sich, dass er beim Entkleiden im Bad nicht aufgepasst hat. Da hat die Oberwärterin gesehen, was Hänschen unter seiner normalen Kleidung trug: einen Unterrock und ein Bustier. Gekreischt hat die Oberwärterin vor Schreck, als hätte man ihr etwas angetan.

Zur Strafe haben sie Hänschen dann mit Vaseline eingeschmiert, da weiß man schon, was kommt. Zwölf Tage haben sie ihn ins Dauerbad gelegt, Tag und Nacht. Weil er sich anfangs gewehrt hat, wurde ihm die hydropathische Einpackung verpasst. Die Patienten nennen sie «nasse Zwangsjacke», denn darauf läuft es hinaus. Wie eine lebende Mumie liegt man da eingewickelt im Wasser.

Mit der Abteilung für Unruhige haben sie gedroht. Da will niemand hin. Das weiß gerade Hänschen am besten. Schließlich ist er schon da gewesen, mit seinem Schlüssel.

Nun sitzt Hänschen wieder neben ihm, reglos auf seinem Schemel. Starrt apathisch vor sich hin. Wenn man nach zwölf Tagen aus dem Dauerbad kommt, ist man zum Fisch geworden.

Ob Hänschen die schwarze Spritze bekommen hat, will Franz wissen. Vor der schwarzen Spritze haben alle Angst. Aber Hänschen antwortet nicht.

Für Franz ist deshalb die Sache klar: «Na dann, gut Nacht», sagt er, greift sich den nächsten Ast und setzt sein Messer an. Späne fliegen, Franz hält den Ast gegen das Licht. Spitz wie eine Nadel ist er, der Aufstecker. Wie immer.

Hänschen sitzt unverwandt da und starrt Löcher in die Luft. Eduards Mund wird ganz trocken, wie er ihn so reglos sitzen sieht.

Schlussendlich ist es der lethargische Hermann, der eine Weidenrute aus seinem Bottich fischt und sie Hänschen so plötzlich vor dessen Schemel klatscht, dass er erwacht. Manchmal ist es bei den Verrückten so: Wenn ein anderer auf einmal deine Rolle spielt, kehrt selbst in einen wie den alten Hermann noch mal das Leben zurück.

Eduard reicht Hänschen einen Bodenstern, lässt sich von Franz ein paar seiner frisch zugespitzten Aufstecker geben. Als Hänschen nicht reagiert, schiebt er die Aufstecker schließlich selber ins Flechtwerk, rechts und links der Bodenstrahlen. Biegt sie nach oben, einen nach dem anderen. Dann holt er noch einige Flechtweiden aus dem Regal, legt die ersten Ruten ein und übergibt das Korbgerippe an Hänschen.

«Vor zwei, hinter zwei», flüstert Eduard ihm aufmunternd zu. Langsam, ganz langsam, beginnt Hänschen zu flechten. Von seiner sonst so geschickten Handarbeit ist heute nichts zu sehen. Aber das macht nichts. Eduard ist einfach nur sehr erleichtert, dass Hänschen überhaupt wieder aus seiner Erstarrung erwacht. Das ist nicht selbstverständlich, das hat man an diesem Ort gelernt.

Viel bringt Hänschen an diesem Tag letztendlich nicht zustande. Der eine Korb, den er ein paar Stunden später vor sich auf den Boden stellt, ehe er sich langsam erhebt, ist ganz windschief und nicht wirklich zu gebrauchen. Das merkt auch der Meister. Aber sagen tut er nichts.

Als Eduard abends den Schlafsaal betritt, sieht er, wie Hänschen gerade von Doktor Lieb befragt wird: Wie die Behandlung angeschlagen habe, will Doktor Lieb wissen, ob Hänschen arbeitsfähig sei oder ob er sich schwach fühle. Nach ein paar Minuten platzt Eduard der Kragen. Als er ihn mit groben Worten vertreiben will, wedelt Doktor Lieb protestierend mit seiner Kladde, er müsse seine Anamnese fortführen. Schließlich sei er ministeriell beauftragt.

«Jetzt halt den Mund, Josef!», weist ihn Eduard zurecht, und Doktor Lieb verzieht sich beleidigt auf sein Bett. Dort hält er die Kladde vors Gesicht, guckt aber immer wieder verstohlen dahinter hervor, bis er sie irgendwann herunternimmt und zu zeichnen beginnt. Vermutlich eines seiner zahlreichen Patientenporträts.

Das ist ja das Verrückte am Burghölzli: Niemand will verrückt sein. Jeder hält sich für normal. Selbst Jakob Forster, der sich für den lieben Gott hält.

Oder eben Josef Lieb, der einfach die Fronten gewechselt hat. Behauptet, selber Arzt zu sein und im Auftrag der Regierung hier im Burghölzli zu verweilen. Dabei ist er Schlosser, wie jeder weiß. Mit seinen Porträts, seinen nervenden Befragungen und dem Erstellen seiner Patientenstatistik nimmt er «den hiesigen Ärzten die Hauptmühe ab». So glaubt er zumindest und erzählt es allen. Und kommt sich bei diesem Schwachsinn auch noch als etwas Besseres vor.

Viele hier haben irgendeine Strategie entwickelt, um sich zu erhöhen. Höchst menschlich, vermutlich: Wenn man ganz unten, am Abgrund der menschlichen Gesellschaft, angekommen ist, versucht man, durch irgendeine Fantasie wieder nach oben zu kommen. Und sei sie auch noch so absurd.

Hänschen liegt inzwischen auf seinem Bett und starrt an die Decke.

«Stell dir vor», flüstert Eduard, um ihn ein wenig zu ermuntern, «der liebe Gott kann wieder rauchen.»

Das funktioniert. Zumindest hat sich Hänschens Kopf ein wenig in seine Richtung gedreht.

«Jakob Forster hat sich eine neue Pfeife gebaut. Viel schöner als seine alte.»

Die alte hatte ihm ein Wärter kürzlich abgenommen, zur

Strafe. Da hatte man sehen können, dass selbst der liebe Gott recht ungemütlich werden kann. Jakob Forster raucht ziemlich viel. Den ganzen Tag hört man ihn irgendwelche Choräle singen, und wenn er nicht gerade singt, raucht er. Oder singt beim Rauchen. Reden tut er hingegen kaum, eigentlich nur, wenn er Tabak möchte. Letztens hatte der Wärter ihn auf sein Tabakgesuch hin gefragt, ob denn der liebe Gott wirklich den ganzen Tag rauche? Daraufhin ist Forster rot angelaufen und hat ihm eine geknallt. Für die Gotteslästerung, hat er gemeint. Das hat der liebe Gott anschließend mit seiner Pfeife büßen müssen.

«Woraus hat er sie gebaut?», will Hänschen jetzt wissen.

«Er hat sie vom Himmel bekommen, hat er behauptet, man müsse nur beten. Aber ich hab's genau gesehen: Tagelang hat er ständig was gekaut, mit seinen wenigen Zähnen. Altes Brot, Zeitungspapier und manchmal auch ein Stück Karton hat er sich in den Mund gestopft. Abends saß er auf seinem Bett und hat die braune Masse geknetet, wie ein Töpfermeister seinen Ton. Schließlich hat er sich einen Pfeifenkopf geformt. Hat ihn auf dem Heizkörper trocknen lassen. Funktioniert besser als die alte. Wenn man schön fleißig betet, hat er gestern zu uns gesagt, kriegt man vielleicht auch eine. Ich hab ihn», fügt er grinsend hinzu, «vorhin schon wieder kauen sehen.»

Hänschen ist beeindruckt, das merkt Eduard ihm an. Schließlich holt Eduard noch sein Notizbuch hinter dem Heizkörper hervor und liest Hänschen ein paar seiner Gedichte vor. Hänschen ist ein guter Zuhörer, das mag er an ihm.

Als das Licht ausgeht und der Wärter zur Nachtruhe mahnt, flüstert Hänschen ihm zu: «Vielleicht bin ich bald normal. Vielleicht darf ich dann fort von hier.»

Eine neue, vielversprechende Therapie habe man ihm angeboten, fährt er leise fort. In den Niederlanden und im fernen

Amerika habe man damit bereits gute Erfolge erzielt. Aber was er dann erzählt, lässt Eduard das Blut in den Adern gefrieren:

«Demnächst gibt es die Lobotomie auch bei uns, haben sie gesagt. Unter Narkose bohren sie einem auf jeder Seite oberhalb der Schläfe ein Loch in den Schädel. Dann führen sie ein Skalpell ein und schneiden die Nerven des kranken Hirngewebes durch. Danach ist man ein anderer, haben sie erklärt. Die kranken Gedanken, die schneiden sie nämlich durch. Natürlich», fügt er mit trüber Stimme hinzu, «kann es manchmal auch schiefgehen.» Natürlich gebe es auch Lobotomieversager, habe der Arzt ihm erläutert. Aber die Chancen stünden gut. Und dann sei er befreit, in jeder Hinsicht.

Seltsam, denkt Eduard. Versagen können im Burghölzli immer nur die Patienten. Ein Loch im Kopf möchte er jedenfalls nicht haben. Und schon gar nicht zwei. Da behält er lieber sein krankes Hirn.

«Gute Nacht», flüstert er und dreht sich zur Seite.

Am Fenster sieht er den lieben Gott sitzen. Leise hört man sein Schmatzen.

Josef

Liesel lacht lauthals. Erlösend, dass in diesem Haus endlich mal wieder gelacht wird. Und so erschöpft Nelly nach einem langen Arbeitstag auch ist, empfindet sie angesichts der gelösten Stimmung ihrer Ziehtochter erstmals wieder etwas Leichtigkeit. Lächelnd fährt sie mit ihrer Erzählung fort.

«Bisher hatte ich ja nur den Verdacht gehabt, dass da was nicht stimmt. Weil Josef zuletzt derartig übertrieben stolz war, wenn der Kater eine Maus angeschleppt hat. Und auch das Bier schon bereitstand.»

Liesel kichert in sich hinein.

«Also, zumindest hatte ich so ein Gefühl», erklärt Nelly. «Und du kennst ja Josef. Der bekommt rote Ohren, wenn er lügt. Und heute habe ich ihn dann eben erwischt!»

«Und was», erwidert Liesel fast außer Atem, «was hat er denn dann gesagt, der Josef?»

«Geniert hat er sich. Er hat gemeint, dass ein Preuße das nicht versteht. Wenn's ums Bier geht, sei ein Bayer eben rührselig.»

«Und der Chef?», fragt Liesel plötzlich etwas beunruhigt. «War er arg wütend?»

«Ach was», Nelly schüttelt den Kopf. «Gelacht hat er. Er hat ihm auf die Schulter geklopft und gemeint: ‹Josef findet allzeit einen Weg.›»

Wann immer es irgendein Problem in der Charité gibt, sagt der Chef: «Da soll sich der Josef drum kümmern.» Auf den Oberpfleger Josef Schmidt ist Verlass, der kümmert sich dann selbstverständlich auch sofort. Deshalb wird Josef vom Chef besonders geschätzt. Sein Lieblingspfleger ist er, seit über fünfundzwanzig Jahren arbeiten die beiden bereits zusammen. Für den Chef hat Josef vor sechzehn Jahren sogar seine Heimat verlassen, sein geliebtes München, und ist ihm an die Charité gefolgt. Ein Bayer mitten in Preußen, das schien dem Josef anfangs undenkbar, irgendwann hatte er sich daran gewöhnt. Die meiste Zeit verbringt er sowieso im Krankenhaus, und wo das stehe, sei zweitrangig, meint er. Oft erzählt der Chef Anekdoten, wie er mit dem Josef auf Reisen gegangen ist, um diese oder jene Berühmtheit zu operieren. Wie Josef ihn begleitet hat, als er einen polnischen Herzog in Monaco operiert hat, oder wie sie vor zwei Jahren König Michael von Rumänien behandelt haben und mit einem Eisenbahnwaggon voller Geschenke des Königs zurückkehrten, die der Chef dann unter dem Klinikpersonal verteilt hat. Oder er erzählt von der Zeit, als er ein einziges Mal für eine längere Phase auf seinen Lieblingspfleger verzichtet hat. Und das auch nur, weil er ihn dem schwerkranken Reichspräsidenten Hindenburg als Privatpfleger zur Verfügung stellte, einige Monate nach Hitlers Machtübernahme. Der Chef wollte, dass der greise Reichspräsident in seinen letzten Tagen die bestmögliche Betreuung bekäme. Und die hat er dann auch bekommen, dafür hat Josef gesorgt.

Kaum jemand kennt sämtliche Marotten des Chefs derart gut wie Josef. Natürlich ist Josef alles andere als zimperlich. Für die Klinik ist er bereit, alles zu tun. Und selbstverständlich auch für den Chef. Josef hat immer eine Idee, Josef macht alles möglich. Ein einziges Mal hat Nelly es erlebt, dass Josef betreten zu Boden sah, den Kopf schüttelte und meinte, das ginge nicht. Da hatte der Chef erstaunt aufgeblickt und den Josef scharf ins Visier genommen. Alle hatten in Erwartung des nun folgenden Donnerwetters bereits die Ohren angelegt, denn derlei Aussagen brachten den Chef für gewöhnlich auf die Barrikaden. Sauerbruch, der stets mit dem Kopf durch die Wand wollte, der den Leitspruch «‹Geht nicht› gibt's nicht!» predigte, fühlte sich in solch einer Situation geradezu genötigt, zum sofortigen Gegenbeweis anzutreten. Aber zum Erstaunen aller hatte er seinen Oberpfleger angestarrt, schließlich genickt und erklärt: «Wenn der Josef sagt, es geht nicht, dann geht es nicht.» Und damit war die Angelegenheit erledigt gewesen.

Zugleich war dies das größte Kompliment, das der Chef einem Mitarbeiter machen konnte. Auch das hatte in diesem Moment jeder gespürt. Natürlich hat sich Josef diesen Status über die Jahre hart erarbeiten müssen. Wenn es drauf ankommt, arbeitet er zwei Schichten hintereinander. Gerade in Kriegszeiten scheint er unermüdlich. «I muass dahoam Bescheid geben», ist alles, was er in solch einem Moment zur Antwort gibt. Seine Frau hat für vieles Verständnis, außer wenn man ihr nicht Bescheid gibt. Dafür wiederum hat der Chef vollstes Verständnis und stellt umgehend seinen Fernsprechapparat zur Verfügung.

Generell sieht Sauerbruch es allerdings nicht gern, wenn das Personal heiratet. Vor Jahren hatte Josef ihm seine Braut erst vorstellen müssen, ehe er seine Einwilligung gab. «Zuerst kommt die Klinik!», hatte der Chef dem jungen Paar sein Credo gepredigt, an das er sich selbst immer hielt. Die beiden hatten zugestimmt und bekamen seinen Segen. Von Josefs Frau ist Sauerbruch beeindruckt, gestand er Nelly einmal ein: «Die versteht, dass ein Klinikleben nicht vorhersehbar ist!

Und außerdem macht sie einen Schweinsbraten, das kannst du dir nicht vorstellen! Ich weiß, wovon ich rede: Ich habe über zehn Jahre in München gelebt!»

Josef ist sehr genügsam. Das Einzige, was ihm heilig ist, ist sein bayerisches Bier. Selbstverständlich trinkt er nie bei der Arbeit, keinen Schluck. Nach Feierabend allerdings ist es ein festes Ritual: Dann setzt sich Josef in den Hof der Charité und leert eine Flasche Bier. Oder zwei. Das sei wichtig für seine bayerischen Wurzeln, erklärt er. Und dass ein anständiges Bier besser sei als so manche Medizin.

Schon der greise Reichspräsident Hindenburg hatte das schnell begriffen, als Josef zu ihm in die Reichskanzlei gezogen war. Der alte Herr hatte regelmäßig nachgefragt, ob ausreichend Schlaftrunk in Josefs Dienstbotenzimmer bereitgestellt war: «Josef, haben Sie nachgesehen? Ist die Batterie auch geladen?», so fragte Hindenburg, bevor er selbst zu Bett ging.

Auch der Chef, der in Gelddingen nie kleinlich ist, sorgt immer für eine gefüllte Getränkekasse und erinnert seinen Oberpfleger regelmäßig daran, rechtzeitig für Nachschub zu sorgen.

«Einmal haben wir es beide vergessen», hat er Nelly einst gebeichtet, «und ich kann nur sagen, als das Bier alle war, das war nicht schön. Josef ohne Bier, das geht nicht, kannst du mir glauben.»

In Kriegszeiten ist bayerisches Bier in Berlin alles andere als eine Selbstverständlichkeit. Aber ein Josef, der alles möglich machen kann, hat natürlich seine Quellen. Josef liebt seine Heimat – und der Chef wiederum liebt Tiere. Er ist ein begnadeter Reiter, stolzer Hundebesitzer und hat darüber hinaus weitere, wechselnde Haustiere. Noch immer kursiert an der Charité die Geschichte, wie er sich einst von einem alten verzweifelten Mann, der sich auf das Züchten von Siam-

katzen spezialisiert hatte, dazu hinreißen ließ, dessen Zucht-
kater zu operieren, der an einem eingeklemmten Bauchbruch
litt.

Nelly, die damals noch als OP-Schwester beschäftigt war,
hatte nicht schlecht gestaunt, als eines Tages das Glocken-
zeichen zur Not-OP ertönte und ein Kater auf dem Operationstisch lag. Nach dem erfolgreichen Verlauf des Eingriffs
hatte der stolze Besitzer dem Chef zwei Siamesische Katzen-
junge vermacht. Ein anderes Mal hatte Sauerbruch von einer
Inspektionsreise an die russische Front ein lebendes Schwein
mitgebracht. Es wurde im Hof des Krankenhauses mit Kü-
chenabfällen gefüttert, und an Weihnachten hatte es ein
großes Schlachtfest für die Belegschaft gegeben. Sauerbruch
selbst aß an dem Abend nur Beilagen mit Sauce, da ihm das
Schwein ans Herz gewachsen war.

Inzwischen gibt es im Hof nur noch den bunten Kater,
der vor Jahren aufgetaucht ist und vom Chef zum «Charité-
Kater» ernannt wurde. Täglich hat das Tier voller Stolz
mindestens eine erbeutete Maus angeschleppt. Der Chef
pflegt den Kater dann zu belohnen, indem er ihm Bier in seine Schale gießt. Auch Josef fühlt sich dem Tier verbunden,
liebt doch der Kater das Bier genauso sehr wie er. Er ist überzeugt, dass es ein bayerischer Kater ist, den die unergründlichen Wege des Schicksals ins ferne Preußen verschlagen
haben, genau wie ihn selbst. Seit Wochen landen allerdings
kaum mehr Küchenabfälle im Hof, und vermutlich wirkt sich
der allgemeine Nahrungsmangel auch auf die Mäusepopu-
lation aus. Der Kater hat schlichtweg nichts mehr zu jagen.
Nach Feierabend streicht das Tier dem Chef maunzend um
die Beine. «Tut mir leid, Paule», pflegt er dann zu sagen,
«ohne Fleiß kein Preis!» Dabei wirft er dem Josef, der, seine
Bierflasche in der Hand, voller Mitleid auf das dürstende Tier

sieht, einen warnenden Blick zu. Wie immer hält der Chef streng an seinen Regeln fest und erwartet selbiges von seinen Mitarbeitern.

In den letzten Tagen ist Kater Paul erstaunlicherweise wieder häufiger fündig geworden. Immer war Josef gerade in der Nähe. Und sowohl der Kater wie auch Josef erfreuen sich des Biers und bester Laune.

Nelly ist aufgefallen, dass im Untergeschoss neben dem Röntgenraum neuerdings eine Mäusefalle steht. Auch im Hof hat sie eine entdeckt. Und als Josef heute sein Feierabendbier genoss und gerade nach der Zeitung griff, die neben ihm bereitlag, da fiel ihm versehentlich eine tote Maus auf die Erde. Der Kater hatte nur darauf gewartet, hat seine Beute geschnappt und sie blitzschnell zum Chef getragen.

«Die wissen beide, wie sie an ihr Bier kommen!», meint Nelly, und Liesel lacht.

Physiker

Habe ich dir eigentlich erzählt, wie Röntgen seine Strahlen entdeckt hat?»

Sehr spät ist es, als Nelly von ihrer Arbeit in der Charité nach Hause kommt. Während Liesel und Marga bereits schlafen, sitzt ihr Schwiegervater im Salon in Erwins Lieblingssessel und erzählt ihr große Geschichten. Das rührt sie. Obwohl auch seine sorgenvollen Gedanken ständig um Erwin kreisen, versucht Max Planck immer wieder, sie aufzumuntern. Und obgleich er ihr diese Geschichte bereits erzählt hat, verneint sie, denn es tut gut, seiner Stimme zu lauschen. Und seinem charmanten Plauderton.

«Röntgen hat es mir selbst erzählt, auf einer Tagung der Deutschen Physikalischen Gesellschaft», beginnt Max Planck. «Er war ja höchst uneitel und hat die nach ihm benannten Strahlen zeitlebens weiter X-Strahlen genannt, wie sie im Englischen noch immer heißen. Mein Fachgebiet, die theoretische Physik, war damals nicht gerade populär. Mein Lehrer, der legendäre Philipp von Jolly, hat mir jedenfalls seinerzeit dringend abgeraten. Es sei im Wesentlichen schon alles erforscht, da gebe es nur noch einige unbedeutende Lücken auszufüllen.

Aber das Weltbild sollte sich bald ändern: Als die Röntgenstrahlen entdeckt wurden und kurz darauf die Radioaktivität, wurde klar, dass die Welt noch ganz andere Dimensionen hat als die, die wir mit bloßem Auge sehen.

Jedenfalls, es muss gegen Ende des Jahres 1895 gewesen sein. Dein Erwin war damals zwei Jahre alt, wir wohnten noch in der Wohnung in der Tauentzienstraße. Ich hatte bereits mit meinen Arbeiten zur Wärmestrahlungstheorie begonnen, als Röntgens Bericht über eine «neue Art von Strahlen» erschien. Nie im Leben hatte Röntgen daran gedacht, irgendetwas zu durchleuchten. Geschweige denn menschliche Körper. Spätabends, so erzählte er mir, hatte er im Physikalischen Institut der Universität Würzburg noch Versuche gemacht, und zwar mit den damals neu entdeckten Kathodenstrahlen in Lenard'schen Röhren. Röntgen hatte seine Dienstwohnung direkt über dem Labor, und so war es nicht ungewöhnlich, dass er zu später Stunde noch allein seiner Lieblingsbeschäftigung nachging. Plötzlich geschah es: Während des Betriebs der Röhren begannen ein paar entfernt liegende Kristalle zu fluoreszieren. Anfangs dachte der arme Röntgen, er hätte Halluzinationen! Es war ja niemand mehr im Haus, der die Vorgänge hätte bezeugen können. Also hat er die Versuche wiederholt, hat sämtliche Fehlerquellen ausgeschlossen, hat die Röhren mit schwarzer Pappe abgedeckt, aber es blieb dabei: Die Kristalle begannen hell zu leuchten! Schließlich hat er versucht, das, was er da zu sehen glaubte, fotografisch festzuhalten. Und erschrak anschließend noch mehr: Selbst die noch fest verschlossenen fotografischen Platten wurden belichtet.

Seine Frau erzählte mir später, dass ihr Gatte in den folgenden Wochen höchst übellaunig war. Wenn sie ihn überhaupt einmal sah, denn er kam gar nicht mehr aus dem Labor heraus: Inzwischen hatte er dort ein Feldbett aufgeschlagen und ließ sich sogar die Mahlzeiten in den Versuchsraum bringen. Als er sieben Wochen später seine Beobachtungen samt einer möglichen Erklärung in einem Artikel bei der Physikalisch-Medizinischen Gesellschaft veröffentlichte, meinte er entkräftet zu seiner Frau: ‹Die Leute werden sagen – der Röntgen ist verrückt geworden.›»

Schelmisch guckt er Nelly an, ehe er fortfährt.

«Allerdings hatte er zum Beweis vorher noch das berühmte Röntgenbild von der Hand seiner Ehefrau angefertigt: eine Knochenhand, um deren Ringfinger der Ehering zu schweben scheint.

Womit Röntgen nicht gerechnet hatte: Die Zeitungen haben es nach und nach überall auf der Welt gedruckt. Ich vermute, seine Frau hatte die weltweit berühmteste Hand überhaupt.

Schlussendlich war ihm der viele Rummel dann auch nicht recht gewesen. Denn wie gesagt, er war ein bescheidener Mensch. Aber was rede ich», er hält plötzlich inne, «mir fällt gerade ein, das habe ich dir alles bereits erzählt, wie?»

Nelly grinst. «Ich höre dir trotzdem gerne zu, Vater.»

«Kurz darauf hat ihm eine große deutsche Elektronikfirma Unsummen für ein Patent geboten. Aber Röntgen hat darauf verzichtet. Er forsche zum Wohle der Menschheit und nicht, um sich zu bereichern, hat er gemeint. Übrigens hätte es Röntgen genauso gefreut wie mich, dass du in Rassenkunde so schlecht abgeschnitten hast. Er hat Antisemiten und Rassisten zutiefst verachtet. Lenard, der große Nationalsozialist, hat es ihm ja sein Leben lang übel genommen, dass Röntgen die Strahlen entdeckt hat, die er selber nicht bemerkt hatte. Und dass er dafür mit dem ersten Nobelpreis der Physik ausgezeichnet wurde. Nun ja. Deswegen hetzen die Nazis wohl so gegen Röntgen und alles, was mit seinem Andenken in Zusammenhang steht. Aber jetzt musst du mir was erzählen. Was gibt es Neues aus der Charité?»

In diesem Moment spürt Nelly, wie die Müdigkeit sie überfällt. Die letzten Nächte hat sie sehr schlecht geschlafen.

«Sauerbruch meinte heute übrigens zu mir», sagt sie, «die Röntgenapparate hätten einen großen Nachteil. Die jungen Ärzte von heute würden keine anständigen Anamnesen mehr lernen, weil sie sich lieber auf das dauernde Durchleuchten verlassen.»

«Ja», nickt der alte Herr nachdenklich, «es ist wohl alles eine Frage des Maßes.»

«Aber du möchtest sicher ins Bett, es ist schon spät», bemerkt ihr Schwiegervater. Als Nelly sich verabschiedet, greift er nach ihrer Hand.

«Eins ist mir gerade noch eingefallen, nur ganz kurz: Röntgen ging genauso gerne wandern wie ich. Das scheinen die Naturwissenschaftler so an sich zu haben. Häufig hat er die Semesterferien in den Alpen verbracht. Einmal hat ihn Helmholtz, mein Doktorvater, auf einer Wanderung begleitet. Als sie den Gipfel erreichten, genoss Röntgen die Aussicht.

Helmholtz hingegen nahm seinen großen Rucksack ab, packte einen Gaskocher aus und begann, Wasser zu kochen.»

Er macht eine kunstvolle Pause.

«Dann hat er mittels der Siedetemperatur die Höhe bestimmt. So sind sie, die Physiker. Sei froh, dass du keinen hast!», lacht er. «Gute Nacht!»

Die Königin der Ratten

Es ist frustrierend. Auf der ganzen Welt spricht man von seiner Genialität, man hält ihn für das intelligenteste Wesen auf Gottes weiter Erde, aber verstehen tut das, was er sagt und lehrt, kaum jemand. Genial vom Hörensagen ist er. Und das reicht den meisten.

Dabei sind seine großen Momente scheinbar sowieso vorbei. Seit Jahrzehnten forscht er nun schon nach der Weltformel, aber eine Lösung, eine einheitliche Feldtheorie, die Gravitation und Elektromagnetismus miteinander verbindet, scheint ihm in diesen Tagen ferner denn je. Abermals musste er seinen kürzlich gefassten Ansatz verwerfen, was sein Kollege Pauli schulterzuckend mit den Worten quittierte: «Was Gott getrennt hat, soll der Mensch nicht zusammenfügen.»

Umso erfreuter ist er, dass in einen anderen, ihm ebenso unergründlichen Bereich, etwas Licht fällt: die Welt der Frauen. Endlich hat er eine Geliebte gefunden, die ihm den nötigen Abstand gewährt, den er so dringend braucht. Manchmal sogar zu viel Abstand, wenn er es recht bedenkt. Er ist den weiblichen Wesen hoffnungslos verfallen, immer wieder aufs Neue. Aber verstehen, das hat er sich schon oft eingestehen müssen, verstehen tut er sie nicht.

Er liebt die Frauen. Und die Frauen lieben ihn. Aber das

macht die Angelegenheit nicht einfacher. Sondern erst richtig kompliziert.

Seine zweite Frau Elsa war drei Jahre nach der gemeinsamen Emigration nach langer, schwerer Krankheit gestorben. Elsa war ihm eine Verbündete gewesen, sie hatte ihm den Rücken freigehalten, und fraglos hatte sie ihn über alles geliebt. Aber diese Liebe war auch anstrengend gewesen. Vor allem die damit verbundene Eifersucht. Sicher gerechtfertigt, das musste er eingestehen, aber warum müssen Frauen ihr Objekt der Begierde immer gleich exklusiv vereinnahmen? Mileva, seine erste Ehefrau und Mutter seiner Söhne, war in dieser Hinsicht allerdings noch kompromissloser gewesen. Elsa hatte er zumindest so weit gebracht, dass sie, wenn er damals in Caputh Damenbesuch erwartete, mürrisch das Sommerhaus verließ und in die Berliner Wohnung fuhr. Danach musste er zwei Tage lang ihre schlechte Laune ertragen, aber damit hatte er sich arrangieren können.

Nachdem Elsa in den Vereinigten Staaten ernsthafte Kreislauf- und Nierenprobleme bekommen und sich ihr Zustand bedrohlich verschlechtert hatte, waren sie auf Anraten des Arztes zur Erholung in die Sommerfrische nach Saranac Lake im Norden des Staates New York gefahren. Ein Ort, der für sein mildes Klima gerühmt wurde. Sie mieteten ein romantisches Holzhaus direkt am See.

Und in dem Bewusstsein, wie hinfällig Elsa und dass das Dasein überhaupt vergänglich war, hatte er sich ihr auf seine alten Tage nochmals annähern können. Er hatte sie zum Segeln mitgenommen, ein Vergnügen, das sonst nur seinen Liebschaften vorbehalten war, und Elsa hatte glücklich versonnen im Heck der kleinen Jolle gesessen, während sie bei strahlend blauem Himmel über den Lake Flower glitten.

Es gab auch kein Gejammer mehr, von wegen Segeln sei teuer und gefährlich, und überhaupt, er könne doch schließlich noch nicht einmal schwimmen. Nichts davon. Eine Harmonie und Innigkeit herrschte, wie nie zuvor in ihrer Ehe. Eines Abends, als sie beim Kaminfeuer in der Hütte saßen, hatte ihre kraftlose Hand nach seiner gegriffen, und leise hatte sie mit glänzenden Augen gesagt: «Ich wusste gar nicht, dass du mich liebst.»

Das hatte ihm einen Stich gegeben.

In den folgenden Wochen hatten sie beide erstmals die Rollen getauscht: Er hatte sich um Elsa gekümmert, hatte sie umsorgt. Und Elsa hatte es still genossen.

Gedanklich war er dabei allerdings zunehmend bei einer anderen Frau gewesen, die er kürzlich kennengelernt hatte. Als sie nach einigen Wochen von Saranac Lake zurückgekehrt waren, stand sein nächstes Treffen mit Sergei Konjonkow, dem berühmten russischen Bildhauer, an. Der als «russischer Rodin» gefeierte Künstler sollte im Auftrag der Princeton University eine Büste von ihm anfertigen. Einstein schätzte seine Arbeiten. Der Künstler selbst war eine imposante Persönlichkeit mit seinem zauseligen grauen Vollbart, buschigen Augenbrauen und einem leichten Silberblick. Doch noch einen viel größeren Eindruck hatte bei ihm Konjonkows deutlich jüngere Frau hinterlassen.

Margaritas Aussehen war umwerfend, ihr Charme betörend, sie beherrschte fünf Sprachen, und während er bei Konjonkow Modell saß, stand sie ihm gegenüber und plauderte gelassen in einem exzellenten Deutsch: eine kraftvolle, etwas rauchige Stimme mit einem leicht russischen Akzent, den er höchst erregend fand. Ihr Aussehen erinnerte ihn an jemand. Er rätselte, an wen.

Als sie einmal ihre wilden blonden Locken schwungvoll nach hinten warf, bemerkte er, dass der Fellkragen an ihrem eleganten Kostüm lebte: Auf ihren zarten Schultern saßen zwei zahme weiße Ratten. Die eine der beiden schnupperte jetzt an ihrer Wange, Margarita streichelte sie beiläufig, während sie munter parlierte. Ihre strahlend grünen Augen funkelten. Fasziniert betrachtete er ihren grazilen, schlanken Körper, ihre Bewegungen, geschmeidig wie die einer Katze.

Und plötzlich wusste er, warum die steinernen Akte von Sergei Konjonkow so genial waren: Es war Margaritas betörender nackter Körper, den der alte Meister unzählige Male aus dem rohen Stein geschlagen hatte. Jetzt erkannte er sie wieder.

Während ihre fein manikürten schlanken Finger zärtlich eine der Ratten kraulten, die sich nun oberhalb ihrer linken Brust festgekrallt hatte, erkundigte sie sich interessiert nach seiner Arbeit. Ihr Bildungsniveau war beeindruckend: Auch über sein Schaffen war sie bestens informiert. Er erzählte ihr von der Relativitätstheorie, und zu seiner großen Verwunderung schien sie sogar ein wenig davon zu begreifen. Wie sich herausstellte, kannte sie auch seinen amerikanischen Kollegen Robert Oppenheimer persönlich.

Sie scherzten und lachten, während ihr Mann, der kein Wort Deutsch verstand, versunken und hoch konzentriert seine Skizzen anfertigte.

In den folgenden Wochen hatte er Margarita mehrfach zu sich nach Princeton eingeladen. Bei jedem dieser Treffen hatte er Schmetterlinge im Bauch wie ein pubertierender Pennäler, aber Elsa hatte nie auch nur den leisesten Verdacht geschöpft.

Überaus höflich hatte sie sich gegenüber der hübschen Russin verhalten. Vielleicht lag es daran, dass Margarita verheiratet war, dass Elsa nicht sah, was sich vor ihren Augen anbahnte. Vielleicht hatte Elsa das in den letzten Wochen, die ihr verblieben waren, auch schlichtweg nicht sehen wollen. Wie dem auch war, am vierten Advent des Jahres 1936 hatte Elsa schließlich die Augen geschlossen und war nicht mehr aufgewacht.

Anfangs war Einstein zutiefst betrübt gewesen. Wie ein Bär in seine Höhle hatte er sich in das leere Haus zurückgezogen, hatte kaum mehr jemanden getroffen. Ein einsames Weihnachten, ein trister Jahreswechsel folgten. Aber es hatte nicht lange gedauert, bis das neue Jahr ihm eine neue Erkenntnis brachte: Auch ein trauernder Witwer hat für eine Frau seine Reize. Es erwacht der Helferinstinkt in ihr, und sie will den armen, einsamen Mann glücklich machen. Und wenn diese Frau ein katzenartiges russisches Wesen mit wilden Locken ist, dann gelingt ihr das auch. Weiße Ratten hin oder her.

So dachte er sich das.

Allerdings währte das Glück immer nur kurz. Die Tage im Liebestaumel mit Margarita vergingen wie im Flug, dann reiste sie zurück zu Sergei nach New York City. Und er blieb allein zurück.

Neue Treffen gestalteten sich zunehmend schwieriger, denn Margarita fand allmählich keine Vorwände mehr, warum sie so oft nach Princeton müsse, und sie hatte Sorge, ihr Mann könne Verdacht schöpfen.

Aber wenn es um Ideen ging, erst recht bei solch einfachen Problemstellungen, war Einstein nicht verlegen: Das milde Klima von Saranac Lake hatte zwar für Elsa nicht die erhoffte Heilung gebracht, aber für die aktuelle Problematik sollte es in den folgenden Jahren eine passende Lösung bieten. Die Hütte am See hatte er noch immer gemietet, sein kleines Segelboot lag dort vor Anker. Er schrieb Margarita, sie möge zu Hause ein wenig krank spielen, und bat einen befreundeten Arzt, ein geeignetes Empfehlungsschreiben aufzusetzen. Von da an meißelte und hämmerte der alte Sergei Konjonkow alle paar Wochen alleine in seinem Atelier, während seine Frau zur verordneten Luftkur in Saranac Lake weilte.

Konjonkows Figuren nahmen in dieser Zeit einen grimmigeren Ausdruck an, vielleicht weil keine Margarita assistierte, die seine Modelle auf ihre charmante Art auflockerte und zum Lachen brachte. Vielleicht auch, weil er ahnte, dass seine Frau mehrere Gesichter hatte.

Wobei ein krankes nicht darunter war.

Hochzeitstag

15. Dezember 1944, Berlin-Tegel

Honig ist Liebe, dachte Erwin. Das wussten schon die alten Germanen. Die Biene, so glaubten sie, käme aus der Welt der Sonne und sei daher unmittelbar mit ihr verbunden. Mit der Kraft der Sonne bringe sie den Menschen Licht, Freude und vor allem: Liebe.

Nach diesem abendlichen kleinen Festmahl fühlt sich Erwin angenehm gesättigt. Seine Frau hat ihn zu gegebenem Anlass besonders verwöhnt: Geräucherte Würste und ein frisches Stück Butter hat sie ihm zukommen lassen. Vermutlich musste sie dafür die Beamten an der Pforte mit weiteren Würsten bestechen, ein Jammer, wenn er darüber nachdenkt. Und zum Nachtisch, darauf freut er sich schon seit dem Morgen, öffnet er zur Feier des Tages das mitgesandte Glas Honig. Robinienhonig, um genau zu sein, sein Lieblingshonig. Von hellgelber Farbe, klar und dickflüssig, zart nach Robinienblüten duftend, trägt er die Kraft des Frühsommers in sich.

Als er klein war, hatten die Zwillingsschwestern und er sich jedes Jahr ab Ende Mai einen Sport daraus gemacht, kletternd an die weißen Blütentrauben zu gelangen und sie abzupflücken, ohne sich dabei an den zahlreichen Dornen der Robinienbäume zu verletzen. Anschließend saßen sie auf der Veranda, zupften die Blüten von den Dolden und saugten den süßen Nektar aus. Hatte sich eines der Kinder doch gestochen, schimpfte ihre Mutter. Sie hatte Sorge, man könne sich an den giftigen Teilen der Robinie vergiften, denn giftig war die ganze Pflanze, bis auf die Blüten. Und tatsächlich hatte Erwin durch eine Robinie seine erste Begegnung mit dem Tod gehabt: Damals hatte das Kaninchen des Nachbarsjungen im Garten die Rinde von ein paar jungen Ästen abgenagt. Abends hatte es dann zitternd am Boden gelegen und ab und zu ein eigenartiges Geräusch von sich gegeben. Sie hatten es gestreichelt, bis es aufhörte zu atmen.

Und sonntags hatte die Mutter, wenn sie artig gewesen waren und tüchtig darum baten, zum Nachtisch manchmal in Eierkuchenteig getunkte Robinienblütendolden in heißem Fett ausgebacken.

Langsam lässt er den Löffel in das dickflüssige Hellgelb sinken. Der Honig wie flüssiger Bernstein. Honig ist ein Lebenselixier für die Bienenlarven, geht es ihm durch den Kopf, als er den Löffel zum Mund führt. Lebenselixier für einen Todgeweihten. Herrlich mild der Geschmack, mit einem leicht fruchtigen Aroma. Da fällt ihm ein, der Vater hat ihm einmal gesagt, Honig sei das einzige Lebensmittel, das nicht verderben könne, sozusagen unvergänglich sei. Er steckt sich noch einen Löffel voll in den Mund.

Allmählich muss er sich bettfertig machen. Bald wird der Bedienstete kommen und ihn für die Nacht fesseln. Die ewige Nacht, die den halben Tag andauert und doch die ganze Zeit hell ist. Eigenartig.

Ganz sachte zieht er den Pyjama aus dem von Nelly gesandten Wäschebündel hervor. «Heute ist Hochzeitstag», sagt er leise zu sich. Er zieht sich aus und legt seine Kleidungsstücke ordentlich auf den Stuhl. Erfüllt von einer Vorfreude entfaltet er vorsichtig den Pyjama, er riecht an dem Stoff, zieht den Duft tief in sich hinein.

Reste ihres Parfums und ein Hauch von ihr, ein Hauch des ihm so vertrauten, nur ihr eigenen Geruchs, ein Hauch von Nelly. Tränen steigen ihm in die Augen. Tränen der Dankbarkeit, des Glücks. Und der Erkenntnis: Die Liebe ist etwas, das sie ihm nicht nehmen können. Sie können ihm sein Hab und Gut nehmen, seine Freiheit, seinen Stolz, sein Ansehen, ja selbst sein Leben. Aber die Liebe wird bleiben.

Eigenartig beschwingt schlüpft er in die Pyjamahose. Barfüßig steht er da, auf dem kalten Betonboden, mit nacktem Oberkörper, das Pyjamahemd im Arm. Er schmiegt seine Wange an den Stoff, vergräbt seine Nase darin, für einen Moment scheint er ihre Haare auf seiner Haut zu spüren. Und als er die Augen schließt, sieht er sie. Er sieht ihr zartes Gesicht über seinem, wie sie auf ihn herabblickt, lächelnd, ihr Haar kitzelt auf seiner Stirn. Wie ein Tänzer hält er im ausgestreckten Arm den Ärmel des Pyjamas, der Rest des Kleidungsstücks liegt in seiner Rechten, langsam beginnt er sich zu bewegen. Ein toter Mann tanzt mit einem leeren Pyjama durch seine Zelle.

Draußen ist es bereits dunkel. Ungewöhnlich dunkel, denn es ist Schwarzmond, und auch die Sterne sind in der wolkenverhangenen Nacht kaum zu sehen. Aber das weiß Erwin nicht, denn durch sein kleines Zellenfenster kann er sowieso nur einen winzigen Ausschnitt des Firmaments erkennen.

Als er das Pyjamahemd anzieht und zuknöpft, er kann ihren Duft immer noch riechen, wird ihm mit einem Mal bewusst, dass sie bei ihm ist. Die ganze Zeit. Nichts kann sie voneinander trennen. Selbst wenn er gehen muss, bleiben sie beide in der Liebe vereint. Für immer.

«Es gibt keine Zeit», hatte Albert Einstein ihm einmal zu erklären versucht, vor vielen Jahren im Haus in der Wangenheimstraße. «Die Zeit ist eine Erfindung der Menschen. Auch wenn sie schon ziemlich lange andauert.»

Dabei hatte er schelmisch gegrinst, seine Augen hatten geleuchtet. Er sieht dieses Grinsen vor sich, sieht daneben seinen Vater, der stumm lächelt, er fühlt Nelly in seinem Arm, und plötzlich muss er lachen. Er lacht aus vollem Halse.

Als die Zellentür aufgeschlossen wird, lacht er noch immer. Der alte Bedienstete sieht ihn irritiert und offenbar besorgt an. Vermutlich hat er Angst, Erwin könne durchdrehen. Und vielleicht tut er das ja auch.

«Geht es Ihnen nicht gut, Herr Staatssekretär?», fragt der Mann, was die Situation in Erwins Augen umso komischer macht. Er lacht umso lauter, schließlich japst er nur noch nach Luft, und winkt entschuldigend ab.

«Mir geht's prächtig», erwidert er atemlos und hält dem Beamten bereitwillig die Hände zur Fesselung hin. Der Alte sieht ihn prüfend an und zögert, bevor er mit der abendlichen Routine fortfährt und ihm die Handschellen anlegt, etwas lockerer als sonst.

Als er kurz darauf wieder allein ist und auf seiner Pritsche liegt, die Hände in den Handschellen über dem Bauch gefaltet, ergreift ihn erneut ein erhebendes Gefühl. An diesem Hochzeitstag, seinem einundzwanzigsten, fühlt er sich mit seiner Frau verbunden, auf eine ungewöhnliche Art. Er spürt Nelly bei sich, untrennbar mit ihm vereint, und sein Schlafanzug, an dem noch der Duft seiner Frau haftet, scheint ihm plötzlich wie eine magische Rüstung, die ihn unverwundbar macht.

Über diesem Gedanken schläft er selig ein.

Von irgendwo aus der Ferne vernimmt er ein leises Summen. Draußen ist es bereits hell, ein Lichtstrahl fällt durch sein kleines Zellenfenster.

Er greift nach seiner Brille, setzt sie auf und blickt suchend um sich. Über dem Fenster fliegt eine Biene. Vorsichtig steht er auf, steigt auf den Stuhl und betrachtet die Biene wie ein kleines Wunder: Das erste Tier, seit fast einem halben Jahr, dem er nahekommen darf. Die Biene steht summend in der Luft, dann fliegt sie an ihm vorbei, Richtung Lampe. Sein ewiges Licht. Sie kreist um die Lampe, fliegt summend von einer Wand zur anderen. Er steigt vom Stuhl und öffnet das Glas Honig auf seinem Tisch, etwas anderes kann er dem Gast nicht bieten. Dann legt er sich wieder hin, sein Blick folgt der Biene, die summend durch den winzigen Raum fliegt, mal Richtung Lampe, mal Richtung Fenster.

Er denkt an die Bienen, wie sie damals um die Robinienblüten schwirrten, im Frühsommer in der Wangenheimstraße. Die Luft war erfüllt von ihrem Summen. Unter diesem beruhigend summenden Geräusch schläft er schließlich wieder ein.

Als Erwin erwacht, ist es draußen noch dunkel, kein Lichtstrahl fällt durchs Fenster. Nur das ewige Licht leuchtet.

Still ist es im Raum, seine Brille liegt auf dem Tisch, und kaum hat er sie aufgesetzt, sieht er, dass das Honigglas verschlossen ist.

Weihnachten oder
Von der Angst vor Christbäumen

24. Dezember 1944, Rogätz

Bereits am zweiten Advent hat der Gutsverwalter einen prächtigen Tannenbaum im Salon aufstellen lassen. Fräulein Frieda hat ihn geschmückt, mit bunten Kristallkugeln, zahlreichen Strohsternen und gelben Kerzen, und über der Spitze wurde ein großer Herrnhuter Stern an die Decke gehängt. «Endlich einmal ein Christbaum, der den Namen verdient hat!», hat sie anschließend zufrieden gemeint und gelacht, «einer, an dem man sich erfreuen kann!»

Seit Langem bereits hat das Wort Christbaum eine völlig neue, unheilkündende Bedeutung bekommen. So nennen die Leute die Leuchtmarkierungen, die kurz vor einem Bombenangriff von vorausfliegenden Flugzeugen zum Kennzeichnen der Ziele abgeworfen werden. Mal rote, mal grüne Signallichter, die sich am Himmel zu kaskadenartigen, schaurig schönen Gebilden entfalten, bevor das Inferno beginnt. Erst vor einigen Wochen sahen sie die vielen bunten Christbäume über Magdeburg leuchten, kurz darauf kamen die Bomber, um ihre todbringende Fracht auszuklinken.

Draußen ist es bereits dunkel, als Marga und Fräulein Frieda die Kerzen am Baum entzünden. Bis zuletzt hatte das Ehepaar Still geplant, ebenfalls nach Rogätz zu kommen, um gemeinsam mit Plancks das Weihnachtsfest zu feiern. Carl Still ist zwar kein Physiker, aber ein äußerst kreativer und erfolgreicher Autodidakt in dem Fach, sein Ideenreichtum hat Max Planck immer wieder beeindruckt. Bei ihrem letzten Treffen hat Still ihm einige Fragen zur Thermodynamik gestellt, daneben haben sie sich angeregt über politische und philosophische Themen ausgetauscht. Er hatte sich, genau wie Marga, bereits auf die Gesellschaft gefreut, auf ein wenig Ablenkung. Aber dann rief der alte Still vor zwei Tagen doch an, um abzusagen. Zu ungewiss und beschwerlich sei die Reise in diesen Zeiten. Zudem gelte es in der Firma aufgrund der sich zuspitzenden Kriegslage täglich neue gewichtige Entscheidungen zu treffen. Und so verbringen sie den Heiligabend alleine, gemeinsam mit Fräulein Frieda.

Nach dem Gottesdienst sitzen sie im Salon, essen Weihnachtsplätzchen und trinken zur Feier des Tages eine Tasse echten Kaffee. Eine Flasche Sekt öffnet er außerdem, der Korken knallt, vorsichtig befüllt er die geschliffenen Bleikristallgläser.

«Auf ein friedvolles Weihnachtsfest!» Sie stoßen an. Es ist lange her, dass er Schaumwein getrunken hat, noch dazu einen derart guten, ein Geschenk des Ehepaars Still.

«Welches Weihnachtslied wünschen die Damen?», fragt er schließlich und nimmt am Flügel Platz.

«‹Stille Nacht, heilige Nacht›», ruft das Fräulein Frieda spontan aus, und es scheint, als sei ihr der Schaumwein bereits etwas zu Kopf gestiegen. Plötzlich errötend fügt sie hinzu: «Herr Geheimrat, ich kenne aber nur den alten Text. Die moderne Variante ist mir leider weniger vertraut.»

«Kein Grund zur Sorge», beruhigt Marga sie umgehend, «wir singen auch nur den traditionellen Text, Fräulein Frieda. Der ist außerdem viel weihnachtlicher als die Version für den Führer.»

Das Fräulein Frieda nickt erleichtert. Unterdessen rückt er seine Fliege zurecht und beginnt, das Entree zu spielen, worauf die beiden Frauen und er selbst einsetzen. Anschließend singen sie noch «Es ist ein Ros' entsprungen», «O Tannenbaum», «Vom Himmel hoch, da komm ich her» und, auf Fräulein Friedas Wunsch hin, «Ich bete an die Macht der Liebe».

«Von Frau Professor habe ich das nicht anders erwartet», meint sie anschließend, «aber auch Sie haben eine sehr schöne Stimme, wenn ich das bemerken darf, Herr Geheimrat.» Kichernd ergänzt sie: «Und für einen Mann können Sie erstaunlich hoch singen!»

«Das freut mich, wertes Fräulein, herzlichen Dank für Ihr Kompliment!», erwidert er. «Im Übrigen erinnert mich das an vergangene Zeiten. Als junger Mann habe ich Sopran gesungen, auch nach dem Stimmbruch. Und wo wir hier so gemütlich beisammensitzen, verrate ich Ihnen noch etwas: Im Alter schrumpft man naturgemäß. Aber wie Sie sich leicht vorstellen können, sonderlich groß und kräftig bin ich nie gewesen. Und so hatte man mir als Student einmal Damenkleidung angezogen und mich in der Operette ‹Riccardo, der berühmte Räuberhauptmann› die Gräfin Miranda geben lassen.»

Erstaunt guckt das Fräulein Frieda ihn daraufhin an und muss dann herzlich lachen.

Nach einem schlichten Abendbrot schaltet er den Volksempfänger ein. «Mein Wünschelicht sei dem Führer geschenkt, der immer an uns und Deutschland denkt», sagt eine zarte Knabenstimme, und der Sprecher verkündet das Ende der Sendung «volkstümliche Weihnachtsgrüße aus deutschen Gauen». Es folgt die Heiligabendrede des Propagandaministers.

«Das deutsche Volk begeht heute sein sechstes Kriegsweihnachten», tönt Joseph Goebbels mit getragener Stimme und fährt sogleich mit den üblichen Durchhalteparolen fort.

Kurzerhand dreht er den Apparat wieder ab.

«Ein wenig Musik wäre jetzt doch gemütlicher», meint er, setzt sich erneut an den Flügel und spielt ein paar Stücke aus Bachs Weihnachtsoratorium.

Anschließend gibt es eine kleine Bescherung. Für Fräulein Frieda hat Marga auf verschlungenen Wegen ein Stück Rosenseife besorgt, was sie zu Tränen rührt.

Er schenkt seiner Marga ein wärmendes Schultertuch aus Schafwolle, das er bei der Frau des Melkmeisters erstanden hat. Und selbst freut er sich besonders über Nellys Geschenk: ein großer Umschlag mit einigen Fotografien, die Nelly in ihrem Röntgenlabor abgezogen hat. Ein paar sehr lustige Fotos von Nelly, Erwin und dem Kind beim Baden im Wannsee, die er noch nicht kennt. Außerdem ein schönes Porträt von Erwin und ein Bild von Erwin und ihm beim Bergsteigen. Er erinnert sich noch gut an die Situation, es war vor einigen Jahren, als sie ihren Sommerurlaub zusammen in dem Bergdorf Sulden in Südtirol verbrachten. An jenem Tag sind sie durch das idyllische Rosimtal über einen Steig weiter zum Rosimboden gewandert. Eine herrliche, großflächige Ebene, von kleinen Bächlein durchzogen, mit einem imposanten Ausblick. Auf dem Foto sitzt er bei schönstem Wetter auf einem kleinen Felsblock, während Erwin die Karte studiert. Im Hintergrund der majestätische Ortler, dessen Spitze sich auch im Sommer schneebedeckt in den Himmel erhebt. Später sind sie durch Geröllhalden hoch zum Rosimgletscher gestiegen. Links des Gletschers ging es über Moränenschutt und Felsblöcke hinweg zum steilen Südhang der Vertainspitze, von hier galt es noch den mühevollen Aufstieg bis zum Gipfelkreuz zu überwinden, wo sie mit einem grandiosen Ausblick belohnt wurden.

Zu später Stunde zündet er sich eine Zigarre an, dann öffnet er die Flügeltüren und tritt auf die Terrasse. Die Luft ist sehr kalt und klar, wie schon die vergangenen Tage. Eine trockene Kälte allerdings, die sich gut aushalten lässt. Niederschlag hat es bereits länger nicht gegeben. So schön die Sternennacht auch aussieht, in diesen Zeiten hat der klare Himmel immer einen bedrohlichen Aspekt. Zuletzt konnten sie oben fast täglich die meist nach Berlin fliegenden Bomberverbände ziehen sehen.

Am Morgen des ersten Weihnachtsfeiertages schlafen sie etwas länger als gewöhnlich. Klirrend kalt ist es noch immer. Die Scheibe des Schlafzimmerfensters ist am Morgen nahezu komplett mit den schönsten Eisblumen bedeckt. Ein wunderbares Beispiel von Resublimation, wie man in der Thermodynamik das unmittelbare Übergehen eines Stoffes vom gasförmigen in den festen Aggregatzustand nennt. Bereits als Kind haben ihn Eisblumen und ihre Entstehung fasziniert: Umso kälter die Luft im Zimmer ist, desto weniger Wasser kann sie aufnehmen. Sinkt die Innentemperatur direkt am Fenster unter den Gefrierpunkt, kann das gasförmige Wasser aus der Luft direkt auf der Scheibe gefrieren, ohne, wie sonst, zunächst flüssig zu werden. Dabei lagern sich an einen Kristallisationskern, zum Beispiel einer winzigen Unebenheit oder einem Staubkorn auf der Scheibe, immer mehr Wassermoleküle an. Interessanterweise formt sich das kristallisierende Wasser jedes Mal zu völlig verschiedenen Gebilden aus, wie ihm auch heute wieder auffällt. Sechseckige, blumenartige Formen, die, wie Schneeflocken, auf der hexagonalen Symmetrie beruhen, mischen sich mit baumähnlich verzweigten Strukturen. Sicher spielen Temperaturänderungen sowie die Höhe der Luftfeuchtigkeit dabei eine Rolle, denkt er, aber was sich letztendlich wie genau auswirkt, bleibt ein physikalisches Würfelspiel.

Als er das Esszimmer betritt, deckt Fräulein Frieda gerade den Frühstückstisch. Die Sonne strahlt von einem wolkenlosen Himmel herab, hinter den Flügeltüren der Terrasse sieht man in der Ferne das Wasser der Elbe im Sonnenlicht funkeln.

«Herrliches Wetter!», sagt er, nachdem er ihr einen guten Morgen gewünscht hat.

Fräulein Frieda stellt die Teekanne auf dem Esstisch ab und atmet hörbar laut aus.

Mit Blick aus dem Fenster meint sie: «Ich vermisse den Schnee. Grüne Weihnacht füllt den Friedhof.»

Das Geschenk

Mit großem Bangen hat er dem Weihnachtsfest entgegengesehen. Dieser heiligen Zeit, die er als Kind so sehr herbeigesehnt hat. Und heute, am ersten Weihnachtsfeiertag, muss er über sich selber schmunzeln. Über seinen furchtsamen Verstand, dem er immer wieder auf den Leim geht. Wenn er eines gelernt hat in dieser Zeit, dann, dass die Dinge meist anders kommen, als man denkt. Und dass es gilt, sich den Umständen des Daseins hinzugeben, so wie diese Umstände nun mal sind. Seien sie, wie sie wollen.

Wenn er es so recht bedenkt, hat er gestern einen der schönsten Heiligabende seines Lebens verbracht. Mittags hat Pfarrer Poelchau für die Gefangenen eine erbauende Andacht gehalten, an der sogar das Totenhaus teilnehmen durfte. Er kann sich nicht erinnern, dass eine Gemeinde jemals so an den Lippen eines Predigers hing. Und Lieder haben sie gesungen, dass es am Ende wohl keinen gab, dessen Herz sich nicht öffnete. Ganz unabhängig davon, wie es um seinen Glauben stand.

Als er wieder weggeschlossen wurde, hat er die Kerze angezündet, die ihm Nelly hatte zukommen lassen. Sein Freund Moltke hat ihm ein Stück von seinem Tannenzweig abgebrochen, als Schmuck für seine Zelle. An die Wand über den

Tisch hat er den kleinen roten Stern gehängt, den ihm Liesel aus Buntpapier gebastelt hat.

Dann hat er laut die Weihnachtsgeschichte gelesen und keinerlei Traurigkeit verspürt. Von Dankbarkeit erfüllt war er, dass er dieses Weihnachtsfest erleben darf.

Ganz dunkel ist es draußen gewesen, der Himmel wolkenverhangen. Er hat ein paar Tannennadeln in die Kerzenflamme gehalten, und es duftete, dass er sich bis nach Hause unter den Weihnachtsbaum träumen konnte.

Kurz vor dem Zubettgehen hat er schließlich noch eine Entdeckung gemacht. Wenn man fast nichts mehr besitzt, werden die kleinsten Dinge zu wahren Schätzen.

Auf den ersten Blick dachte er, es wären kleine Kieselsteine, die irgendein fernes Gewässer vor langer Zeit so hübsch rund gewaschen hat. Liebevoll sieht er auf die Kügelchen in seiner Hand: Cremefarben sind sie, leicht gesprenkelt, von einem zarten Glanz. Wenn er sie länger betrachtet, bilden manche der winzigen Tupfer kleine Gesichter. Später hatte er bemerkt, dass sie alle eine feine gerade Naht besitzen, und da ist ihm klar geworden, was er dort an Heiligabend in seiner Todeszelle entdeckt hat: Samen. Was für Samen, das weiß er zwar nicht. Und ob er es jemals erfahren wird, das steht in den Sternen. Aber das ist auch ganz unwichtig. Fest steht, dass es winzige Kostbarkeiten sind, die er gefunden hat, sieben Stück an der Zahl. Und vielleicht kommen ja noch ein, zwei hinzu.

Im schummrigen Licht der Zellenbeleuchtung sitzt er auf seinem Stuhl, vor ihm ein großer Sack, und liest gelbe Erbsen aus: eine Arbeit, die ihm und den anderen in den letzten Tagen zugeteilt wurde. Und ein großes Geschenk, gleich in mehrfacher Hinsicht. Es ist nicht nur eine willkommene Abwechslung, sondern auch von den Schmerzen in den Handgelenken kann er sich etwas erholen. Für die Arbeit werden ihm täglich für ein paar Stunden die Fesseln abgenommen.

Erstaunlich, wie frei man sich in einer kleinen, kalten Zelle plötzlich fühlen kann! Das Leben ist eine Frage der Gewohnheiten. Außerdem ist er die letzten Tage nicht mehr hungrig zu Bett gegangen: Bisher ist es nicht aufgefallen, dass er sich täglich eine Handvoll Erbsen aus dem riesigen Sack abzweigt. Im Wasserkrug lässt er sie verschwinden, wo sie in Ruhe quellen können, damit er sie am nächsten Tag verspeisen kann. Man darf nur nicht vergessen, sie rechtzeitig herauszufischen, bevor der Kalfaktor am Morgen die Zelle betritt, um den Krug neu zu füllen.

Zu guter Letzt hat er dann beim Auslesen diese hübschen Kügelchen entdeckt. Ihm unbekannte Samen irgendeiner Pflanze. Die anderswo, an einem normalen Ort, als Unkrautsamen aussortiert würden.

Aber gibt es das überhaupt, Unkraut?, fragt er sich. Ihn selbst hat man bei den Verhören ein «widerwärtiges Subjekt» genannt. Und beim Prozess vor dem Volksgerichtshof vor zwei Monaten hat Freisler in seiner blutroten Robe ihn angebrüllt. «Ein Unmensch» sei er, hat Freisler mit wutverzerrtem Gesicht geschrien, bevor er ihn zum Tode verurteilte.

Er blickt auf die hübschen Kügelchen in seiner Hand. In wenigen Tagen, am 2. Januar, hat Nelly Geburtstag. Und jetzt hat er ein Geschenk für sie erhalten.

Vielleicht sind diese Samen das Einzige, was von ihm übrig bleibt. Aber zumindest hat er etwas, das er seiner Frau schenken kann. Etwas Lebendiges, das wachsen und gedeihen wird. Etwas, das bleibt.

Allein unter vielen

Gustav hat gestern staunend behauptet, so einen riesigen Tannenbaum habe er noch nie in seinem Leben gesehen. Solch eine mächtige Tanne gäbe es nur im Burghölzli. Dabei ist das Quatsch. Gustav ist nur sehr lange in keinem Wald mehr gewesen.

Aber sehr groß ist der Weihnachtsbaum schon, den man im Festsaal des Burghölzli aufgestellt hat: Der goldene Weihnachtsstern an seiner Spitze kratzte beinahe an der Decke des hohen Saales. Das elektrische Licht wurde gelöscht, der Raum war nur durch die zahlreichen Kerzen erhellt, mit denen man die Zweige des prachtvollen Baumes bis unterhalb der Spitze bestückt hatte. Die Flammen der Kerzen spiegelten sich im Silberpapier der kunstvoll gefalteten Sterne, die man an die Zweige des Baumes gehängt hatte. Tagelang hatten die Patienten, die in der Stanniolsortiererei beschäftigt sind, am Christbaumschmuck gearbeitet. Das Ergebnis konnte sich wirklich sehen lassen.

Rund um den Baum waren drei große Tische drapiert, auf denen sich die eingepackten Geschenke stapelten. Richtig festlich sah es aus, und der Saal war erfüllt vom Duft der Tannennadeln.

Am Kopfende hatte sich der gemischte Chor aufgebaut,

der sowohl aus Patienten wie aus Wartpersonal bestand. Hänschen stand in der ersten Reihe, in einem frisch gestärkten weißen Hemd, das Haar sorgsam gescheitelt. Rechts von ihm die magere Sophia, eine junge Patientin, die als mannstoll gilt. Eduard mag sie trotzdem, auch weil sie ihm des Öfteren aus der Ferne zulächelt, wobei er an diesem schüchternen Lächeln nichts Anrüchiges finden kann. Seit Monaten verweigerte Sophia jegliche Nahrung und musste mit dem Schlundrohr ernährt werden, weshalb sie von den Wärterinnen recht grob behandelt wurde. Denn der damit verbundene Arbeitsaufwand hatte die Wärterinnen zunehmend verärgert. Zu Hänschens linker Seite stand die kräftige Frau Alberta, die von allen gefürchtete Oberwärterin. Direkt neben dem Chor war der Flügel platziert, an dem Eduard geduldig auf seinen Einsatz wartete.

Ansonsten gab es die übliche Geschlechterteilung unter den Insassen: Die männlichen Patienten hatten gemeinsam mit ihren Angehörigen auf der rechten Seite des Raumes Platz genommen, die Patientinnen auf der linken. Eine andächtige und zugleich erwartungsvoll angespannte Stimmung herrschte im Saal. Ein gedämpftes, aufgeregtes Raunen und Wispern war zu vernehmen, fast so wie früher, als er noch ein Kind gewesen war.

Alles andere als selbstverständlich war es, an dieser Weihnachtsfeier überhaupt teilnehmen zu dürfen. Nicht einmal ein Viertel der Bewohner, nur knapp einhundertzwanzig Patienten, hatte das Wartpersonal aus der gesamten Belegschaft dazu auserwählt. Vorwiegend kamen sie aus der Abteilung der Ruhigen, ein paar wenige aus der Abteilung der Halbruhigen. Von den Unruhigen hatte es selbstredend niemand geschafft. Aber das war klar gewesen.

Am Morgen hatte der kahle Heinrich aus Eduards Schlaf-saal bitterlich geweint, weil ihm der Oberwärter die Teilnahme kurzfristig doch noch versagt hatte.

«Warum denn? Warum denn nur?», hatte er flehentlich gerufen und mit der Stirn gegen die Tischplatte geschlagen. Der Oberwärter war schließlich rot angelaufen, hatte den Kopf geschüttelt und nur gemeint, wer derart selbstbefleckt sei, habe auf einer Christvesper nichts verloren.

Als dann der strenge Anstaltspfarrer, Pastor Meisner, sich erhob und vor den Chor trat, schwoll das erwartungsvolle Raunen im Saal an. Schließlich gab der Pfarrer den Einsatz, und der Chor sang vierstimmig «Es ist ein Ros' entsprungen». Teilweise recht schief, aber was will man machen. Eduard saß weiter abwartend am Flügel, bemüht, sich seine Aufregung nicht anmerken zu lassen. Er wischte sich die feuchten Hände an den Hosenbeinen ab, während er mit den Augen immer wieder die Menge nach der Mutter absuchte. Erst als die Tür sich unvermittelt noch einmal öffnete und eine kleine, zierliche Frauengestalt hineinschlüpfte, die beim Gehen das linke Bein nachzog, war er beruhigt.

Als der Chor verstummte, las Pastor Meisner die Weihnachtsgeschichte vor, mit seiner etwas getragenen Fistelstimme. Vollkommen still war es im Saal, alles lauschte andächtig. Selbst der liebe Gott, der inmitten des Chores in der Reihe hinter Hänschen stand, mit einem seltsamen Grinsen im Gesicht. Nur als Pastor Meisner an die Stelle kam, an der Maria das neugeborene Jesuskind in die Krippe eines Schäferstalls legte, weil sie keinen Platz in der Herberge gefunden hatte, schluchzte die alte Elsbeth auf. Man ignorierte es, und Elsbeth hatte sich schnell wieder im Griff.

Anschließend traten vier Engel auf, in langen weißen Gewändern mit goldenen Flügeln; auf ihren Köpfen trugen sie einen goldenen Reif. Gustavs Mund stand staunend offen, dabei erkannte jeder Blinde, dass es sich um ein paar Wärterinnen aus dem Frauentrakt handelte. Der Reihe nach rezitierten sie die Strophen eines eigens verfassten Gedichtes, bestehend aus unbeholfen leiernden Kreuzreimen. «Heilige Nacht» reimte sich auf «eilige Wacht», der «liebe Gott verwehrte Hiebe und Spott», kurzum: Eduards Ohren waren rot angelaufen vor Scham, während er tonlos am Flügel verharrte. Der Applaus fiel dann auch eher spärlich aus und kam wesentlich aus den Reihen des männlichen Wartpersonals sowie der Ärzteschaft.

Als die Engel von der Bühne traten, erhob sich Direktor Bleuler. Er hielt eine Rede, in der er von dem Glück sprach, in Kriegszeiten in der friedlichen Schweiz zu sitzen. Wohlbehütet, während in der Welt das Elend tobe. Da in Kürze der fünfundsiebzigste Geburtstag des Burghölzli bevorstünde, habe er sich entschlossen, einen kurzen Abriss der Geschichte der Heilanstalt zu geben. Wobei er betonte, dass erst mit der Eröffnung im Jahre 1870 des nun in aller Welt berühmten Burghölzli den Geisteskranken eine angemessene Behandlung widerfahren sei. Schon das Gebäude sei sehr umsichtig nach modernsten damaligen Erkenntnissen geplant worden, mit Unterstützung des Frankfurter Psychiaters Dr. Heinrich Hoffmann, der allen bekannt sei als Verfasser und Zeichner des wohl berühmtesten Kinderbuches der Welt, des «Struwwelpeter».

Franz lachte daraufhin blöde, ein paar andere stimmten mit ein. Eduard hingegen fand es gar nicht lustig, denn die Struwwelpeter-Geschichten hatten ihn aufgrund ihrer Brutalität schon als Kind zutiefst erschreckt.

Bereits der erste Burghölzli-Direktor, fuhr Bleuler fort,

sei ein Verfechter des «No Restraint»-Systems» gewesen, sprich, ein erklärter Gegner von Gewaltanwendung gegen die Kranken. Jetzt horchten wieder alle auf. Bleuler fuhr fort, dass es früher üblich gewesen sei, dass man die Irren schwer geschlagen habe. Heute hingegen pflege man einen menschlichen Umgang und verfüge über zahlreiche weitere Errungenschaften und neuartige Behandlungsmethoden. Und auch wenn man noch nicht jedem Kranken helfen könne, stünden wegweisende Erfolge in der Forschung bereits unmittelbar bevor und würden bald auch am Burghölzli Einzug halten, beispielsweise mit der modernen Psychochirurgie.

Das sind die Löcher im Schädel, die wir alle bekommen sollen, dachte Eduard und erschauderte. Das also war der Grund, warum der Direktor länger als gewöhnlich sprach, er wollte den Patienten und wohl mehr noch den Angehörigen die neuen Behandlungsmethoden schmackhaft machen. Das war nur logisch, denn jede Behandlung war teuer, und zahlen mussten in der Regel die Angehörigen. Es sei denn, sie waren bedürftig, dann sprang unter Umständen der Kanton mit ein.

Die Mutter war zwar nicht bedürftig, aber den Großteil des Nobelpreisgeldes, das der Vater ihr nach erheblichem Streit seinerzeit zugebilligt hatte, damit sie der Scheidung zustimmte, hatte sie über die Jahre bereits im gierigen Schlund der Kantonalen Heilanstalt Burghölzli versenkt. Die vielen Jahre Eduards immerwährender Behandlungen hatten die Mutter allmählich an den Rand ihrer finanziellen Möglichkeiten gebracht.

Löcher im Schädel sollst du bekommen!, vermeldete die Stimme in seinem Kopf.

Goldene Löcher!, lachte eine weitere.

Nun, schöne Schädellöcher sind eben teuer!, darauf die erstere.

«Edi!», zischte Hänschen von der Seite.

Fast hätte Eduard seinen Einsatz verpasst. Pastor Meisner guckte grimmig, als Eduard etwas überstürzt in die Tasten fasste. Wenn er ganz bei Trost war, ging ihm das Klavierspiel leicht von der Hand. Selbst schwierigste Stücke spielte er dann fehlerlos vom Blatt. Nur wenn er seine Zustände hatte, wenn die Stimmen im Kopf immer lauter und zahlreicher wurden, wuchs der Drang, sie zu übertönen, ins Unermessliche. So sehr, dass er früher, in der mütterlichen Wohnung in der Huttenstraße, manchmal beidhändig wild auf das Piano eingehämmert hatte. Bis die Nachbarn kamen und sich beschwerten: Ob er denn verrückt geworden sei?

Aber an diesem Heiligen Abend, kaum dass er begonnen hatte zu spielen, trug die Musik ihn davon. Die Stimmen in seinem Kopf verstummten, und wenn er den Blick beim Spielen hob, sah er die vielen Sterne des Weihnachtsbaumes im Kerzenlicht funkeln, und ihm war, als ob die heiligen Engel, aber die echten Engel, im Saale umherflögen und alle segneten.

Er spielte einige Intermezzi von Johannes Brahms. Der anschließende Applaus erfüllte ihn mit Stolz, und er bedauerte lediglich, dass er durch seinen Auftritt noch etwas weniger Zeit als ohnehin schon mit der Mutter verbringen konnte.

Nach der Darbietung hatte die Mutter ihn mit leuchtenden Augen herzlich umarmt, wenngleich sie sonst einen etwas müden und abgekämpften Eindruck auf ihn machte. Als sie nebeneinander an der großen Tafel saßen, hatte er sie schließlich gefragt, warum sie seine Briefe nicht beantwortet hatte. Dabei stellte sich heraus, dass sie auch seine letzten Briefe nicht erhalten hatte. Es war eigenartig: Obwohl man im Burghölzli stets Briefpapier ausgehändigt bekam, erreichten die abgegebenen Briefe ihre Adressaten in der Regel nicht. Stattdessen stellte man immer wieder fest, dass Ärzte und Wartpersonal bestens über deren Inhalte unterrichtet waren. Er konnte sich des Eindruckes nicht erwehren, er schriebe die Briefe im Wesentlichen für die Krankenakte.

Schlussendlich folgte die große Bescherung: Die Engel-Wärterinnen, vom lieben Gott kritisch beäugt, verteilten in Windeseile kleine und große Pakete. Dutzende Teller mit Konfekt, Obst und frisch gebackenen Guetzli reichten sie den gierig ausgestreckten Händen. Und ehe man sich's versah, wurde überall geknuspert, geschleckt und geknabbert. Wie Kinder hielten sie ihre Teller fest auf den Knien und schoben sich all die Zimtsternli, Spitzbueben, Vanillehörnli und Totenbeinli in den Mund. Sie naschten ihr Konfekt, schleckten Lakritzstangen und knabberten Nüsse, als gäbe es kein Morgen.

Der Mutter hatte Eduard als Weihnachtsgeschenk einen Korb überreicht, den er kürzlich angefertigt hatte. Geschämt hatte er sich, denn es war nicht der erste. Was sollte die Mutter mit all den Körben schon anfangen? Dass sie sich aufrichtig freute, hatte es indes nicht besser gemacht. Zumindest hatte er unter das Tüchlein, das er in den Korb hineingelegt hatte, noch einen schönen Bogen Papier mit einem selbst verfassten Gedicht geschoben, das würde sie zu Hause irgendwann finden.

Als er schließlich das in Seidenpapier eingeschlagene Geschenk der Mutter auspackte, war er erschrocken. Auch wenn er es nicht zugeben wollte, bereitete es ihm Freude und Schmerzen zugleich. Es erinnerte ihn an früher, an sein ungelebtes Leben, an die viele Zeit, die inzwischen vergangen war.

«Nun danket alle Gott mit Herzen, Mund und Händen», hat der Chor zum Abschluss eingesetzt, und alle stimmten mit ein. Vereinzelt etwas krächzend, aber durchaus mit Inbrunst, sangen sie sämtliche drei Strophen, dann löste sich die Festgemeinschaft friedlich, nur fast etwas überstürzt auf. Die Patienten verschwanden mit ihren Tellern und Päckchen in den weitläufigen Gängen des Gebäudes, vom Wartpersonal begleitet. Und die Angehörigen strömten nach draußen.

Zum Abschied hat er gar nichts sagen müssen.

«Ich frage nochmals nach», hat die Mutter von sich aus gemeint, «ewig kann es ja so nicht weitergehen.»

Geküsst hat sie ihn, hatte gemeint, dass er aussehe wie sein Vater, und gesagt: «Bis bald, mein Tete. Ich denke an dich.»

Eduard sitzt auf seinem Bett, das fünfte auf der linken Seite des Schlafsaals, das Geschenk in seinen Händen.

Zu Weihnachten hat ihm Mutter das neue Buch von Max geschenkt. Sein zweiter Roman. Max ist angekommen. Max hat es geschafft, scheint es.

In helles Leinen gebunden, riecht es noch nach dieser unvergleichlichen Mischung von Druckerschwärze, frischem Papier und Klebstoff. Er liebt den Geruch von neuen Büchern.

Tagsüber gibt es Momente, in denen man im Schlafsaal alleine sein kann. Wie jetzt. Denn das ist einer der größten Nachteile am Leben im Burghölzli: dass man selten alleine ist. Aber im beständigen Alleinsein. Gerade das macht es so unendlich einsam. Fast jeder hier ist mit sich alleine. Fast jeder hier lebt in seiner eigenen Welt, mehr oder weniger. Und gleichzeitig sind sie so viele auf einem Haufen. Dadurch fühlt man sich noch einsamer. Verloren unter seinesgleichen.

Gut funfhundert Patienten leben im Burghölzli, deutlich mehr Männer als Frauen. Wobei es sogar Zeiten gab, da war die Anzahl der Männer doppelt so hoch wie die der Frauen. Männer sind das verrücktere Geschlecht, scheint es.

Nachts kann man obendrein schlecht schlafen. Wobei das Schnarchen noch das geringste Problem ist. Immer schluchzt irgendwer, redet oder schimpft im Schlaf. Oder er hört das rhythmische Schlagen gegen die Bettdecke vom kahlen Heinrich, zwei Betten weiter. Unterlegt von seinem zittrigen Schnaufen. Der kahle Heinrich onaniert ständig. Obwohl es verboten ist. Der Oberwärter hat sich deshalb schon häufiger beschwert. Wenn er nicht aufpasst, der Heinrich, wird er womöglich kastriert werden.

Da ist ein neues Buch ein guter Begleiter. Er mustert den leinenen Einband. «Atlantis» steht klein eingeprägt unten auf dem Buchrücken. Ein Verlag, den Eduard schon allein aufgrund des schönen Namens mag. Inzwischen ist der Atlantis Verlag vor den Nazis geflohen, von Berlin nach Zürich übergesiedelt, und verlegt vornehmlich Schweizer Autoren.

Max hat es also geschafft. Früher hatte Max immer an sich gezweifelt, war voller Bedenken, die künstlerische Laufbahn einzuschlagen. Zu ungewiss. Zu zehrend. Zu viele Hürden.

Ziemlich genau sechzehn Jahre ist es her, da haben sie noch gemeinsam vom Schriftstellerdasein geträumt. Beim F. M. V. haben sie sich kennengelernt, dem «Freiwilligen Militärischen Vorunterricht». Dabei hielt er, genau wie Max, überhaupt nichts vom Soldatendasein. Aber die Mutter war der Meinung gewesen, körperliche Ertüchtigung tue ihm gut. Und auch der Charakterbildung sei der militärische Vorunterricht durchaus zuträglich. Letztendlich aber war Max der Grund gewesen, warum er am Ende seiner Gymnasialzeit an den samstäglichen Nachmittagen gern und regelmäßig den Vorunterricht besuchte. Nach dem Exerzieren, dem regelmäßigen Wettschießen und zahlreichen anstrengenden Leibesübungen führten Max und er auf dem Nachhauseweg ausführliche literarische und philosophische Debatten. Sie diskutierten über die Vergabe des Literatur-Nobelpreises an den französischen Philosophen Henri Bergson im Vorjahr und lasen beide parallel Hermann Hesses frisch erschienenen Roman «Der Steppenwolf». Einmal brachte ihm Max das schmale Manuskript des neuen Stückes von Bertolt Brecht mit, von dem ganz Berlin sprach, nach einer angeblich grandiosen Premiere: «Die Dreigroschenoper». Nach der Lektüre waren sie beide eher enttäuscht gewesen.

Manchmal diskutierten sie auch über die neuen psychologischen Ansätze von Sigmund Freud und Carl Gustav Jung. Letzterer hatte im Übrigen lange Zeit am Burghölzli praktiziert und geforscht. Max interessierte sich ebenfalls für sämtliche Tiefen und Untiefen der menschlichen Natur. Und auch wenn sie nicht direkt darüber sprachen, so wurde doch deutlich, dass der neu gewonnene Freund ein ähnlich schwieriges Verhältnis zu seinem Vater hatte wie Eduard.

Während des einwöchigen Ferienlagers absolvierten sie gemeinsam anstrengende Fußmärsche. Wenn sie abends erschöpft, aber glücklich im Schlafraum einer einfachen Unterkunft lagen, hielten sie ihre Eindrücke und Erlebnisse in kleinen literarischen Ergüssen fest. Während er selbst stets zur Lyrik tendierte, tat sich der Freund als Dramatiker hervor und verfasste im Verlauf der Abende einen kleinen Dreiakter. Zu später Stunde lasen sie sich flüsternd gegenseitig ihre Texte vor, diskutierten das Verfasste und machten einander Verbesserungsvorschläge.

An einem Abend im November 1928 war es schließlich so weit: Es fand der Familienabend des F. M. V. statt, zu dem sämtliche Angehörige eingeladen wurden. Die ganze Gruppe hatte eine kleine Revue in Szene gesetzt. Eduard trug in den Zwischenpausen seine Gedichte vor, deren Ironie für zahlreiche Lacher sorgte. Und deren zarte Melancholie die Herzen rührte. Die Kollegen spielten den von Max verfassten Dreiakter, und der Abend wurde ein großer Erfolg. Stolz hatte seine Mutter in der ersten Reihe gesessen, ihre dunklen Augen glänzten feucht, und beim Applaus hatte sie sich schnäuzen müssen.

Er lässt die Seiten des druckfrischen Buches durch seine Finger rauschen. Hinten hat die Mutter ihm noch einen Zeitungsartikel hineingelegt. Eine Rezension des Romans aus der *Neuen Zürcher Zeitung*. «J'adore ce qui me brûle oder Die Schwierigen». Wobei Eduard der französische Titel besser gefällt, weil tiefgründiger: Man kann ihn wahlweise als «Ich liebe, was mich entflammt» oder als «Ich liebe, was mich verbrennt» übersetzen. «Die Schwierigen» ist im Vergleich doch etwas flach. Der Feuilletonchef Eduard Korrodi schwärmt geradezu von Max Frisch. Sein Fazit: «Der Roman glänzt aus der Milchstraße schweizerischen Sternensegens heraus.»

Ja, Max hat es geschafft.

Eduard sieht aus dem Fenster. Ähnlich nasskalt wie heute ist es damals gewesen. Nach der Aufführung hatte Max ihn zur Seite genommen. Sie standen im Halbdunkel unweit der Straßenlaterne und rauchten. Der feine Niederschlag sah im Licht der Laterne aus wie Goldregen. Mit ernstem Gesicht hatte Max ihn angesehen, hatte ihn schließlich sanft an den Schultern gefasst und gemeint: «Wenn einer das Zeug dazu hat, dann du, Edi. Du wirst einmal ein richtiger Schriftsteller, glaub mir.»

Aber «das Zeug dazu haben» war nur ein Aspekt unter vielen. Und schon damals hatte er diese Vorahnung gehabt. Hatte tief in sich gewusst, dass es anders kommen würde.

«Mal sehen», hatte er geantwortet und verlegen gegrinst.

Amorbach

2. Januar 1945, Berlin, Winklerstraße

Meine geliebte Nelly,

zu deinem heutigen Geburtstag gratuliere ich dir von ganzem Herzen und feiere mit dir!

Ich denke nur an dich. Ich feiere die schöne Zeit, die ich mit dir verbringen durfte, den langen Weg, den wir gemeinsam gegangen sind. Und immer weiter gehen werden, ob nun auf Erden oder im Himmel.

Anbei mein kleines Geschenk. Es wurde mir am Heiligen Abend vom Christkind geschickt. Wie ich mir diese kleinen unscheinbaren Kügelchen betrachtet habe und mir allmählich klar wurde, dass sie voller Leben stecken, war ich zutiefst berührt.

Ich habe einen Wunsch: Dass du diese hübschen Samen einpflanzt, wenn ich nicht mehr da bin. An einem schönen Ort – dir wird gewiss einer einfallen –, an dem du an mich denken magst. Wo ich doch kein Grab haben werde, kann ich zumindest in dieser Form bei und mit dir sein.

Vielleicht werden sie irgendwann blühen, vielleicht werden sie Bienen und Schmetterlinge anlocken. Oder Blattläuse, die dann Marienkäfer anlocken, die du so gerne magst. Vielleicht werden sie aber auch blütenlos sein, stattdessen mit Stacheln oder Dornen geschmückt. Aber Schmuck ist schon immer eine Frage des Geschmacks gewesen. Zum

Glück, denn sonst hätte ich es als schmuckloser Mensch mit Segelohren und Halbglatze wohl kaum an deine Seite geschafft.

Lebe froh und heiter, besonders heute!

Dein Mops

Liebevoll betrachtet sie die cremefarbenen Kügelchen, die in einer Streichholzschachtel liegen.

Dann fällt ihr Blick auf das Foto, das vor ihr auf dem Schreibtisch steht: sie beide im Urlaub am Comer See. Daneben ein Porträt von Erwin, das am selben Tag entstand. Hinter einer Säule schaut er hervor, ernster Blick, hohe Stirn, das Haar vom Baden nass. Auf beiden Seiten des Hinterkopfes hat er sich jeweils eine Haarsträhne aufgezwirbelt, wie kleine Teufelshörner stehen sie in die Luft. Lachen musste sie damals, verzweifelt bemüht, das Bild nicht zu verwackeln, als sie den Auslöser drückte.

Gereist sind sie viel, in all den Jahren. Fast zwanzig Jahre ist es her, da kauften sie sich ihr erstes Automobil, einen 4/20er-Fiat, mit dem sie regelmäßig übers Wochenende Ausfahrten machten, häufig in Begleitung ihrer Schwester und des Schwagers. Ganz andere Zeiten waren das gewesen, Erwin noch in der Politik tätig, in der Reichskanzlei. Die Autos rollten damals recht unzuverlässig auf den im Berliner Umland selten asphaltierten Straßen, Reichsautobahnen gab es noch nicht. Was hatten sie nicht alles für verrückte Situationen erlebt, mit unzähligen Reifenpannen, einem lecken Kühler und den ständigen Vergaserproblemen – eine der Kinderkrankheiten des 4/20er.

Oft fuhren sie im Urlaub auf den Grundnerhof am Tegernsee, von wo aus sie mit den Schwiegereltern regelmäßig zu

Bergtouren aufbrachen. Später unternahmen sie in den Sommerferien mehrwöchige Reisen nach Italien. Einmal sogar mit dem Flugzeug, mit einer Junkers Ju 52 flogen sie nach Rom. Erwin verdiente inzwischen als Staatssekretär sehr gut und hatte ihr die Reise zum Geburtstag geschenkt. Er hatte seiner technikbegeisterten Frau eine Überraschung bereiten wollen, was ihm selbstverständlich gelungen war. Sensationelle drei Stunden und siebenundzwanzig Minuten benötigte der Flieger von München bis zur Landung in Rom, wo sie vom deutschen Botschafter empfangen wurden.

Sie betrachtet Erwins Foto. Als «Handlanger des Teufels» hatte der Präsident des Volksgerichtshofes ihn beschimpft, bevor er das Todesurteil sprach, hatte ihr Erwin geschrieben.

Noch immer kann sie es nicht recht glauben, obschon die Sorge immer da gewesen war. Häufig hatte Erwin sie gewarnt, dass seine Arbeit im Widerstand gefährlich sei, dass es jederzeit ein ungutes Ende nehmen könne.

Bereits auf ihrer letzten gemeinsamen Reise, vergangenes Jahr an Pfingsten, hatte sie gedacht, das Ende sei nah. Nun gebe es keinen Ausweg mehr. Schlussendlich war es der Chef gewesen, der sie alle gerettet hatte.

In das Städtchen Amorbach hatte ihre Tour geführt, im bayerischen Odenwald. Max und Marga Planck pflegten an diesem beschaulichen Ort Urlaub zu machen, Erwin und Nelly hatten sie häufig dort besucht. Im letzten Mai allerdings, als die Schwiegereltern wieder einmal zur Erholung dort weilten, ereilte Nelly ein Notruf aus dem Odenwald: Marga war verzweifelt, denn plötzliche, erst leichte Schmerzen ihres Mannes, die vor einiger Zeit begonnen hatten, hatten in den letzten Tagen erheblich zugenommen. Der Grund dafür war vom örtlichen Arzt zwar erkannt worden – es handelte sich um einen Leistenbruch –, eine Operation lehnte der Arzt jedoch ab. Diese Verantwortung wollte er, aufgrund des hohen Alters seines Patienten, keinesfalls übernehmen. Und so hatten Erwin und Nelly schließlich Sauerbruch um Hilfe gefragt, denn ein Transport des kranken Schwiegervaters bis ins ferne Berlin schien in diesem Zustand unmöglich. Wie stets in solchen Angelegenheiten fackelte der Chef nicht lange: Selbstverständlich operiere er seinen alten Freund persönlich, hatte er umgehend erklärt. Und Frau Fritsch, seine treue Sekretärin, hatte er gebeten, alles möglichst rasch zu organisieren. Keine Woche später waren sie alle bereit zur Abfahrt gewesen. Die Reise wurde inzwischen noch etwas weiter geplant.

Knapp sechshundert Kilometer waren es bis ins unterfränkische Amorbach. Um sicher vor der Verdunkelung anzukommen, hatten sie sich um sieben Uhr morgens bei Sauerbruchs in der Herthastraße getroffen: Neben Erwin und Nelly noch der Fahrer, ein freundlicher älterer Herr, den Nelly bereits kannte. Außerdem Sauerbruchs Assistent, Adolphe Jung, dem der Chef versprochen hatte, dass er bei der Weiterreise in die Schweiz einen Abstecher zu seiner Familie in Straßburg machen dürfe. Sauerbruch selbst sollte in Zürich einen Diplomaten operieren, wodurch er die Reise überhaupt offiziell genehmigt bekommen hatte. Nebst dem erforderlichen Sprit, was in der Regel das größere Problem war. Nelly und Erwin sollten in Amorbach bleiben, wo Sauerbruch sie auf dem Rückweg von Zürich wieder aufnehmen wollte. Neben dem Chef stand außerdem noch dessen Ehefrau Margot zur Abfahrt bereit. Auch wenn der Wagen damit recht voll werden würde, freute sich Nelly, dass Margot mitkam, denn sie war nicht nur eine reizende Kollegin und glänzende Chirurgin, sondern hatte nebenbei auch noch die überaus angenehme Eigenschaft, eine kalmierende Wirkung auf ihren Mann zu haben. In ihrer Gegenwart am OP-Tisch blieben seine temperamentvollen Ausbrüche zwar nicht völlig aus, verliefen jedoch in der Regel deutlich milder. Wobei das an diesem Wochenende nicht außerordentlich ins Gewicht fallen sollte, denn der Chef war offensichtlich in einer Hochphase.

«Nelly in Begleitung unserer Blutreserve», begrüßte er sie beide humorvoll und schlug Erwin lachend auf die Schulter. Der Chef trug seine graue Wehrmachtsuniform, es war die eines Generalarztes, wie immer auf Reisen, denn wie er meinte, könne einem «in diesen verrückten Zeiten dadurch manch unangenehme Situation erspart bleiben». Im Hof stand ein nagelneuer Mercedes 170 V. «Den hat uns Margot extra für unsere Unternehmung organisiert», präsentierte Sauerbruch stolz den Wagen, indem er sogleich die rechte Fondtür öffnete, während der Fahrer ihr Gepäck auf der Kofferbrücke verstaute, da der Kofferraum bereits voll war.

«Nelly, du nimmst hinten rechts Platz. Wie ich gehört habe, ist das der sicherste Platz in einem Kraftwagen. Und Ihre Frau», ergänzte er, an Erwin gewandt, «ist die Wichtigste von uns: Sie durchschaut nämlich prinzipiell alles. Auch ohne Röntgenapparat.» Er lachte wieder. Margot setzte sich neben Nelly, dann folgten Erwin und zuletzt Adolphe Jung; eingepfercht saßen sie auf der Rückbank.

Der Chef selbst nahm vorne neben dem Chauffeur Platz, auf der langen Fahrt wollten sich die beiden hin und wieder abwechseln. Als sie auf die Avus fuhren, bemerkte Nelly, dass die Robinien rechts und links der Straße bereits in voller Blüte standen. Schafe weideten auf den Wiesen, die sich dahinter erstreckten, und als sie die ersten Felder erreichten, freute sie sich über den Klatschmohn, der die Feldränder mit roten Tupfern durchsetzte.

Wenn Sauerbruch, wie an diesem Donnerstagmorgen, gut gelaunt war, erzählte er unermüdlich Anekdoten. Nelly kannte die Geschichten zum Großteil bereits, aber da er sie jedes Mal mit neuen Details ausschmückte, wie von einem Ehrgeiz getrieben, sich selbst immer wieder zu übertreffen, war es stets unterhaltsam, ihm zuzuhören.

Kaum hatten sie die Großstadt hinter sich gelassen, verkündete Sauerbruch, wie sehr ihn die märkische Landschaft an ein Gemälde von Max Liebermann erinnere. Und sogleich begann er von dem berühmten Maler zu erzählen, der früher, als er selbst noch am Wannsee gewohnt hatte, sein Nachbar gewesen war. Im Sommer beim Spaziergengehen war er Liebermann regelmäßig begegnet, der in seinem dunkelblauen Leinenanzug, einen großen Panamahut auf dem Kopf, mit seinem Dackel Gassi ging.

«Den Dackel hatte er immer und überall dabei. Eines Tages stehe ich in seinem Atelier, und während Liebermann mir einige Bilder zeigt, rennt das Vieh aufgeregt kläffend durch den Raum. Ich bemühe mich, Liebermann zu folgen, während der bellende Köter meine Aufmerksamkeit auf sich zieht, was seinen Besitzer allerdings nicht im Geringsten zu stören scheint. Schließlich bleibt der Hund neben einem der am Boden abgestellten Ölgemälde stehen: Ein Ross mit Reiterin war darauf zu sehen, am Ostseestrand, im Hintergrund die gischtende Brandung. Der Dackel steht also kläffend davor, und ich sehe noch, wie er plötzlich das Bein hebt und direkt ans Gemälde pisst, mitten in die Brandung! Liebermann blickt auf, geht langsam auf den Hund zu, bückt sich und hebt das Bild hoch, von dessen Goldrahmen es tropft. Aber anstatt zu schimpfen, tätschelt er den kleinen Racker! Dann nickt er, stellt das Bild auf die Staffelei und pinselt genau an die Stelle einen kläffenden Hund hin! Ich habe mir das Bild später immer wieder bei ihm ansehen müssen, es wurde mein Lieblingsgemälde. Denn stellt euch vor: Das Pferd blickt direkt auf den gemalten Köter. Obwohl der, als das Bild entstand, noch gar nicht da war! Was für ein Künstler! Und was für ein Dackel!»

Er schüttelte amüsiert den Kopf. Natürlich lief es wie meist in seinen Erzählungen darauf hinaus, dass Sauerbruch seinen Künstlerfreund eines Tages auch operiert hatte.

«Als Liebermann schon auf dem OP-Tisch liegt», erzählte er, «Mitte achtzig muss er da gewesen sein, er liegt also auf dem Tisch, bereit für die Anästhesie, da sieht er mich auf einmal an, kneift die Augen zusammen und ruft plötzlich aus: ‹Mein Gott, Sauerbruch! Sie haben ja eene Visage! Dit seh ick ja jetzt erst, hier! Aus der Perspektive!› Und dann verlangt er umgehend nach Bleistift und Papier. Den protestierenden Operationsschwestern hält er entgegen: ‹So wat muss man umjehend festhalten, den Moment konservieren. Wer weeß, wie et läuft, vielleicht seh ick den Herrn Jeheimrat nie wieder. Und erst recht nicht von hier!› Ich halte also überrascht inne und warte ab. Liebermann zeichnet und schüttelt dabei immer wieder den Kopf. ‹Eene Visage, unglaublich!›, murmelt er, bis er irgendwann den Stift beiseitelegt und befiehlt: ‹Kann allet weiterjehen. Ick hab Ihre Visage im Jröbsten auf't Papier jebracht. Aber demnächst sitzen Sie mir Modell, Herr Jeheimrat!› Erst dann durfte alles seinen Gang gehen, übrigens ebenfalls eine Hernia inguinalis, die Operation verlief ohne jegliche Komplikationen. Und Liebermann dürfte im selben Alter wie Professor Planck gewesen sein. Aber seinem Befehl musste ich anschließend natürlich Folge leisten, wie man einer Anordnung von Liebermann sich überhaupt nur schwer entziehen konnte. Das spätere Modellsitzen, muss ich sagen, war übrigens erheblich anstrengender als das Operieren!» Er nickte bekräftigend. «Will meinen, sogar anstrengender, als mit mir zu operieren!», damit wandte er sich nach hinten zu seiner Frau und lachte übers ganze Gesicht.

Sauerbruch wusste sehr wohl um seine Marotten: Wenn er in Rage war, hatte er sich nicht unter Kontrolle. Dann warf er Krankenschwestern, Assistenten, Oberärzte, ganz gleich, laut fluchend aus dem Operationssaal. Er sprach sogar fristlose Kündigungen aus, von denen hinterher allerdings in der Regel keine Rede mehr war. Nach getaner Arbeit entschuldigte er sich zwar nicht, aber er lobte die eben noch gescholtenen Mitarbeiter nun plötzlich, häufig in überraschend detaillierter Weise. Und da für jeden spürbar war, dass es ihm in erster Linie immer um die bestmögliche Behandlung seiner Patienten ging, verziehen ihm die meisten.

«Ich glaube, es war eines seiner letzten Ölgemälde, zumindest was Porträts angeht», ergänzte Sauerbruch schließlich. «Das Jahr darauf kam bereits Hitler an die Pumpe, und Liebermann erhielt wenige Monate später Malverbot. Unglaublich!»

Er schüttelte den Kopf, ehe er fortfuhr: «Ein Jahr nach der Machtergreifung traf ich ihn im Romanischen Kaffee: Er saß allein an einem Tisch in der Ecke, ganz in sich versunken, und zeichnete. Selbst der nervöse Dackel lag ruhig unterm Tisch, ganz ohne Gekläffe. Ich sagte: ‹Mensch, Liebermann, lange nicht gesehen, wie geht es Ihnen? Wollen Sie sich zu mir setzen? Es wäre mir eine Freude, Sie zum Essen einladen zu dürfen!› Aber er winkte müde ab. ‹Danke›, entgegnete er trocken, ‹aber heutzutage kann man gar nicht so viel fressen, wie man kotzen möchte.›

Ein Jahr später war er tot. Das Traurigste war: Zu seiner Beerdigung erschien kaum jemand. Die Gestapo hatte Publikum bei der Beerdigung verboten. Kein Würdenträger, kein Abgeordneter der Stadt Berlin, obwohl er doch Ehrenbürger gewesen war! Nicht einmal ein Mitglied der Preußischen Akademie der Künste sprach ein Wort des Abschieds oder Dankes, dabei war er jahrelang deren Präsident gewesen. Solch ein großer Maler, aber keiner hat sich mehr getraut! Daran sieht man, wie es um dieses Land bestellt ist. Immerhin, Käthe Kollwitz war da. Und Ihr Vater übrigens auch!», fügte er, an Erwin gewandt, hinzu.

Inzwischen war es merklich warm geworden im Wagen.

Der Chef besah sich die Armaturen, dann musterte er aufmerksam das Innere des Fahrzeugs und warf einen Blick nach hinten.

«Auch wenn es bei euch etwas zu kuschelig aussieht – erstaunlich viel Platz in diesem Wagen! Von außen betrachtet, wirkt dieser Typ Mercedes immer kleiner, als er ist. Nelly, du bist doch Automobilexpertin. Wie kommt das?»

«Das liegt am längeren Radstand im Vergleich zum Vorgängermodell, Herr Professor.»

«Aha, interessant.» Er nickte. «Über so etwas habe ich mir noch nie Gedanken gemacht. Jedenfalls liegt der Wagen gut auf der Straße. Offenbar auch besser als der Vorgänger, wie?»

«Einzelradaufhängung, Chef. Und der neuartige Schwebemotor.»

«Der Motor schwebt?», hakte er nach.

«Bei diesem Modell ist der Motor elastisch an zwei Punkten so im Rahmen aufgehangt, dass die Schwingungsachse durch den Massenschwerpunkt verläuft. Das wirkt sich natürlich positiv auf das Schwingungsverhalten aus.»

«Sicher, sicher.»

Sauerbruch kratzte sich hinterm Ohr. «Wie viel Pferde?», setzte er nach.

«Achtunddreißig, Chef.»

«Na, das ist doch was. Fährt, wenn ich das richtig sehe, auch beachtliche hundertzehn Stundenkilometer.»

Just in diesem Moment begann der Motor zu stottern.

«Wenn man vom Teufel spricht ... »

Der Fahrer betätigte den weißen Kippschalter für den rechten Winker, drosselte die Geschwindigkeit und fuhr schließlich rechts ran.

«Ich fürchte, er läuft nur noch auf fünf Töpfen, Herr Professor», meinte er, «wir werden das gleich überprüfen.»

«Diagnose, Nelly?» Sauerbruch drehte sich wieder nach hinten.

«Ich möchte nicht besserwisserisch klingen», erwiderte Nelly, «aber der 170 V hat generell nur vier Zylinder. Dem Ton nach scheint allerdings wirklich einer davon ausgefallen zu sein.»

«Frauen und Technik», erwiderte Sauerbruch beeindruckt, «da können wir Männer noch viel lernen, wie, Erwin? Aber Margot gibt mir bereits Nachhilfe.»

Der Fahrer wechselte die Zündkerze, kurz darauf tauschte er mit Sauerbruch den Platz, und die Fahrt ging weiter.

Sie hatten knapp die Hälfte der Strecke auf der Bamberger Reichsautobahn zurückgelegt, als die Militärposten hinter Gera zahlreicher wurden. Adolphe Jung und Erwin schwiegen und machten einen zunehmend nervösen Eindruck, während Nelly und Margot sich bemühten, den Chef zu unterhalten. Jung, der am Fenster saß, wischte sich mit seinem Taschentuch beständig den Schweiß von der Stirn. Der Chef selbst saß am Steuer, als kurz vor Bayreuth plötzlich ein Soldat am vor ihnen liegenden Militärposten die Hand zum Anhalten hob. Sauerbruch, der wie stets die ganze Zeit mit Höchstgeschwindigkeit gefahren war, ging vom Gas, der Wagen verlangsamte, aber anstatt anzuhalten, salutierte der Chef lediglich, als er an der verdutzten Wache vorbeifuhr. Dann trat er sogleich wieder das Gaspedal durch.

«Weil wir vorhin von Haustieren sprachen: Der argentinische Chirurgenverband schenkte mir am Ende meiner Argentinienreise, bei der ich die Methoden der Thoraxchirurgie demonstriert hatte, einen prächtigen Affen! Wir haben ihm damals ein eigenes Zimmer eingerichtet. Ohne Frage ein sehr intelligentes Tier, nur fühlte er sich auf die Dauer etwas einsam, ihm fehlte eine Äffin. Die konnte ich ihm zwar nicht bieten, aber ich hatte in ‹Brehms Tierleben› gelesen, dass sich Affen besonders gut mit Schweinen verstehen. Ein Schwein stieß allerdings bei meiner damaligen Frau auf keinerlei Gegenliebe. Schließlich entschieden wir uns für ein Meerschweinchen als Spielgefährten. Und, man möchte es nicht für möglich halten, aber der Affe verehrte dieses kleine Meerschweinchen. Er trug es ständig mit sich herum, liebkoste es und versteckte es, wenn man nicht aufpasste, oben auf dem Kleiderschrank. Eines Tages …» Er hielt plötzlich inne und bremste unsanft ab. Am vor ihnen liegenden Militärposten stand ein Soldat, das Gewehr zielgerichtet im Anschlag.

Kaum war der Wagen zum Stillstand gekommen, stürzte eine ganze Horde weiterer bewaffneter Soldaten hinter einer Weißdornhecke hervor und umstellte den Wagen, sodass sie alle in den Lauf ihrer Sturmgewehre blickten. Nelly sah in Jungs vor Schreck weit aufgerissene Augen, Erwins Gesicht hatte eine aschfahle Farbe angenommen.

«Alle aussteigen, Personenkontrolle!», schnauzte ein Unteroffizier in bellendem Ton. Gleichzeitig wies er seine Soldaten an, Gepäck und Fahrzeug zu durchsuchen.

Nelly bemerkte, dass Jungs Knie vor Aufregung zitterten, im selben Moment riss auch schon ein Soldat die Wagentür auf. Folgsam stiegen sie aus dem Wageninneren, stellten sich in einer Reihe auf, der Soldat drehte sich ihnen zu und hielt plötzlich erschrocken inne. Sie alle hatten die Rechnung ohne den Wirt gemacht: Sauerbruch, der inzwischen ebenfalls ausgestiegen war, stand kerzengerade in seiner reichlich dekorierten Generalarzt-Uniform, die Schirmmütze auf dem Haupt, vor dem Unteroffizier, den er um mindestens einen halben Kopf überragte. Mit einer einzigen schwungvollen Bewegung hatte er Ausweis und sämtliche Papiere auf die Motorhaube geknallt, und nun rief er mit hochrotem Gesicht: «Was geht hier eigentlich vor? Sind Sie von allen guten Geistern verlassen?»

«Wir haben Befehl ...», setzte der Unteroffizier an, aber weiter kam er nicht.

«Wer hat Ihnen diesen Befehl erteilt?», unterbrach ihn Sauerbruch wütend.

Unterdessen trat ein hochgewachsener, älterer Oberleutnant dazu, mürrisch blickte er drein, mit einem etwas aufgedunsenen Gesicht, beim Gehen zog er das rechte Bein ein wenig nach. Ohne ein Wort zu verlieren, griff er sich Sauerbruchs Papiere und zog mit einem Mal erstaunt die Augenbrauen hoch.

«Sie sind das?», fragte er. «Sie sind der berühmte Chirurg?»

«Ja, ich bin Chirurg. Und gerade auf dem Weg zu einer dringlichen Operation», entgegnete Sauerbruch, nun etwas gemäßigter, «und das hier sind meine Assistenten.»

Die Miene des Oberleutnants hellte sich auf, sein ganzer Körper entspannte sich.

«Es ist mir eine große Ehre, Sie kennenzulernen, Herr Generalarzt!» Er reichte Sauerbruch die Hand. «Wissen Sie, ich bin Ihnen zu großem Dank verpflichtet», fuhr er fort, «ich trage nämlich eines Ihrer Beine!»

Und damit klopfte er mit dem Knöchel gegen seinen vermeintlichen Oberschenkel, worauf ein hohles Geräusch erklang.

«Sie sind mir keinerlei Dank schuldig», erklärte Sauerbruch nun seinerseits freundlicher, «ich tue nur meine Pflicht. Allerdings wäre ich Ihnen dankbar, wenn Ihre Gefreiten meinen Assistenten ebenfalls den gebührenden Respekt zollen würden.»

Er deutete auf die Soldaten, die immer noch, ihre Gewehre im Anschlag, im Kreis um die kleine Gruppe versammelt standen. Zwei andere hatten bereits das auf der Kofferbrücke verzurrte Gepäck abgenommen. Der eine machte sich gerade daran, den ersten Koffer zu öffnen, während der andere nun dabei war, den Kofferraum auszuräumen.

Der Oberleutnant stieß einen gellenden Pfiff aus, und auf sein Handzeichen hin ließen die Soldaten endlich ihre Gewehre sinken.

«Die Inspektion dieses Kraftwagens wird umgehend eingestellt!», befahl er. Der Unteroffizier, der sich am Gepäck zu schaffen gemacht hatte, wollte Einwand erheben, aber der Oberleutnant ließ ihn erst gar nicht zu Wort kommen: «Red ich chinesisch? Die Identitäten des Herrn Generalarztes und seiner Kollegenschaft konnten geklärt werden. Also sehen Sie gefälligst zu, schnell alles wieder an seinen angestammten Platz zu bringen. Bei den Herrschaften hier geht es um Leben und Tod!»

Und an Sauerbruch gewandt: «Sie müssen entschuldigen, Herr Generalarzt. Aber Sie haben beim letzten Streckenposten nicht ordnungsgemäß auf das Haltesignal reagiert. Die diensthabende Wache meinte im Wagen zwei Generale erkannt zu haben, und auf der Rückbank mehrere Zivilpersonen. Außerdem», er deutete auf eine Wolldecke, die neben dem Gepäck auf dem Boden lag, «war Ihr Gepäck wohl verrutscht, zumindest hat die Decke das Nummernschild verdeckt, wie der Wachtposten beim Vorbeifahren bemerkte. Bei solchen Gegebenheiten werden meine Männer natürlich aufmerksam: Wir haben leider immer wieder mit Deserteuren zu kämpfen, da kam uns ihr Fahrzeug verdächtig vor.» Er lächelte entschuldigend.

«Schon gut, schon gut», murmelte Sauerbruch, «kann ja mal passieren. Und ich habe das Haltesignal in der Eile wohl übersehen.» Er ließ sich seine Papiere aushändigen, schüttelte dem Oberleutnant nochmals die Hand, und erleichtert stiegen sie alle wieder ein.

Die restliche Fahrt verlief ohne besondere Vorkommnisse. Als sie am frühen Abend wohlbehalten in Amorbach eintrafen, kam es wie so häufig, wenn der Chef auf Reisen ging: Die Kunde, dass der berühmteste Arzt des Landes, ja womöglich der ganzen Welt, heute an diesem Ort eintreffen würde, war ihm vorausgeeilt: Vor dem Hotel Badischer Hof, in dem sie Quartier beziehen wollten, hatte sich bereits eine kleine Schlange Kranker und Versehrter gebildet. Geduldig wartend standen sie da, teils auf Krücken gestützt, manche saßen auch im Rollstuhl und hofften, dass der große Sauerbruch gerade sie auserwählen würde, um ihr Schicksal zu wenden. Während der Chauffeur dem herbeieilenden Personal half, das Gepäck auf die Zimmer zu tragen, ließ der Chef es sich trotz der ermüdenden Fahrt nicht nehmen, als Erstes all den Wartenden, einem nach dem anderen, geduldig Gehör zu schenken. Nelly hatte ihn zu begleiten und auf Geheiß Notizen zu machen. Anschließend holte er ihre persönliche Meinung ein, ehe er entschied, welche drei Personen er tags darauf noch operieren würde, bevor die Reise weiterging, zu seinem offiziellen Ziel, nach Zürich.

Und wie immer wurde den Auserkorenen nach der ersten überschwänglichen Freude bang vor der Frage, wie der Herr Geheimrat denn im Anschluss zu bezahlen sei. «Es gibt Wichtigeres auf der Welt als Geld», pflegte der Chef sie zu beruhigen, «das besprechen Sie am besten mit meiner Frau. Die kennt sich mit den Finanzen besser aus. Ich bin den weiten Weg nicht gekommen, um mühsam mit Taschen voll Gold beladen nach Hause zu fahren», lachte er. Großzügigkeit war ein Charakterzug, den man ihm keinesfalls abstreiten konnte. Nicht nur einmal hatte Nelly erlebt, wie Sauerbruch irgendeinen kranken armen Schlucker auf dem Weg in die Charité aufgelesen hatte und auf seiner Privatstation unterbrachte. So kam es durchaus vor, dass mitunter ein Bettler neben einem Millionär lag. Wenn sich jemand darüber beschwerte, bekam er Sauerbruchs Leitspruch zu hören: «Vor dem Herrgott und auf dem OP-Tisch sind alle Menschen gleich», und damit war die Angelegenheit für ihn erledigt.

Als Erwin und sie an diesem Abend schließlich ihr Zimmer im Badischen Hof bezogen, gestand er ihr ein, dass er im ersten Moment gedacht hatte, er sei der eigentliche Grund für die Kontrolle des Militärpostens gewesen. Und dass er jeden Augenblick mit seiner Verhaftung gerechnet hatte.

«Da warst du nicht der Einzige», entgegnete Nelly gelassen.

Er blickte sie fragend an.

«Hast du nicht bemerkt, wie nervös Jung wurde? Ich weiß, dass er nicht nur seine Familie in Straßburg trifft. Sondern auch Verbindungen zur Résistance hat. Regelmäßig tauscht er irgendwelche Unterlagen mit der Frau vom Chef und mit der Sekretärin. Und Margot ist heute ja auch die Farbe aus dem Gesicht gefallen.»

«Das wusste ich nicht», entgegnete Erwin, «davon hast du mir nie erzählt.»

«Manchmal hat mich Margot auch gebeten, etwas für Sie unten im Röntgenschrank zu verwahren.»

«Wieso erfahre ich davon nichts?», hakte er nach.

«Ich dachte, es ist besser, wenn du davon nichts weißt», antwortete sie ruhig.

Lucas und Kain

Wer im Untergrund arbeitet, sollte auf Sorgfalt und Sauber-
keit bedacht sein. Ratten wissen, wie man sich an dunklen
Orten zurechtfindet. Sie verfügen über eine ausgeprägte
Wahrnehmung, sind äußerst intelligent und außerdem sehr
sauberkeitsliebend. Den ganzen Tag betreiben sie immer wieder Fellpflege, auch gegenseitig. Es sind überaus soziale Tiere,
die in großen Rudeln leben. Die Jungen werden von allen gemeinsam aufgezogen. Die Weibchen paaren sich mit sämtlichen Männchen des Rudels. Dadurch bilden sich im Rudel
Merkmale einer überindividuellen Einheit heraus, eine gewisse Schwarmenergie entwickelt sich, ähnlich wie bei staatenbil-
denden Insekten. Die einzelne Ratte kennt nicht jedes Mitglied des aus bis zu mehreren Hundert Tieren bestehenden
Rudels, das muss sie auch gar nicht, sie ist trotzdem mit ihm
verbunden.

Im östlichen Teil der Welt weiß man über diese Seiten der
Ratte besser Bescheid. In China gilt sie als Symbol für Glück
und Wohlstand. Es heißt, sie schütze vor Unheil und ziehe
materiellen Reichtum an. Auch in Indien wird die Ratte als
klug und glücksbringend betrachtet und als Überwinder von
Hindernissen bewundert. In manchen Gegenden wird sie gar
als heilig verehrt. Schließlich reitet Ganesha, der Hindu-Gott
mit dem Elefantenkopf, auf einer Ratte. Er gilt als Gott und

«Herr der Hindernisse», der sowohl Hindernisse platziert wie auch beseitigen kann.

Im Westen allerdings – im Westen haben die Menschen keine Ahnung.

Lucas versinkt in einem der roten Plüschsofas der kleinen Bar, die versteckt hinter dem koscheren Restaurant Ratner's auf der Lower East Side in New York liegt. Einen richtigen Namen hat das Etablissement nicht.

Man verabredet sich in «the back of Ratner's», eine alte Eisentür mit dem Schild «Lower East Side Toy Company» weist den Weg. Die unterschiedlichsten Leute treffen sich hier, mit Spielzeug hat allerdings niemand von ihnen zu tun. Die Luft ist rauchgeschwängert, das Licht schummrig. Trotz der kleinen Kronleuchter.

Lucas' Blick fällt auf die getäfelte Decke, ins dunkle Holz gefräste Vierecke, angeordnet wie quadratische Waben. Am Kronleuchter schräg über ihr fehlen zwei Kristalle. Auch die Wände sind holzgetäfelt, zumindest bis auf halbe Höhe, darüber verläuft eine rote Seidentapete. Auf dem abgelaufenen Parkettboden liegen schmutzige rote Perserteppiche. In dem offenen Kamin zu ihrer Linken knistert das Feuer. Alles schön rot hier, das erinnert sie an die Heimat.

Sie schlägt ihre langen, schlanken Beine übereinander, die in eleganten Nylonstrumpfhosen stecken, und streicht ihr Kostüm glatt. So etwas gibt es in der Heimat wiederum nicht. Dann sieht sie kurz auf ihre Uhr und zündet sich eine Zigarette an.

Auf ihrer Schulter sitzen Snowball und Baby, die beiden weißen Ratten. Wenigstens ist jetzt Ruhe eingekehrt. Heute Nachmittag war es ein einziger Kampf gewesen: Wiederholt war Snowball auf Baby losgegangen, da hatte kein russischer

Fluch geholfen. Schließlich hatte sie Snowball in einen Schuhkarton stecken müssen – Isolationshaft. Strafe muss sein. Auch wenn sie ihre Zöglinge liebt, strenge Erziehung ist in solchen Fällen dringend geboten.

Sie holt ein kleines silbernes Döschen aus ihrer Handtasche, entnimmt ihm zwei Erdnüsse und reicht sie den Ratten.

Zuckerbrot und Peitsche, so ist das Leben.

Charmant war er schon, dieser Einstein. Und geradezu liebenswert. Von einer fast kindlichen Naivität, die in einem reizvollen Kontrast zu seinem sonstigen hochgeistigen Wesen stand.

Wie er noch immer all das, was sie beide, das Liebespaar, miteinander verbindet, als «Alma» zugehörig benennt. «Alma», zusammengesetzt aus ihren beiden Vornamen, Albert und Margarita. Sie decken sich mit «Almas Decke» zu, rauchen «Almas Pfeife» und teilen vor allem: «Almas Geheimnis» – ihre kleine Romanze, die nun schon einige Jahre andauert.

Sie schmunzelt. Rührend. Auch berührend, schon. Nachdenklich zieht sie noch einmal an ihrer Zigarette.

Nur dass ihre Beweggründe an diesem anmutigen Zusammenspiel ganz anderer Natur sind, als ihr alternder romantischer Lockenkopf ahnt.

Sie drückt die Zigarette aus. Dann gibt sie dem Kellner ein kurzes Zeichen, woraufhin sie sofort eine weitere Teetasse serviert bekommt.

Allerdings ohne Tee. Dafür mit Wodka.

Eine nette kleine Tradition in dieser Spelunke, ein Überbleibsel aus der Zeit der Prohibition: Heute noch werden sämtliche Drinks in Teetassen serviert. Verrückt, diese Amerikaner.

Lächelnd nimmt sie einen kräftigen Schluck aus ihrer weißen Keramiktasse.

Wenn man den intelligentesten Menschen der Welt, das lebende Superhirn auf zwei Beinen, soeben zum wiederholten Male für dumm verkauft hat, dann darf man sich schon einmal einen doppelten Wodka genehmigen. Oder zwei.

Ein bisschen enttäuschend ist das allerdings schon. Dass sie am Ende doch alle gleich sind, die Männer. Sobald ihr Schwanz ins Spiel kommt, übernimmt der das Ruder. Gewissermaßen.

Da kann auch kein Superhirn helfen, das schmilzt dann weg wie ein Löffel saure Sahne in einer Schüssel heißem Borschtsch.

Ihr Blick schweift gedankenverloren umher, im Hintergrund sieht sie die eiserne Tür sich öffnen. Kain betritt den Raum. Wie Kain in Wirklichkeit heißt, weiß Lucas nicht. Es ist auch unwichtig. Kain ist nur ihr Codename. Sie ist eine schöne, charismatische Frau mit großen, dunklen Augen, einem Muttermal auf der linken Wange und langem, dichtem schwarzem Haar, das sie nach hinten zusammengebunden trägt. Mitte vierzig mag sie etwa sein. Wirkt durch ihr schwarzes Haar, das kein einziger grauer Faden durchzieht, allerdings jünger.

«Pardon!», meint Kain entschuldigend, mit Blick auf ihre Uhr. Die Fahrt von Washington D.C. hat länger gedauert als gedacht.

Die beiden unterhalten sich auf Französisch. Natürlich könnten sie auch Russisch, Rumänisch, Deutsch oder Englisch sprechen. Oder Jiddisch. Aber Russisch klingt verdächtig, also entscheidet sich Kain heute für Französisch. Die unkultivierten Amerikaner verstehen ja sowieso nur ihre primitive eigene Sprache.

Kain arbeitet in der russischen Botschaft in Washington, die nicht nur eine Botschaft ist. Von diesem Gebäude aus werden nahezu sämtliche Agenten im Lande dirigiert, auch Lucas. Absolute Priorität hat die «Operation Enormoz».

Anfangs hatte Stalin noch ausgerufen, Hauptziel sei es, eine Annäherung zwischen den USA und den Deutschen zu verhindern. Denn er hatte einen Separatfrieden gefürchtet.

Doch inzwischen hat sich die Ausrichtung geändert: Vor gut sechs Jahren haben Otto Hahn, Fritz Straßmann und Lise Meitner die Kernspaltung entdeckt. Seitdem ist jedem halbwegs verständigen Physiker klar, dass sich aus extrem wenig Material eine schier unglaubliche Menge an Energie gewinnen lässt. Und diesen Effekt könnte man womöglich für den Bau einer Bombe nutzen.

Die Deutschen arbeiten am sogenannten Uranprojekt, die Amerikaner versuchen, ihnen zuvorzukommen, und haben das «Manhattan Project» ins Leben gerufen: Unter der Leitung von Robert Oppenheimer und General Groves wird fieberhaft an einer neuen Superwaffe gearbeitet, der Atombombe. Es ist das mit Abstand größte Forschungsprojekt ihrer Regierung, das es bisher gab. Und seitdem die USA vor vier Jahren in den Krieg eingetreten sind, arbeiten sie im Geheimen mit Hochdruck daran.

In den Bergen von New Mexico wird dazu innerhalb von Monaten eine ganze Forschungsstadt errichtet: Los Alamos. Das riesige Gelände, hoch auf einem Bergplateau gelegen, mit seinen Tausenden von Mitarbeitern, wird streng bewacht. Stacheldraht, Wachtürme, überall Militär, strengste Sicherheitskontrollen. Eindringen unmöglich.

Ein kluges Raubtier verschwendet seine Energie nicht auf den Kampf mit einer schwer bezwingbaren Beute. Ganz egal wie fett und verlockend diese Beute auch aussehen mag. Ein kluges Raubtier sucht nach ihrer verletzlichsten Stelle. Manchmal ist sie nicht außen zu finden, manchmal liegt sie im Inneren. Und manchmal liegt sie viel greifbarer, als man meint. Wenn man die Schwarmenergie nutzt und sich mit den Seinen verbindet: Die Schwachstellen sind die Wissenschaftler, die in Los Alamos arbeiten.

Spione wissen, wie man an ein Geheimnis gelangt: Man muss die inneren Beweggründe derjenigen kennen, die dieses Geheimnis hüten. Ein Großteil der Wissenschaftler, die in Los Alamos an der Atombombe arbeiten und auf dem abgeriegelten Gelände in einfachen Holzhäusern leben, sind europäische Immigranten. Sie sind vor den Nazis geflohen. Viele sind jüdisch, einige sind politisch eher links orientiert.

Allen gemein ist die Angst, dass Hitler als Erster in den Besitz einer Atombombe gelangen könnte. Die meisten haben ein moralisches Problem mit ihrer Arbeit, denn sie wissen um die ungeheure Zerstörungskraft der Atomenergie. Aber diese Angst ist es, die ihr Handeln rechtfertigt.

Und genau da haben Lucas, Kain und ihre vielen Kolleginnen und Kollegen in den letzten Jahren erfolgreich angesetzt.

Sie spürt ein Kitzeln, das ihr einen kleinen Schauer über den Rücken jagt. Der ihr allerdings sehr vertraut ist. Denn sie kennt das Gefühl, wenn eine Ratte sie mit ihrer winzigen Zunge hinter dem Ohr leckt. Snowball versucht offenbar das, was er heute verbockt hat, wiedergutzumachen.

Einstein weiß nichts. Zumindest fast nichts. Das ist von Anfang an klar gewesen. Den Amerikanern ist ein überzeugter Pazifist viel zu suspekt. Noch dazu einer, der offen Sympathien für den Sozialismus hegt.

In den höheren Kreisen der Politik geht man daher eher auf Abstand. Natürlich, man schmückt sich gern mit seinen Federn. Soll er irgendetwas Wichtiges erforschen, so ein kluger Kopf wird schon was entdecken. Aber man möchte ihn bitte nicht unter den Eingeweihten haben, wenn es um die militärische Sicherheit geht. Und so wurde Einstein nie gefragt, ob er sich am Manhattan Project beteiligen will. Das alles ist dem russischen Geheimdienst bestens bekannt.

Allerdings verfügt Einstein über hervorragende Kontakte, er kennt nahezu jeden und jede, alle, die in der Physik Rang und Namen haben. Und so lernt Lucas seit einigen Jahren über ihn weitere Wissenschaftler kennen.

Den größten Coup haben Stalins Agenten erst vor Kurzem gelandet: Seit ein paar Monaten arbeitet der deutsche Physiker Klaus Fuchs im innersten Zirkel der Wissenschaftler in Los Alamos. Ein schlanker junger Mann mit runder Hornbrille. Codename: Rest.

Und stille Wasser gründen tief. Klaus Fuchs stammt aus einer evangelischen Pfarrersfamilie, hat das unmenschliche Gebaren der Nazis bereits früh erkannt und sich dem Kommunismus zugewandt. Dass er sämtliche internen Informationen nun an die Russen weitergibt, ist eine Gewissensfrage: Zu riskant erscheint ihm eine einseitig aufgerüstete Welt, zu groß die Gefahr eines atomaren Angriffs auf die Sowjetunion.

Sein Patenonkel, der Gefängnispfarrer Harald Poelchau, sperrt unterdessen in Berlin Tegel gerade Erwins Zelle auf.

Der lebende Leichnam

Als er hört, wie sich Schritte auf dem Gang nähern und vor seiner Zellentür haltmachen, erschrickt er, und ein kaltes Grauen überkommt ihn. Schließlich ist heute Dienstag, Hinrichtungstag. Genau wie der Freitag. An Montagen und Donnerstagen kommt Pfarrer Poelchau manchmal vorbei, um einen zu beruhigen. Um einem mitzuteilen, dass man am morgigen Tag nicht «dabei» ist, der Name nicht auf der Liste steht. Dann kann man etwas ruhiger schlafen. Gestern kam er allerdings nicht.

Der Riegel knallt zur Seite, ein Schlüssel dreht sich im Schloss. Gestern war allerdings auch Neujahrstag, denkt Erwin noch, als sich die Zellentür öffnet. Höchst erleichtert ist er, als Poelchau vor ihm steht. In diesen Momenten merkt er, wie sehr er doch noch am Leben hängt.

«Ich bin's nur», sagt der Pfarrer mit seiner sanften Stimme, die Situation sofort verstehend, und tritt ein. «Ein gesegnetes neues Jahr», Poelchau überreicht ihm einen Brief, «mit Grüßen von Ihrer Frau.» Außerdem legt er ein dickes Buch auf Erwins Tisch. «Sie hatten letztens gemeint, Sie würden gerne mal wieder Tolstoi lesen. Mein Nachbar leiht es Ihnen gern.»

«Krieg und Frieden» steht auf dem schwarzen Leineneinband. Erwin nickt gerührt. Vor vielen Jahren, als er im Krieg in französische Gefangenschaft geriet, hat er diesen grandiosen

Roman gelesen. Bücher können ein treuer Begleiter sein, erst recht in außergewöhnlichen Situationen. Auch wenn seine Sorgen in Frankreich ganz andere waren. Mit zwanzig Mann in einem Raum sehnte er damals das Alleinsein herbei, das ihm nun so zu schaffen macht.

«Sobald Sie es ausgelesen haben, geben Sie es mir zurück, und ich bringe Ihnen den zweiten Band.»

Erwin lächelt dankbar. Gerne hätte er, dass Poelchau noch ein wenig bleibt. Er erhebt sich und klappt die Liege herunter. «Sind Sie gut ins neue Jahr gekommen, Herr Pfarrer?», fragt er, indem er ihm seinen Stuhl anbietet und sich selbst aufs Bett setzt.

«Danke», Poelchau nimmt Platz. «Ich war gerade auf dem Nachhauseweg, als am Silvestertag der Fliegeralarm einsetzte. Das war zwar unangenehm, aber zum Glück ging es ja glimpflich ab. Anschließend haben wir in der Wohnung noch mit unseren Nachbarn beisammengesessen, dem Ehepaar Fuchs. Von Emil Fuchs, ebenfalls Theologe und ein langjähriger Freund, kommt das Buch», er tippt auf den schwarzen Leineneinband. «Sein Sohn Klaus ist im Übrigen Physiker. Er hat vor ein paar Jahren bei Max Born, dem Freund Ihres Herrn Vaters, promoviert. Vielleicht kennt Ihr Vater ihn. Allerdings ist Klaus gleich im Anschluss nach England emigriert, inzwischen lebt er in den Vereinigten Staaten. Nach dem Abendessen gingen unsere Nachbarn nach Hause, sie sind beide schon etwas älter. Soweit ich mich erinnern kann, war es das erste Silvester, bei dem um Mitternacht im Radio nicht die Ode an die Freude gespielt wurde. Ich trat mit meiner Frau auf den Balkon. Es war eine sternenklare Nacht, und ganz Berlin lag dunkel da, mit Tausenden verhängten Fenstern. Sehr friedvoll wirkte es auf einmal.»

In sich gekehrt, blickt Poelchau vor sich hin. Es tut gut, seine Stimme zu hören. Es tut gut, einen Gast zu haben.

«Darf ich Sie etwas Persönliches fragen?»

«Selbstverständlich», antwortet Poelchau.

«Wie halten Sie das aus? Ihre Arbeit? Wie gelingt es Ihnen, all diese Menschen in den Tod zu begleiten und trotzdem eine so zuversichtliche Ausstrahlung zu bewahren?»

Poelchau überlegt. «Als ich in Tegel anfing, hatte ich keine Vorstellung davon, was einmal auf mich zukommen würde.» Er räuspert sich. «Und das war sicher gut so, denn sonst hätte ich mich wohl kaum dafür entschieden. Aber man wächst mit seinen Aufgaben. Heute denke ich oft: Es gibt keine sinnvollere Tätigkeit als die, die mir hier gegeben ist. Als ich mich Ende 1932 um diese Stellung als Gefängnispfarrer beworben habe, war die Welt noch eine andere. Zwei Monate nachdem die Nazis an die Macht kamen, wurde ich eingestellt, ich war der erste vom nationalsozialistischen Regime berufene Strafanstaltspfarrer. Unser damaliger Gefängnisdirektor, Herr Wrucks, war ein anständiger Mann. Er sagte, aus dem Politischen wolle er sich heraushalten. ‹Wenn es nötig ist›, pflegte er zu scherzen, ‹hebe ich nicht nur das Händchen, sondern wie die Hunde auch das Beinchen.› Erst später wurde die Beamtenschaft zusehends von Hilfswachtmeistern durchsetzt, die aus der SA kamen. Heute ist die Kirche der letzte Ort, der ein freies Wirken erlaubt. Und auch das ist nicht mehr überall gewährleistet, aber zumindest hier in der Arbeit des Gefängnispfarrers. So paradox es klingt – das Gefängnis ist ein Zufluchtsort der Freiheit geworden. Noch vor ein paar Jahren habe ich mir beispielsweise für einen jüdischen Gefangenen regelmäßig neue angeblich begangene Straftaten ausgedacht, um seine Entlassung zu verhindern. Ich wusste ja, was ihn draußen erwarten würde. Aber selbst das ist nun schwierig geworden. Inzwischen werden jüdische Gefangene direkt der Gestapo überstellt. Zwischenzeitlich wurden mir auch andere Pfarrstellen angeboten. Ich habe öfter darüber nachgedacht und schluss-endlich abgelehnt. Es hätte einige Annehmlichkeiten mit sich gebracht, aber ich fand zuletzt doch, dass ich ins Gefängnis gehöre, zu meinen Gefangenen. Bis zum letzten Tag.»

Schweigend sitzen sie nebeneinander. Es ist wohltuend, einen Gesprächspartner zu haben, ein Gegenüber, das es gut mit einem meint. Erwin wünschte, dass dieses Gespräch nie ein Ende finden möge. Er streicht über den schwarzen Leinen-Einband.

«Zuletzt habe ich ‹Krieg und Frieden› ebenfalls in Haft gelesen, als ich in französischer Kriegsgefangenschaft war. Das erinnert mich an Tolstois Stück ‹Der lebende Leichnam›. Haben Sie je den großen Alexander Moissi in seiner Parade-rolle gesehen?»

Poelchau schüttelt den Kopf. «Ich habe ihn als Hamlet am Deutschen Theater gesehen, da ist er mir unvergessen.»

«Unbestritten. Ich hatte das Glück, einige Privatvorstel-lungen von Alexander Moissi zu genießen.» Poelchau sieht ihn erstaunt an.

«Im September 1914 wurde ich bei der Schlacht an der Marne am rechten Oberschenkel schwer verletzt. Man brachte mich mit dem Sanitätswagen unseres Regiments in ein Schul-gebäude im Dörfchen Neuvy, wo ich gemeinsam mit anderen Verwundeten untergebracht wurde. Vollkommen erschöpft durch den hohen Blutverlust und die Schmerzen dämmerte ich im Halbschlaf vor mich hin. Wir alle warteten auf ärzt-liche Versorgung, während draußen unsere Truppen durchs Dorf zogen. Schließlich betrat ein Offizier den Saal und fragte, wer von uns marschfähig sei. Der Großteil meiner Kameraden war in noch schlechterer Verfassung als ich. Der Offizier ver-schwand wieder, in der Ferne hörte man noch immer Kano-nendonner. Wenig später vernahm ich das Hufgeklapper einer

Kavallerie-Schwadron, und schlagartig wurde mir klar: Unsere Truppen zogen weiter und überließen uns unserem Schicksal. Die Franzosen, die uns später aufgriffen, verhielten sich denkbar grob, in jeder Hinsicht. Medizinische Versorgung gab es zunächst gar keine, und wir konnten froh sein, dass wir nicht vom Mob gelyncht wurden. Von da an begann eine recht unerquickliche Irrfahrt, in Viehwaggons transportierte man uns quer durchs Land, so recht haben wollte man uns nirgends. Als wir schließlich einen Bahnhof südlich von Bordeaux erreichten, waren einige Kameraden bereits tot. Ich hatte mehr Glück und wurde in einem Hilfshospital ordentlich verarztet. Anschließend wurden wir verschoben, von einem Lager ins nächste, die hygienischen Zustände oft katastrophal, und im Sommer 1915 landeten wir auf der bretonischen Insel Belle-Île, südlich von Quiberon gelegen. Unser Gefängnis war eine alte Zitadelle, die auf den Klippen oberhalb des Städtchens Palais thronte. Eintönigkeit prägte unser Leben, wir hatten ja alle nichts zu tun. Man kämpfte allerdings nicht mit der Einsamkeit wie hier, ganz im Gegenteil: Das Problem war, dass man sich nie zurückziehen konnte, bei einer Belegung von zehn bis zwanzig Mann pro Raum. Insgesamt waren wir knapp vierhundert deutsche Soldaten.

Moissi, der ja aus Triest stammte, war damals kurzerhand Deutscher geworden und hatte sich freiwillig an die Front gemeldet. Wie es sich für einen Helden gehört, war er bei den Fliegern. Anfang September 1915 brach er zu zweit zu einem Erkundungsflug über besetztem französischem Gebiet auf. Sie gerieten in ein Unwetter, konnten sich in den dichten Wolken nur noch anhand des Kompasses orientieren und beschlossen, die belgische Küste anzusteuern. Als der Himmel aufreißt und sie tiefer gehen, werden sie plötzlich beschossen. Wie durch ein Wunder fängt die Maschine kein Feuer, obwohl mehrere Kugeln in Tanks und Tragflächen einschlagen. Sie müssen notlanden und werden kurz darauf von den Franzosen gefangen genommen. Sie hatten sich tüchtig verflogen: Statt im belgischen Ostende waren sie erheblich weiter westlich, nahe Calais, gelandet.

Wir staunten nicht schlecht, als einige Tage später plötzlich der sagenumwobene Moissi in unserer Festung auftauchte! Für die kommenden Monate sollte er unsere Rettung aus der Stumpfsinnigkeit sein. Natürlich baten wir ihn täglich, für uns zu spielen und Texte zu rezitieren. Er hatte ja diese unglaubliche Stimme, von der Gerhart Hauptmann einmal sagte, sie sei wie der Strich auf einer Stradivari. Und so gab er uns den Fedja aus ‹Der lebende Leichnam›, den Oswald aus Ibsens ‹Gespenstern›, auch den ‹Jedermann›, mit dem er später die Salzburger Festspiele berühmt machen sollte. Ein Kamerad fragte Moissi eines Tages, ob er nicht etwas spielen könne, wo es mal nicht um den Tod ginge, denn davon hätten wir in den Kriegsmonaten genug gehabt. Moissi überlegte, dann meinte er: ‹Eigentlich sterbe ich immer.›»

Erwin lacht. «Und es stimmt! Er galt ja als Meister des Sterbens, niemand starb auf der Bühne so ergreifend wie Moissi. Die Leute waren zu Tränen gerührt, wenn er sich, als Fedja, am Ende des Stückes erschoss, wenn er als Hamlet dahinschied, der Rest ist Schweigen … Nie werde ich vergessen, wie er als syphiliskranker Oswald am Ende der ‹Gespenster›-Vorstellung im Deutschen Theater in die Arme der Mutter sank. Der Vorhang schloss sich, und niemand klatschte. Stille herrschte im Saal, das Publikum blieb stumm und schockiert sitzen. Es dauerte eine gefühlte Ewigkeit, bis der Applaus einsetzte. Wenn ich darüber nachdenke, ist es wirklich so: Er starb immer. Bereits mein älterer Bruder war zutiefst bewegt gewesen, als er Moissi in der Uraufführung von Wedekinds

‹Frühlings Erwachen› erlebte, wo er sich als Moritz Stiefel das Leben nahm. Ich war damals noch zu jung. ‹Das ist nichts für dich, dafür bist du noch zu klein›, sagte Karl zu mir, stolz, den großen Theaterskandal erlebt zu haben, dabei war er selbst gerade erst volljährig geworden.»

Die Worte sprudeln nur so aus ihm heraus, Erwins Mund ist ganz trocken vom vielen Reden. «Jedenfalls», fährt er fort, «in den folgenden Wochen verbrachten wir viele schöne Abende. Wir ließen uns Instrumente aus der Heimat schicken und musizierten gemeinsam. Jemand trieb ein altes Cello auf, Vater schickte mir neue Saiten und dazu einige Quartette von Brahms. Im Winter wurde es dann empfindlich kalt in unserer Festung. Anfang Dezember lag ich mit Gelbsucht und einem bösen Abszess einige Wochen in einem notdürftig eingerichteten Lazarett. Moissi lag im Raum neben mir, mit Verdacht auf Tuberkulose. Oft hörte ich ihn laut Monologe rezitieren. Auch den ‹Erlkönig›, Shakespeares ‹Sturmlied› und Verhaerens ‹Novemberwind›. Mitunter schien seine Stimme fast zu singen, im nächsten Moment stieß er die Worte zischend hervor oder ließ sie gleich einem Windstoß aufwärts pfeifen. Ich lag nebenan im Bett und lauschte. Ich erinnere noch, dass mein Vater mir schrieb, er beneide mich darum, den größten deutschen Mimen derart exklusiv erleben zu dürfen!

Mitte Januar konnten sowohl Moissi als auch ich zu den Kameraden zurückkehren, und am 1. März wurde das Lager plötzlich aufgelöst. Erneut ging es mit dem Zug auf Reise, an ein unbekanntes Ziel.

‹Fliehen müsste man›, hatte Moissi oft gebrummt, ‹statt hier sinnlos die Zeit zu vertun.› Auf der Insel war daran allerdings nicht zu denken gewesen, die Belle-Île liegt reichlich zehn Kilometer vom Festland entfernt. Nun wurden wir immerhin in einem normalen Personenzug transportiert, die Fenster und Türen verriegelt. Noch immer war es draußen kalt und nass, manche glaubten verstanden zu haben, es ginge nach Toulouse. Wir hofften natürlich auf den Süden, alles schien uns besser als diese Kälte. Einen Tag lang fuhren wir ins Landesinnere, dann bog der Zug tatsächlich gen Süden ab. Am Abend des zweiten Tages hatte Moissi ein Fenster ausfindig gemacht, das man öffnen konnte. Irgendwo in der Gegend von Montauban schien der Zug seine Geschwindigkeit zu drosseln, und Moissi diskutierte mit einigen Kameraden, ob man es wohl heil überleben könne, wenn man aus dem Fenster spränge. Immerhin Leutnant Werner erklärte sich zu dem Wagnis bereit. Draußen war es längst dunkel, der Zug schnaufte unentwegt durch die schwarze Landschaft. Eigentlich hatten wir alle nicht recht daran geglaubt, aber plötzlich sprangen sie beide, einer nach dem anderen, während der Fahrt aus dem Fenster! Eilig warfen wir ihnen noch was zu essen hinterher. Ob sie das im Dunkeln finden würden, keine Ahnung.»

«Hatten Sie überlegt, auch zu springen?», fragt Poelchau.

«Ich war froh, dass meine Verwundung und der Abszess endlich verheilt waren. Aber nein, auch davon ganz abgesehen hätte ich das nicht gemacht. Ich bin kein Held.»

Erwin grinst.

«Moissi wurde wohl erneut festgenommen? Zumindest erinnere ich mich, dass er über die Schweiz ausgetauscht wurde, richtig?»

«Ja, die beiden hatten sich Richtung Spanien durchschlagen wollen. Wurden aber irgendwo südlich von Toulouse aufgegriffen. Wie es aussieht, hat es seine Heimkehr dennoch beschleunigt, zumindest stand er im Oktober bereits wieder auf der Bühne, während ich noch zwei Jahre in Kriegsgefangenschaft verbrachte.»

In diesem Moment klopft es dreimal kurz an der Zellentür. Das mit Herrn Claus verabredete Zeichen. Wenn sich ein SS-Mann oder ein Unbekannter nähert, warnt er Poelchau. Sofort erhebt sich der Pfarrer.

«Alles Gute», flüstert er noch, dann ist er schon verschwunden. Draußen dreht sich der Schlüssel im Schloss, der Riegel wird vorgeschoben, und Erwin ist wieder allein. Er klappt sein Bett hoch, setzt sich auf den Stuhl und nimmt das Buch in die Hand. Es ist seltsam, denkt er, selbst Moissi wurde später als Jude beschimpft. Er, dem ein ganzes Volk zu Füßen gelegen hatte, der in Europa, in Russland und selbst im fernen Amerika die größten Theater füllte, dieser Weltstar, zu dem selbst ein Charlie Chaplin aufgesehen hatte, wurde plötzlich geschmäht, beschimpft. Faschisten stürmten die Bühne, man bewarf ihn mit faulem Gemüse. Die Salzburger Festspiele besetzten ihn, der den «Jedermann» mitkreiert hatte, 1932 kurzerhand um. Paul Hartmann, ein strammer Nationalsozialist, bekam die Rolle.

Es war kurios, denn Moissi war noch nicht einmal Jude. Anfangs versuchte er sich dagegen zu wehren, aber das Gerücht, einmal in die Welt gesetzt, reichte aus. «Moissi» käme von «Moses», das sei ja sonnenklar, hatten einige rechte Wirrköpfe behauptet und damit sein Schicksal besiegelt. Schließlich kehrte er dem Land, für das er in den Krieg gezogen war, den Rücken und ging zurück nach Italien. Dort spielte er auch im März 1935 seine Paraderolle, Tolstois Fedja aus «Der lebende Leichnam». Nach der Vorstellung überkam ihn noch in der Nacht ein schweres Fieber, der Arzt diagnostizierte eine Lungenentzündung, eine Woche später war Moissi tot.

Erwin schließt die Augen und sieht ihn wieder vor sich, wie er nach dem Schuss auf der Bühne zusammenbricht: «Wie wohl», flüstert er, «wie wohl ist mir», und stirbt.

Sinfonie Nr. 3 F-Dur

18. Januar 1945, Zürich, Burghölzli

Zwei Bläserakkorde eröffnen kraftvoll, wobei der zweite den Hörer in ungeahnte Höhe katapultiert. Dann eine gewaltige Entladung, bei der das gesamte Orchester forte das Hauptthema vorträgt, die Violinen leidenschaftlich im Vordergrund. Der Satz wechselt zwischen Dur und Moll, Paralleltonarten, und teils gewagten Abweichungen. Eine beständige harmonische Instabilität, die sich den gesamten ersten Satz hindurchzieht.

Bei manchen Menschen führt die Sehnsucht nach Liebe zu genialen Taten. Bei anderen zu bestialischen. Eduard Einstein ist kein Brahms, aber auch kein Hitler.

Im Grunde seines Herzens fühlt er sich seinem Vater tief verbunden. Viel mehr noch als der Mutter, die sich rührend um ihn kümmert und verzweifelt versucht, die große Leerstelle in seinem Leben auszufüllen. Aber warum der Vater ihn nicht sieht, warum er ihm jede Zuneigung verweigert, um die er zeitlebens so gebettelt hat, versteht er bis heute nicht.

Er sitzt im Gemeinschaftsraum des Burghölzli und sieht aus dem Fenster. In der Ecke schräg hinter ihm hockt Franz und spielt gegen einen unsichtbaren Gegner Schach. Wie immer. Und am anderen Fenster murmelt der alte Hermann vor sich

hin. Der alte Hermann wünscht sich, dass es die Dauerschlaf-
therapie wieder gibt, dabei ist die schon seit Jahren abgeschafft.
Weil zu viele Patienten nie wieder aufgewacht sind. Von der
Insulinschocktherapie hat Hermann Erinnerungslücken, zumindest was die jüngere Vergangenheit betrifft. Da ist fast alles weg.

Ungewöhnlich kalt ist dieser Januar, die Landschaft schnee-
bedeckt. Kleine Flocken wirbeln durch die Luft, sie tanzen im
Takt der Musik. Auf dem Teller des Grammofons dreht sich
Johannes Brahms' dritte Sinfonie in F-Dur. Langsam und leise
wiederholt das Horn nun das Kopfthema, kontrastiert durch
Kontrabässe und das Kontrafagott.

Offenbar dirigiert diese Aufnahme ein begnadeter Orches-
terleiter, denn es gelingt ihm, das seltene und völlig unter-
schätzte Kontrafagott nicht als bloße Verstärkung der Bass-
gruppe in den Orchesterklang zu mischen, sondern es einen
tatsächlich hören zu lassen.

Am 29. Juli 1914, einen Tag nach Eduards viertem Geburtstag,
hatte der Vater ihn verlassen und war nie wieder zurückgekehrt. Ein ausgesprochen kühler, regnerischer Sommertag war
es gewesen, als Albert Einstein seine Frau Mileva und seine
Söhne Hans Albert und Eduard am Berliner Anhalter Bahnhof verabschiedete. Begleitet von seinem Freund und neuen
Kollegen, dem Chemiker Fritz Haber.

Bis zu diesem Tag hatte Eduard Dampflokomotiven ge-
mocht. Am Tag zuvor erst hatte er eine schöne schwarze Spiel-
zeuglokomotive aus Blech zum Geburtstag geschenkt bekommen. Aber jetzt stand dieses schnaubende Ungetüm vor ihm
im Gleisbett und sollte ihn samt Bruder und Mutter zurück
nach Zürich bringen, dabei waren sie doch erst vor wenigen
Wochen nach Berlin gezogen. Wohin sein inzwischen be-

rühmter Vater von Max Planck gerufen worden war, um die Leitung eines neu gegründeten Instituts für theoretische Physik zu übernehmen, wie er viel später verstand.

In den vergangenen Wochen hatten die Eltern viel und laut gestritten, und weder Max Planck noch Fritz Haber hatten seinen Vater von der Idee abbringen können, dass die soeben erst nachgezogene Familie nun wieder in die Schweiz zurückkehren sollte.

Er erinnert sich noch, wie sie weinend am Bahnsteig standen. Seine kleine Brust hatte gebebt, als der Vater immer wieder beteuerte, es wäre ja nicht für lang. Und schon damals hatte er gewusst, dass der Vater lügt. Es war eine Vorahnung, eine Angst in ihm gewesen, von der er nicht wusste, woher sie kam. Schließlich konnte er ja nicht wissen, dass der Vater sich längst eine neue Familie gesucht und auch gefunden hatte. Dass er seine Cousine Elsa als neue Frau an seiner Seite auserkoren hatte. Und dass es ihre Töchter wären, um die er sich künftig kümmern würde, als seien es seine eigenen. Dabei waren sie schon groß.

All das konnte Eduard nicht wissen, als der Vater ihn herzte, seinen kleinen Körper an sich drückte, ihn streichelte und «mein Tete» nannte, ganz so wie immer.

«Mein Tete. Du bist doch schon ein großer, tapferer Junge.»

Groß und tapfer, so hatte er sich nie gefühlt.

Selbst jetzt nicht, Jahrzehnte später.

Der zweite Satz poetisch, von zarter Melancholie, eine nicht wirklich greifbare Melodie. Schließlich spielen Celli und Bratschen unterstützt von den beiden Fagotten Motive, die anschwellen, um gleich darauf wieder abzuschwellen. Durchgängig begleitet von den Geigen, die Brahms jedoch rhythmisch eine Sechzehntelnote versetzt. Was zu der drängenden Unruhe führt.

Schriftsteller wäre er gerne geworden. Sein Lebenstraum. Geschrieben hat er viel, all die Jahre. Lyrik. Kleine Zeugnisse seiner Liebe.

Anderen Menschen das Herz öffnen. Das wäre sein Wunsch gewesen. Einmal hat er es beim Vater versucht. Er hat ihm ein Gedicht gewidmet. Ein Gedicht, in dem alles steckte, was er dem Vater hatte sagen wollen. Aber der Vater, so klug er auch war, hat es nicht verstanden. Er hat es nicht herauslesen können, was ihm da zwischen den Zeilen entgegenschrie.

Stattdessen hat der Vater ihm geantwortet, dass er vom Schriftstellerleben nichts halte.

«Die schöpferische Begabung mit literarischen Dingen ist als Hauptberuf ein Unding wie etwa ein Tier, das nur Lilien frisst», hat der Vater ihn damals wissen lassen. In einem der unregelmäßigen Briefe, die er von ihm erhielt.

Ein Lilienfresser ist er also. Vor dem geschlossenen Fenster tanzen die Schneeflocken.

Während in der Coda nun die Klarinette das Hauptthema aufgreift, tritt er heran, fletscht die Zähne und tut, als könne er nach den Flocken schnappen. Mit seinem Lilienfressergebiss.

Im dritten Satz wendet Brahms, der Magier, einen Trick an: Statt des üblichen Scherzos wird es alles andere als lustig. Mit auf- und absteigenden Cellokantilenen, schmachtvoll seufzend, entspinnt sich ein Lied ohne Worte in sehnsuchtsvollem c-Moll: eine Valse triste. Besonders ergreifend der Mittelsatz in As-Dur, geprägt durch die Holzbläser im Wechsel mit den Streichereinwürfen, die wiederholt von Streicherkantilenen abgelöst werden. Spätestens in der Reprise steigen Eduard die Tränen in die Augen.

Nun wiederholt das Horn das Hauptthema, anschließend die Oboe, in der Fortführung des Themas folgen Klarinette und Fagott. Beim Wiederaufgreifen des Hauptthemas dann Cello und die ersten Violinen, nun allerdings eine Oktave höher: Der Komponist lässt hier, gegenüber dem Hauptteil, die Bläser und Streicher ihre Rollen tauschen.

Und dann, Überraschung: Friedlich und leise klingt der Satz schließlich aus, wie überhaupt alle Sätze dieser Sinfonie leise schließen. Ein Novum in der Musikgeschichte. Aber ein Genie braucht kein Fortissimo, kein Ausrufezeichen am Ende eines Satzes.

Eine etwas ältere Frau hat er geliebt. Auch das war nicht richtig gewesen, hatte der Vater damals gerügt. Dabei waren auch die Frauen des Vaters immer etwas älter als er selbst gewesen. Zumindest als der Vater jung war.

Allerdings, die Frau seines Bruders hat beim Vater einen noch schlechteren Stand gehabt. Da hat der Vater sich sogar ausgeweint, bei ihm, seinem Tete. Hat sich mit ihm verbündet. Ihm versprochen, dass er ihn nach Amerika holt. Zwölf Jahre ist das jetzt her.

Geholt hat der Vater ihn nie. Nie wieder hat Eduard den Vater gesehen.

Allegro. Wie ein allmählich aufziehendes schwüles Gewitter rollt der vierte Satz zum Abschluss leise in f-Moll heran. Streicher und Fagotte, anschließend wandeln Flöten, Klarinetten und Fagotte nach As-Dur ab. Dann stockt einem förmlich der Atem: Auf einmal scheint das zarte, melancholisch anmutende Thema aus dem zweiten Satz wieder auf. In Klarinette, Fagott

und Streichern. Nun allerdings verwandelt zu einem bitter-
süßen, zynischen Choral.

Medizin hat er schließlich studiert. Die Psyche, das fasziniert
ihn. Vor allem die Psychoanalyse, Freud, da kennt er sich aus.
Da hat er zig Bücher drüber gelesen, hat gar versucht, sich
selbst zu analysieren. Aber ein Verrückter, der Psychiater ist?
Da muss er ja selber lachen!

Geblieben ist ihm nichts. Alles, was der Vater ihm hinterlassen hatte, war ein Name. Ein großer, leuchtender Name,
der, wo auch immer er auftauchte, allerhöchste Erwartungen
weckte. Die Eduard niemals auch nur im Ansatz würde erfül-
len können. Wütend öffnet er das Fenster.

«Ich scheiß auf Einstein!», schreit er. Sein Atem hinterlässt kleine weiße Wolken in der Luft, die sich schnell ins
Nichts auflösen.

Und dann bricht es aus Brahms heraus. All die Sehnsucht
und Hingabe des Komponisten münden schließlich in eine
mächtige, orchestrale Explosion: Das ganze Orchester forte,
die Musik steigert sich unaufhörlich, große Intervallsprünge
im Stakkato. Das Waldhorn präsentiert das zweite Thema in
C-Dur, ein drittes Thema in c-Moll kommt noch gewaltiger
herangestürmt. Am Höhepunkt dieser rasanten Entwicklung
bereitet sich der Hörer auf ein triumphales Finale vor, allein
der Komponist hat anderes im Sinn: Fast unmerklich gleitet
das Finale nun in den Holzbläsern von f-Moll nach Dur, an
einigen Stellen schimmert das erste Motiv des ersten Satzes
durch, wie eine Erinnerung, auch das Choralthema scheint
nochmals auf, Violinen und Bratschen spielen gedämpft das
Hauptthema des ersten Satzes. Ein geheimnisvolles Flüstern
und Schwärmen, lang gehaltene Akkorde der Bläser, Pizzicati

der Streicher. Brahms verlangsamt das Tempo, noch einmal taucht ein Triolenthema auf, Holz- und Blechbläser in Begleitung der Streicher. Und so endet das Allegro schlussendlich magisch und unerwartet in gelöstem Piano. Friede in F-Dur.

Eduard springt aus dem Fenster.

Als der Oberwärter die Tür des Gemeinschaftsraums öffnet, entsteht ein Windzug, unten hört man eine Tür knallen. Sein Blick fällt auf das offene Fenster, die Gardinen wehen im Wind. Schneeflocken wirbeln herein, landen auf dem Fensterbrett, wo sie zu winzigen Pfützen zerschmelzen. Auf dem Tisch dreht sich tonlos der Plattenteller des Grammofons.

Franz blickt resigniert auf, schnauft und deutet kurz zum Fenster. Der alte Hermann guckt stumm vor sich hin. Hat aufgehört zu murmeln. Der Oberwärter flucht laut. Schließlich weiß er, was ihn beim Blick aus dem Fenster erwarten wird.

Oder auch nicht. Denn anders als beim letzten Mal bewegt sich der Körper noch, der dort unten liegt. Die Schneedecke, die Eduards Blut um seinen Kopf herum rot eingefärbt hat, ist ja auch gut fünfundzwanzig Zentimeter stark. Und Schnee ist weich. Das ist sein Glück.

Wenn man es denn so nennen kann.

Während Eduard kurz darauf vom Sanitäter versorgt wird, schimpft der Oberwärter.

Wer die Schallplatte aufgelegt hat, will er wissen. Die verbotene. Franz zuckt die Schultern. Ihm wird langsam kalt. Der alte Hermann lächelt, warum auch immer.

«Mit Wagner wäre das nicht passiert!», zetert der Oberwärter.

Und da hat er vielleicht sogar recht.

Vom Freitod

Das Suizidieren kann keine Lösung sein, denkt Albert Einstein beim Blick auf den Kalender. Heute wäre sein bester Freund und wunderbarer Kollege Paul Ehrenfest fünfundsechzig Jahre alt geworden. Er hat sich vor elf Jahren das Leben genommen. An diesem Donnerstag sitzt Einstein am Schreibtisch in seinem Arbeitszimmer und geht die Post der letzten Tage durch. In der Ecke links neben dem Fenster steht ein Korb, in dem eine schwarze Katze schläft. Leise hört man ihr Schnarchen.

Erst vor wenigen Tagen erreichte Albert Einstein ein Brief Heinrich Manns, in dem er schrieb, dass sich seine Ehefrau eine Woche vor Weihnachten das Leben genommen hat. Vor fünf Jahren sind die beiden in die USA emigriert. Und nie richtig in der Fremde angekommen, wie Heinrich ihm gestand. Das kann man zwar verstehen. Aber der Freitod bleibt Einstein befremdlich.

Heinrich Mann ist ihm von Anfang an sympathisch gewesen, ganz anders als sein eingebildeter Bruder Thomas. Schriftsteller können doch sehr selbstsüchtig sein. Das traf auch auf Gerhart Hauptmann zu, dessen damalige Besuche in der Haberlandstraße zwar anregend und amüsant waren, besonders Elsa mochte diese Zusammenkünfte, aber eben auch anstrengend. Wenn Schriftsteller zu erfolgreich waren, wurden sie mitunter zum wandelnden Buch und waren sich selbst die treuesten Zuhörer bei ihrer immer fortdauernden Lesung. Wenn Gerhart Hauptmann getrunken hatte, und das war früher oder später immer der Fall, galt das in besonderem Maße. Thomas Mann war da nicht besser, auch ohne Trinken. Einmal wurde er von ihm derart lehrerhaft in Grund und Boden monologisiert, dass er befürchtete, als Nächstes werde Thomas Mann ihm noch die Relativitätstheorie erklären. Der ältere Bruder Heinrich war da im Vergleich eine Ausnahme an Bescheidenheit, mit obendrein vernünftigen politischen Ansichten. Von Beginn an hatte er die Gefahren des Nationalsozialismus erkannt. Wenige Monate vor Einsteins Emigration hatten sie gemeinsam mit Käthe Kollwitz noch einen öffentlichen Aufruf verfasst: zum Zusammenschluss der beiden großen Arbeiterparteien im Wahlkampf, als letzte Bastion im Kampf gegen den Faschismus. Aber es war zwecklos gewesen.

Nun also hat Heinrichs Ehefrau im Exil eine Überdosis Schlaftabletten genommen. Seitdem verlasse er kaum mehr das Haus, schrieb Heinrich. Schrecklich, wie der Freitod in manchen Familien wütet.

Es bleibt Einstein ein Rätsel, aber das ist es damals bei seinem Freund Paul Ehrenfest auch schon gewesen. Paul hatte er vor gut dreißig Jahren kennengelernt. Nach lebhafter Korrespondenz hatte Einstein den Kollegen eingeladen, ihn zu besuchen. Ein Jahr zuvor hatte Einstein seine erste ordentliche Professur an der deutschen Universität Prag erhalten. Schon damals zeichneten sich die Schwierigkeiten seiner ersten Ehe immer deutlicher ab. Der kleine Eduard, keine zwei Jahre alt, war ständig krank. Und Mileva, die von Anfang an gegen einen Umzug von Zürich nach Prag gewesen war, machte die schlechten hygienischen Zustände in der neuen Heimat dafür verantwortlich. Was zugegebenermaßen nicht gänzlich abwegig war. Das Leitungswasser war derartig braun, dass man sich fragte, ob es denn wenigstens zum Waschen tauge. Zum Trinken und Kochen mussten sie ohnehin Wasser vom Brunnen holen. In der Wohnung hatten sie mit Ungeziefer zu kämpfen, und das Dienstmädchen, das sie sich erstmals leisten konnten, war dauernd damit beschäftigt, ihre eigenen Flöhe zwischen den Fingernägeln zu zerknacken.

An einem sonnigen Februartag im Jahre 1912 war er schließlich gemeinsam mit Mileva und den Kindern zum Kaiser-Franz-Josef-Bahnhof gefahren, um Paul abzuholen. Als ihn ein kleiner Mann mit dichtem schwarzem Haar, einem dunklen Schnauzbart und wachen Augen, die hinter einer Nickelbrille leuchteten, ansprach, ob er Professor Einstein sei, hatte er intuitiv gewusst, dass dieser Paul Ehrenfest ein Mann nach seinem Geschmack war. Da er ursprünglich aus Wien kam, luden sie ihn als Erstes in das mondäne Kaffeehaus Louvre ein, in dem die Künstler und Intellektuellen verkehrten. Ausgiebig diskutierten sie über statistische Mechanik, ein Spezialgebiet Ehrenfests. Mileva beteiligte sich rege an der Diskussion, auch Paul und sie schienen von Anfang an einen Draht zueinander zu haben. Überhaupt, es gab zahlreiche Parallelen: Ehrenfest war jüdischer Abstammung, wobei auch er den Glauben nicht praktizierte, seine Ehefrau Tatjana war ebenfalls Mathematikerin und Physikerin, und auch sie war gut drei Jahre älter als er. Auch waren sie beide Eltern zweier Kinder, zwei Mädchen.

Die halbe Nacht diskutierten Mileva, Paul und er anschließend zu Hause über die Quantentheorie, und es war einer jener höchst selten gewordenen Abende gewesen, an denen in Einstein das Gefühl aufkam, seine Ehe sei vielleicht doch noch zu retten. Er verspürte noch ein wenig von der alten Leidenschaft für Mileva, als ihre beeindruckenden mathematischen Fähigkeiten im Gespräch zu leuchten begannen. Ergänzt durch ihre glasklaren, messerscharfen Schlussfolgerungen, mit denen sie damals als einzige weibliche Studentin nicht nur bei ihm, sondern bei der ganzen Studentenschaft bleibenden Eindruck hinterlassen hatte.

Tags darauf setzte sich Paul ans Klavier und begleitete Einstein zu einer Violinsonate von Brahms. Anschließend spielte Paul noch einige der Goldberg-Variationen, ehe sie sich gemeinsam ins Arbeitszimmer begaben, rauchten und auf einen angrenzenden kleinen Park mit stattlichen alten Bäumen hinaussahen. Geschäftiges Treiben herrschte dort: Einzelne, in tiefes Nachdenken versunkene Gestalten, aber auch kleine Gruppen, die, manchmal heftig debattierend, auf den schmalen Sandwegen wandelten.

«Und? Fällt dir etwas auf?», fragte Einstein den neu gewonnenen Freund nach einer Weile mit einem schalkhaften Grinsen, indem er aus dem Fenster zeigte.

Paul zog nachdenklich an seiner Zigarre, schließlich entgegnete er verwundert: «Es sieht fast so aus, als ob nur Weibsbilder durch diesen Park spazieren. Gestern meinte ich hingegen, lauter Männer beobachtet zu haben.»

«Hier siehst du den Teil der Verrückten, der sich nicht mit der Quantentheorie beschäftigt», entgegnete Einstein lachend. «Es ist der Garten der Irrenanstalt. Ich habe lange gerätselt, als mir auffiel, dass man vormittags nur Frauen im Park entdeckt und am Nachmittag ausnahmslos Männer. Bis mich jemand aufklärte, was das eigentlich für ein Garten ist, wozu er gehört.»

Jetzt ist die Katze in ihrem Korb aufgewacht. Sie streckt sich, macht einen Buckel und sieht ihn mit ihren bernsteinfarbenen Augen an. Dann maunzt sie, kommt auf ihn zugelaufen und beginnt, ihm um die Beine zu streichen.

Dass sein eigener Sohn einmal in einer Irrenanstalt landen würde, das hätte er jedenfalls nicht für möglich gehalten. Sicher, kränklich war Tete seine halbe Kindheit gewesen, ganz anders als der robuste Hans-Albert, der ältere Bruder. Manchmal hatte sich Einstein gar gefragt, ob es nicht besser wäre, wenn der kleine Eduard Abschied nehmen könnte, bevor er das Leben richtig gekannt habe? Zu seinen Füßen schnurrt unentwegt die schwarze Katze.

Jahre darauf fand sich eine weitere Gemeinsamkeit mit Paul: Auch einer der beiden Söhne Pauls, die seine Frau nach den Töchtern zur Welt brachte, landete in einer Heilanstalt. Er litt an mongoloider Idiotie, ein Umstand, der seinem Vater seit der Geburt des kleinen Vassili sehr zu schaffen machte. Seine schwermütigen Momente hatte der Freund immer schon gehabt, aber mit der Geburt des behinderten Kindes hatten diese spürbar zugenommen.

Fraglos war der stets an ihm nagende Selbstzweifel eine von Pauls großen Schwächen gewesen. Ein immerwährendes Gefühl der Unvollkommenheit, das trotz wachsenden Erfolges nicht schwinden wollte. Selbst nach Pauls Übersiedlung ins niederländische Leiden, wo er den Lehrstuhl des großen theoretischen Physikers Hendrik Antoon Lorentz übernahm, wurde er den Gedanken nicht los, dass er dessen Platz nicht ausfüllen könne; dass der Lehrstuhl mit einem bedeutenderen Mann hätte besetzt werden müssen als mit ihm. Dabei war Paul Ehrenfest der beste Lehrer, den Einstein kannte. Niemand konnte ein Problem derart scharf umreißen, derart auf den Punkt bringen wie er.

Und seine Studenten liebten ihn. Paul sprach diverse Sprachen, wenn auch alle fehlerhaft und mit österreichischem Akzent. Unbekannte Worte pflegte er durch eigene, stets begreifbare, einfache Ausdrücke zu ersetzen, sodass sie häufig klarer wurden als die ursprünglichen. Genau wie seine Redewendungen, von denen er ständig neue fand: Bei Paul gab es keinen «springenden Punkt», stattdessen rief er begeistert aus: «Das ist, wo der Frosch ins Wasser springt!» Hatte ein Student ein schwieriges Problem endlich gelöst, frohlockte er: «Jetzt hast du die ganze Ratte aus der Suppe gezogen!»

Was die Quantenphysik anging, hatten sie sich im Laufe der Jahre zwar immer wieder in die Haare gekriegt. Unablässig stellte Paul bohrende Fragen und ließ manche Antwort, die ihn nicht ausreichend zufriedenstellte, nicht gelten. In Leiden hatte Einstein den Freund regelmäßig besucht, war häufig ein paar Tage im Haus der Ehrenfests geblieben und hatte das familiäre Zusammensein genossen. Kaum jemand, den er kannte, ging derart liebevoll mit seinen Kindern um wie Paul und Tatjana Ehrenfest. Ein Grund zur Sorge blieb stets die Behandlung und Unterbringung des Sohnes Vassili, die zudem einen Großteil der finanziellen Mittel der Familie verschlang.

Mit dem zunehmenden Antisemitismus legte sich schließlich auch der dunkle Schatten immer weiter über Pauls Gemüt. Als die Nationalsozialisten an die Macht kamen, fuhr Paul nach Jena und holte Vassili aus der dortigen psychiatrischen Klinik ab und brachte ihn in das neu gegründete Institut für geistig Behinderte in Amsterdam. In den folgenden Monaten jedoch gelang es Paul nicht mehr, auch nur irgendein Licht am Horizont zu erkennen. Die politischen Zustände deprimierten ihn maßlos, und den neuesten Gedanken in der Entwicklung der theoretischen Physik vermochte er nicht mehr zu folgen. Jede neu eintreffende Ausgabe einer beliebigen physikalischen Zeitschrift löste Schweißausbrüche bei ihm aus.

Am 25. September 1933 schließlich schrieb der Mann, der die Zusammenhänge der Welt seinen Studenten erklären konnte wie kein anderer, den Einstein jemals getroffen hatte, seine letzte Erklärung auf. Es war ein Abschiedsbrief an Einstein, in dem er verzweifelt das Unerklärbare seiner Tat zu erhellen suchte.

Dann fuhr er in das Institut für geistig Behinderte und begab sich in den Warteraum. Als Vassili auf ihn zugerannt kam, schoss er ihm in den Kopf. Und anschließend sich selbst.

Mit einem Satz springt die schwarze Katze auf seinen Schoß. Behutsam krault er ihr den Kopf. Genießerisch schließt sie die Augen, als er meint: «Du hast heute definitiv schon die ganze Ratte aus der Suppe gezogen, wie?»

Neue Hoffnung

Gestern hat plötzlich Tauwetter eingesetzt. Ein Teil der Schneemassen schmolz in der Sonne dahin, riesige Pfützen bildeten sich im Hof. Der Boden war noch immer gefroren, sodass das Wasser nirgends versickern konnte.

Später stand er auf der Terrasse und hat lange Zeit den Eisgang beobachtet. Der Großteil der Eisschollen dick und weiß, andere dünn und durchschimmernd grau, fast durchsichtig, trieben sie auf dem schwarzgrünen Wasser flussabwärts. Manche kleiner, manche größer, in den unterschiedlichsten Formen, mit scharf umrissenen Kanten, wie ein unablässig dahinströmender, gigantischer Scherbenhaufen. In den kahlen Uferbäumen saß ein großer Schwarm Saatkrähen, ihr beständiges Krächzen hallte durch die Luft.

Als er dann mitten in der Nacht erwachte und keinen Schlaf mehr fand, quälte er sich aus dem Bett und sah aus dem Fenster. Das Thermometer zeigte wieder Minusgrade an, auch hatte es leicht zu schneien begonnen.

Jetzt fällt ihm das Aufstehen schwer. Vollkommen gerädert fühlt er sich, an Leibesertüchtigung gar nicht zu denken. Unter Mühen quält er sich die Treppe runter. Als Fräulein Frieda später als gewöhnlich hereinkommt und ihn begrüßt, wirkt auch sie abgekämpft. Ganz außer Atem ist sie, und ihre Wangen leuchten rot, als sie ihr Zuspätkommen entschuldigt.

«Herr Geheimrat», fügt sie mit ungewöhnlich strenger Stimme hinzu, «Ihre Frau Gemahlin hat sehr gut daran getan, Ihnen die Reise nach Berlin zu verbieten. Draußen ist es spiegelglatt, ich bin selbst soeben auf dem Weg hierher gestürzt.» Damit zieht sie ihren Wollmantel aus und untersucht den nassen, dunkelbraunen Schmutzstreifen, der sich längs über das Kleidungsstück erstreckt.

Selbstverständlich hat Marga recht gehabt, denkt er. Wie Frauen eben überhaupt oft recht haben. Aber sein Pflichtgefühl hätte ihn beinahe dazu veranlasst, sich darüber hinwegzusetzen.

Heute Nachmittag findet in Berlin die Hundertjahrfeier der Deutschen Physikalischen Gesellschaft statt. Dass er nicht dabei sein kann, schmerzt ihn gewaltig. Es grenzt ja an ein kleines Wunder, dass diese Feier überhaupt stattfindet. Im Großen Hörsaal des Physikalischen Instituts der Universität Berlin, trotz aller kriegsbedingter Widrigkeiten. Obwohl das Institut bereits mehrfach von Bombentreffern gezeichnet ist und die Heizung im Gebäude längst ausgefallen.

Früher haben sie den Gründungstag der Gesellschaft jedes Jahr gefeiert. Rauschende Feste sind das gewesen, in den feinsten Lokalitäten der Stadt, mal im Adlon, mal im Palmensaal des Hotel Esplanade. Nach 1914, mit Beginn des Krieges, waren diese Feiern unregelmäßiger geworden. Zuletzt hat im Januar 1935 eine Jubiläumsfeier stattgefunden. Damals hatte er in seiner Festrede einige Anekdoten aus den Sitzungen der Gesellschaft zum Besten gegeben und dann mit einem kleinen Ausblick auf die im Januar 1945 bevorstehende Hundertjahrfeier geschlossen. An Albert Einstein hatte er damals gedacht, als er meinte, ein künftiger Festredner werde dann auf Mitglieder hinweisen können, «deren unsterbliche Verdienste um die Wissenschaft auch auf unsere Gesellschaft ihren Glanz verbreiten werden, solange überhaupt in Deutschland Physik getrieben wird».

Natürlich hatte er es vermieden, Einsteins Namen zu nennen, aber jedem seiner Kollegen war klar gewesen, wie das zu verstehen war. Für einen Moment herrschte Stille im Saal, ehe der Applaus verhalten einsetzte, dann jedoch aufbrandete. Bernhard Rust, der Reichsminister für Wissenschaft, Erziehung und Volksbildung, saß neben einigen anderen Nazi-Größen in der ersten Reihe und hat ihn den restlichen Verlauf des Abends kaum eines Blickes gewürdigt.

Dass es einmal so kommen würde, wie es nun war, hätte er damals allerdings nie für möglich gehalten. Die großen Physiker, deren Glanz früher die Veranstaltungen der DPG überstrahlten, sind alle fort. Erwin Schrödinger ist bereits vor Jahren emigriert, genauso wie Lise Meitner. Peter Debye, einer der letzten Präsidenten der Gesellschaft, lehrt und forscht nun in New York. Sein Freund Walther Nernst ist verstorben, ebenso Karl Scheel. Arnold Berliner, ein Kollege, dem die Emigration nicht gelungen war, hat sich vor drei Jahren mit Blausäure vergiftet, kurz bevor er zum Transport nach Auschwitz abgeholt werden sollte.

Werner Heisenberg und Max von Laue sind mitsamt ihrem Institut von Berlin nach Süddeutschland verlegt worden, genau wie Otto Hahn.

Vor einer Woche noch hat man ihn bekniet, zur Festsitzung nach Berlin zu kommen. Eine Einladung, der er gerne Folge geleistet hätte, wäre er nicht am Neujahrstag beim Spaziergang gestürzt. Nichts Ernstes zwar, nur Prellungen hat er sich zugezogen, aber nachdem er ein paar Tage mehr oder weniger im Bett verbracht hatte, fühlte er sich unbeweglicher denn je. Auch seine Arthrose bereitet ihm zusehends Schmerzen, und so hat Marga ein Machtwort gesprochen: Höchst unvernünftig sei es, in seinem Zustand in den heutigen Zeiten, noch dazu bei derartiger Witterung, eine solche Reise anzutreten. Die Familie bräuchte ihn noch, er möge auch an Erwin, Nelly und das Kind denken. Da müsse man eben Prioritäten setzen. «Wenn du möchtest», hatte sie hinzugefügt, «fahre ich für dich nach Berlin. Und werde dir über alles Bericht erstatten. Dann würde ich bereits einen Tag früher anreisen und bei Nelly und Liesel in der Winklerstraße übernachten. Die beiden können etwas Aufmunterung brauchen. Und Lebensmittel für die zwei und für Erwin würde ich auch gleich mitnehmen. In Berlin scheint es ja fast nichts mehr zu geben.»

Darauf hatten sie sich einigen können.

«Herr Geheimrat», holt ihn Fräulein Frieda aus seinen Gedanken, «hätten Sie vielleicht später die Güte, mir etwas vorzuspielen?»

Das wird er gerne tun. Und so schleppt er sich nachmittags die Treppe hoch in den Salon und nimmt am Flügel Platz. Fräulein Frieda wünscht sich «das Stück von Schubert, denn das finde ich so schön traurig».

«Sie meinen sicher die Klaviersonate in B-Dur, die ich vor ein paar Tagen gespielt habe. Es ist das letzte Werk, das Franz Schubert komponiert hat. Kurz vor seinem Tod, als er bereits von Krankheit gezeichnet war und spürte, wie ernst es um sein Leben stand.»

Das Hausmädchen nickt.

«Dafür müssen wir uns etwas Zeit nehmen. Unter keinen Umständen darf man diese Sonate zu schnell spielen. Wie Wilhelm Furtwängler sagt: ‹Es gibt nur ein Tempo, und das ist das richtige.› Sitzen Sie auch bequem?»

«Ja, danke, Herr Geheimrat.» Fräulein Frieda streicht sich verlegen die Schürze glatt.

Kurz darauf versinkt er im Spiel. Gleich im ersten Satz, um genau zu sein, im achten Takt, folgt der außergewöhnlichste Triller der Musikgeschichte. Bis dahin war ein Triller nicht mehr als eine dekorative Geste. In diesem Fall jedoch wird das sich zaghaft entwickelnde lyrische Thema in B-Dur von einem tiefen Triller jäh unterbrochen, wie von einem Trommelwirbel. Vermutlich kann man so nur komponieren, wenn man den Tod vor Augen hat. Zumindest mutet ihm dieses Werk wie eine vorgezogene Botschaft aus dem Jenseits an. Eigenartig, denkt er, dass Schuberts Sonaten nie die Aufmerksamkeit erhielten, die ihnen gebührt. Stets wurden sie im Vergleich zu den Klaviersonaten Beethovens belächelt. Johannes Brahms erkannte die ungewöhnliche Qualität dieser Stücke.

Im zweiten Satz liebt er besonders die Coda in Cis-Dur. Ihre letzten Akkorde erinnern an «Der Tod und das Mädchen». Das darauffolgende Scherzo bildet einen lebhaften Kontrast zu den beiden vorangegangenen ruhigen, ausgedehnten Sätzen, wobei auch dieser Part auf den ersten Blick heiterer wirkt, als er sich im Verlauf entpuppt. Auch der vierte Satz scheint ihm wie das Schweben am Rande eines Abgrunds. Hier gilt es, das Heitere herauszuarbeiten, das immer wieder ins Stocken gerät. Die kurze Coda, presto gespielt, schließlich durchdrungen von einer herrlichen, chaotischen Glückseligkeit.

Als er endet, tupft sich das Hausmädchen die Augen und lächelt gerührt. Später bereitet Fräulein Frieda das Abendessen vor und fragt zögerlich, ob sie sich schon verabschieden könne. Es wäre ihr lieber, zu Hause zu sein, falls es wieder Alarm gäbe. Gestern heulten am frühen Abend die Alarmsirenen auf, kurz darauf zogen britische Fliegerverbände über den Himmel und griffen erneut Magdeburg an.

«Selbstverständlich», antwortet er, «passen Sie nur gut auf sich auf, Fräulein Frieda! Ich werde noch auf meine Frau warten.»

Als er allein ist, setzt er sich in den großen Ohrensessel im Salon und schaltet den Rundfunk ein. Er sucht die Langwelle ab, bis er den verbotenen britischen Sender gefunden hat, und lauscht den Nachrichten. Wenn man den Briten trauen darf, hat die Rote Armee beachtliche räumliche Fortschritte erzielt. Warschau sei bereits erobert, heißt es, sowie Teile von Krakau. Der Marsch auf Berlin stünde bevor. Wobei davon schon des Öfteren die Rede war. Wenn das Kriegsende wirklich vor der Tür stehe, denkt er, hätte Erwin noch eine Chance.

Er dreht erneut am Regler, stellt den Reichssender Berlin wieder ein und schaltet den Apparat ab. Anschließend liest er zur Zerstreuung in den *Physikalischen Blättern*, die von der Deutschen Physikalischen Gesellschaft seit einem Jahr herausgegeben werden. Leider sind auch diese Artikel propagandistisch durchsetzt.

Als er müde wird, legt er sich ins Bett und greift zu den Partituren von Brahms, die auf seinem Nachttisch liegen. Als ihm beinahe die Augen zufallen, hört er im Hof ein Auto vorfahren. Offenbar hat ein Mitarbeiter des Instituts Marga nach Hause gebracht. Kurz darauf vernimmt er ihre Schritte auf der Treppe, und noch im Mantel kommt sie zur Tür herein.

«Ist alles in Ordnung?», fragt er besorgt und setzt sich unter Mühen auf.

«Ja», antwortet sie, «alles in bester Ordnung.»

Margas Augen leuchten, ganz aufgekratzt wirkt sie.

«Ich hoffe, es gab auch eine anständige Feier? Und ihr habt nicht nur gefroren?»

«Das Schönste war das Ende», erzählt Marga, «als wir alle nach draußen strömten. Du kannst dir denken, dass ich

unzählige Hände schütteln und zahlreiche Grüße und Gene-
sungswünsche für dich entgegennehmen musste. Und dann
stand da plötzlich Nelly am Reichstagsufer und wartete auf
mich.»

Sie macht eine Pause, er sieht sie fragend an.

«Stell dir vor», flüstert Marga, «heute hat Nelly Nachricht erhalten, dass Erwins Begnadigung in Kürze zu erwarten
ist.»

Sie zieht noch einen Brief von Erwin aus ihrer Mantel-
tasche, den sie von Nelly erhalten hat. Er ist sprachlos.

Dies irae

Vor ihm das Meer, spiegelglatt. Kein Windzug, keine noch so kleine Welle kräuselt die Oberfläche. Düster spiegelt sich der Himmel darin, und mitten aus dem dunklen Wasser ragt eine steile Felseninsel empor.

«Die Toteninsel». Erwin betrachtet den Druck auf der Postkarte, die er in der «Krieg und Frieden»-Ausgabe entdeckt hat. Früher hing im Wohnzimmer seines Elternhauses eine Radierung des Gemäldes; schon immer hat es eine besondere Faszination auf ihn ausgeübt.

Inmitten der Insel ein Zypressenhain, die Konturen der hoch aufragenden Bäume verschmelzen zu einem undurchdringlichen Schwarz. Ein einsames Ruderboot steuert auf die kleine Bucht zu. Fahrgast ist eine in weißes Gewand gehüllte Frauenfigur, sie ist, wie der Fährmann, von hinten zu sehen. Vor ihr auf dem Boot ein mit weißen Tüchern verhangener, blumengeschmückter Sarg. Ruhig gleitet das Boot dahin, der Ruderschlag des Fährmannes scheint die glatte Wasserfläche kaum zu durchbrechen. Eigentlich, hat Erwin sich schon als Kind vorgestellt, müsse jemand, der die Szene sieht, ebenfalls in einem Ruderboot sitzen, denselben Weg zurücklegend. Anders macht die Perspektive keinen rechten Sinn. Und so hat er dieses Bild immer mit Ehrfurcht und einem leichten Grusel betrachtet.

Vor Jahren hat Erwin mit Nelly im Leipziger Museum der bildenden Künste das Original bewundert, genauer gesagt die letzte der fünf leicht unterschiedlichen Varianten. In den rohen Stein der steil aufragenden Felswände sind zahlreiche Grabkammern gehauen. Über der entlegensten Kammer ganz rechts, die Öffnung geht als einzige aufs weite Meer hinaus, entdeckten sie bei näherem Hinsehen die Initialen «AB». Augenscheinlich hatte der Künstler sich hier verewigt und sich sein eigenes Grab geschaffen.

Vor Jahren hat Erwin ein Buch über Böcklin gelesen. Ursprünglich, so hieß es, sei dieses Werk die Auftragsarbeit für eine junge Witwe gewesen, die sich «ein Bild zum Träumen» wünschte. Der Maler selbst litt zum damaligen Zeitpunkt an einem schweren Nervenleiden, und schon lange prägte der Tod sein Leben. Zwar hatte er eine Typhus-Erkrankung überwunden, aber mehrere seiner Kinder waren jung verstorben, was ihn immer wieder in schwermütige, depressive Stimmung versetzte. Seit dem Jahr zuvor hatte er zudem eine rheumatische Gelenkentzündung, die seinen rechten Arm von der Schulter bis zur Hand erfasste, jeder Pinselstrich bereitete ihm Schmerzen. Die erste Version der «Toteninsel», die Böcklin damals schuf, behielt er für sich. Umgehend malte er eine zweite Variante; als er das fertige Bild schließlich seiner Auftraggeberin schickte, legte er ein Schreiben bei: «Sie werden sich hineinträumen können in die dunkle Welt der Schatten, bis Sie den leisen, lauen Hauch zu fühlen glauben, den das Meer kräuselt. Bis Sie Scheu haben, die feierliche Stille durch ein lautes Wort zu stören.»

Böcklin, so las Erwin, sei hochmusikalisch gewesen. Ein Umstand, der nicht verwunderte, wirkten seine Bilder ähnlich durchkomponiert wie Musikstücke. Böcklin begann oft erst zu malen, wenn er das ganze Bild bereits in seiner Vorstellung vor sich sah. Sein Wunsch war es stets gewesen, «durch seine Bilder das Gemüt so zu ergreifen, wie die Musik es könne». Häufig brachte man seine Landschaftsmalereien in Verbindung mit der Musik Richard Wagners, allerdings, so hieß es, hatte der Maler selbst Wagner zutiefst verabscheut. Sowohl menschlich wie musikalisch. Dessen Opern «bereiteten ihm Bauchgrimmen», hatte er geschrieben. Wiederholt war Böcklin von Wagner selbst gebeten worden, Bühnenbilder für seine Opern zu entwerfen, ein Wunsch, dem er nicht nachkam.

Erwin blickt auf die Postkarte in seinen Händen, auf dieses Gemälde, das ihm von Kindheit an vertraut ist. Einst, erinnert er sich, hatte ein Kunstkritiker den Maler nach der Bedeutung des Bildes gefragt. Böcklin blickte ihn erstaunt an und antwortete knapp: «Das, was Sie sehen. Ich male nur Bilder und keine Bilderrätsel!»

Unterdessen steht Adolf Hitler im Musiksalon der Reichskanzlei vor dem Original ebenjener «Toteninsel», um genau zu sein, der Version Nummer drei, die als die berühmteste gilt. Sie ist die Vorlage für zahlreiche Drucke und Radierungen. Vor neun Jahren hat Hitler sie auf Umwegen von einer jüdischen Kunsthändlerin gekauft. Anfangs hing das Bild im Berghof am Obersalzberg, aber zu Beginn des Krieges nahm Hitler einige Gemälde, die ihm besonders am Herzen liegen, mit nach Berlin. Nun hängt das Gemälde hier über dem Kamin. Rechts davon steht ein Flügel, außerdem die Musikanlage, auf der der Führer manchmal die Opern seines Lieblingskomponisten Richard Wagner abspielt. Bevor sich Hitler an diesem Tag in die Lagebesprechung begibt, geht er hinüber in den Wintergarten, tritt an seinen Schreibtisch und geht die Liste durch, die dort für ihn bereitliegt: die Liste derer, die im Tegeler Todeshaus auf ihre Hinrichtung warten.

Zeichen und ihre Deutung

Die Sonne scheint an diesem Montagmorgen, der Himmel strahlt ungewöhnlich klar und blau. Ihr Atem hinterlässt kleine Nebelwolken, als sie bei fünfzehn Grad minus die Scheiben ihres schwarzen Buick Sport Coupé freikratzt. Mit Kälte hat sie kein Problem, nur Snowball und Baby, die beiden Lieblinge, stellen sich bei diesen Temperaturen etwas an. Ihre winzigen Rattenpfoten kitzeln Margarita im Nacken, als die beiden sich unter ihrem langen Haar zu sortieren suchen und sich schließlich eng aneinanderschmiegen. Da fällt ihr ein, dass sie den Rattenkäfig vergessen hat und noch einmal zurückkehren muss.

Sie flucht. Vor einer Abreise nochmals in die Wohnung zurückzukehren, bringt Unheil, das hat man ihr schon als kleines Kind beigebracht. Schließlich sperrt sie widerwillig die Haustür auf, läuft die Treppe hoch, und bevor sie oben, den Käfig unter dem Arm, die Wohnungstür wieder hinter sich schließt, sieht sie selbstverständlich kurz in den Spiegel. Die einzige Möglichkeit, ein drohendes Unglück in solch einer Situation abzuwenden, wie jeder Russe weiß.

Kurz darauf ist sie angenehm überrascht, dass der kräftige Achtzylindermotor selbst bei diesen Temperaturen gleich beim ersten Versuch anspringt, und dann ist sie auf dem Weg nach Saranac Lake. Seit Jahren mietet Einstein dort die große

Blockhütte Nummer sechs des Knollwood Club. Wobei, was man hier Hütte nennt, ist ein schönes zweistöckiges Holzhaus, mit großer Veranda und umlaufendem Balkon. Errichtet aus massivem dunklem Holz, mit hübschen Verzierungen, das erinnert sie an die ferne Heimat. Direkt am See lag es, oberhalb des schmalen Sandstrandes, dahinter dichter Wald.

Als der Antisemitismus Ende des letzten Jahrhunderts auch in den USA spürbar zunahm, haben sich einige wohlhabende Juden hier feudale Ferienhäuser errichtet. Hier waren sie weit weg von den Anfeindungen in den Städten.

Wie oft sie Einstein wohl noch treffen werde, fragt sie sich. Ihre Aufgabe nähert sich allmählich dem Ende. Vermutlich wird sie nicht mehr allzu lange in den Vereinigten Staaten sein, denkt sie, als sie durch die zunehmend verschneite Landschaft braust. Irgendwann wird der Ruf der Zentrale kommen. Und dann geht es für sie und ihren Ehemann zurück nach Moskau. Mitunter schneller, als man gucken kann. Falls die Situation es verlangt und das FBI ihnen auf die Schliche kommt, ist das allerdings auch dringend angeraten. Vor wenigen Tagen erst ist es ihnen gelungen, über Klaus Fuchs, alias «Rest», eine Konstruktionsbeschreibung der ersten Atombombe zu erhalten und der Zentrale zuzuspielen. Klaus Fuchs ist schon 1933 aufgrund seiner kommunistischen Gesinnung nach England geflohen und hat sein Physikstudium in Bristol abgeschlossen. Diesen Umstand haben sie sich zunutze gemacht: Sie haben eine feine Legende gesponnen, die der junge Physiker erfolgreich bei seinem neuen Chef Oppenheimer platzieren konnte: Er sei aus einem deutschen Konzentrationslager entkommen, über Umwege nach England geflüchtet, von wo aus ihm schlussendlich die Emigration gelang, ließ Klaus Fuchs Robert Oppenheimer wissen. Das hat den Amerikaner, der deutschjüdischer Abstammung ist, maßlos beeindruckt. Seitdem genießt Klaus Fuchs dessen uneingeschränktes Vertrauen. Es ist nur eine Frage der Zeit, wann sie von Agent Rest die noch fehlenden Details zu der neuen Wunderwaffe erhalten werden. Der sowjetische Physiker Igor Kurtschatow ist in der Heimat bereits damit beschäftigt, die Unterlagen auszuwerten.

Inzwischen macht die Zentrale Druck, die Angelegenheit zügig zu einem erfolgreichen Ende zu bringen. Bevor die amerikanische Spionageabwehr richtig ins Rollen kommt. Lange Zeit hat sich das FBI darauf konzentriert, die in Los Alamos arbeitenden Wissenschaftler auf Verbindungen nach Deutschland zu überprüfen. Ein nationalsozialistischer Spion, das war die größte Sorge.

Prosowjetischen Einstellungen hat man dagegen keine große Bedeutung beigemessen. Das hat sich in den letzten Monaten allerdings geändert: Seitdem ein paar linksorientierte Mitarbeiter im Strahlenlabor in Berkeley aufgefallen sind, beginnen die Amerikaner, auch in diese Richtung zu denken. Auch in Berkeley hat die Zentrale Agenten, insofern sind sie bestens über diese Umstände unterrichtet. Noch droht keine Gefahr, aber man muss es ja nicht drauf ankommen lassen.

In Saratoga Springs macht sie kurz halt und trinkt einen Kaffee. Der kleine Ort ist für seine Pferderennbahn bekannt – und für die Erfindung der Kartoffelchips. Angeblich klagte ein nörgelnder Gast vor fast hundert Jahren wiederholt über zu dick geschnittene Bratkartoffeln. Woraufhin der genervte Koch schließlich hauchdünn gehobelte Kartoffeln ins Öl warf. Und zu seiner Überraschung für eine Welle der Begeisterung sorgte, die bis heute anhält. Für was man nicht alles in diesem Land berühmt werden kann.

Sie nimmt zwei Chips aus der Schale, die vor ihr auf dem

Tisch steht, und reicht sie ihren beiden Kragenfreunden. Dann legt sie fünf Cent neben die leere Kaffeetasse, da ist sie großzügig, und macht sich wieder auf den Weg.

Auf dem Highway muss sie an den Traum von letzter Nacht denken. Sie hat geträumt, dass Einstein tot ist. In einer leeren Halle stand sie an seinem offenen Sarg und blickte auf sein bleiches, wächsernes Gesicht. Sein Haar, seine wilden weißen Locken, für die er so berühmt war, hatte man ihm abgeschoren. Wie ein Häftling aus dem Gulag sah er aus. Und wie sie ihn so betrachtete, machte sich plötzlich das schlechte Gewissen in ihr breit, eine Welle von Trauer überkam sie, und sie begann hemmungslos zu weinen. Von ihrem eigenen Schluchzen war sie schließlich aufgewacht.

In ihrer Heimat hat jeder Traum eine Bedeutung. Wenn man vom Tod träumt, heißt das noch lange nicht, dass jemand stirbt. Aber irgendein Ende steht bevor, dessen ist sie sich sicher.

Als sie gut zwei Stunden später von Einstein freudig begrüßt wird, versucht er noch auf der Türschwelle, ihr das Gepäck abzunehmen. Das weiß sie gerade noch zu verhindern. Es gibt ein paar wichtige Regeln, die man unbedingt beachten muss, will man den bösen Blick nicht auf sich ziehen.

Aber kaum ist sie eingetreten, häufen sich die Zeichen in beängstigendem Maße: Mitten auf dem Tisch hat Einstein achtlos seinen Schlüsselbund abgelegt. Daneben steht obendrein eine leere Wasserflasche. Wenigstens die stellt sie eilig unter den Tisch.

Natürlich weiß sie, dass Emigranten wie er die russischen Gebräuche nicht kennen, dass sie sie als Aberglaube belächeln würden. Von den ungebildeten Amerikanern ganz abgesehen, die sowieso von nichts eine Ahnung haben. Und am Ende wundern sie sich alle, wenn etwas schiefläuft oder das Schicksal es nicht gut mit ihnen meint. Hier in der Ferne hat sie in all den Jahren gelernt, sich anzupassen. Hat auch gelernt, es mit den Zeichen etwas lockerer zu nehmen. Aber wenn derartig viele so geballt auftreten, bringt sie das doch aus dem Tritt.

Gewöhnlich haben sie sich an diesem idyllischen Ort in den Sommermonaten getroffen. Manchmal hat Einstein Wochen hier verbracht. Nun ist es tiefster Winter, der See zugefroren, und die kalte, klare Luft riecht nach Schnee, ganz wie sie es kennt und liebt.

Im Kamin knistert das Feuer, und ihre beiden Lieblinge sind im mitgebrachten Käfig inzwischen auch zur Ruhe gekommen.

Kaum haben sie es sich unter Almas Decke auf dem Sofa gemütlich gemacht, erhebt sich Einstein wieder und legt eine Schallplatte auf. Und obwohl die Musik anfangs nur zart und leise, wie aus der Ferne erklingt, weiß sie beim ersten Ton, um was es sich handelt, und ihr gefriert das Blut in den Adern.

Es ist eine beständig wiederkehrende Figur im ungewöhnlichen Fünfachteltakt: wie langsam sich nähernde Schläge eines Ruderbootes, mysteriös und bedrohlich. Die sinfonische Dichtung Opus 29 hat Sergei Rachmaninow komponiert, nachdem er ein Bild gesehen hatte, von dem er zutiefst ergriffen war; ein Gemälde, das ihn berührt hatte wie kein anderes in seinem Leben zuvor: Böcklins «Toteninsel». Er versuchte, das Bild in Töne zu fassen, und teilte die Komposition in drei Sätze, die symbolisch für die Motive des Meeres, der Insel und des Todes stehen.

Nun folgt eine Miniatur, vier Töne sind es nur: Als Motiv des Todes wählte Rachmaninow den Beginn der gregorianischen Totenmesse, auch als «Dies irae», Tag des Zorns, bekannt.

Sie ist wie erstarrt. Rachmaninow ist die Liebe ihres Lebens. Über zwanzig Jahre ist es her, dass sie ihn das letzte Mal sah. Dass sie das letzte Mal seine « Toteninsel » hörte, im Bolschoi-Theater in Moskau, dirigiert vom Meister höchstpersönlich.

Kennengelernt hatten sie sich bei dem Opernsänger Fjodor Schaljapin. Rachmaninow war gut zwanzig Jahre älter als Margarita. Der groß gewachsene Pianist hatte jedoch etwas Kindliches, Verletzliches, das sie von Beginn an faszinierte. Unbeholfen sah es aus, wenn sich dieser schlaksige Mann an den Flügel setzte. Kaum jedoch, dass er zu spielen begann, war es, als verschmelze er mit seinem Instrument. Dabei wirkte seine Musik derart von Sehnsucht getrieben, dass sie jedes Herz sofort berührte. Obgleich er als größter Pianist seiner Zeit galt und als einer der wenigen, die sein eigenes Klavierkonzert Nummer drei, das wohl schwierigste Klavierkonzert überhaupt, zu spielen imstande war, gestand er Margarita zu später Stunde, dass ihn eine Hassliebe mit dem Instrument verbinde. Seine Mutter, so erzählte er ihr an diesem Abend mit einem melancholischen Lächeln, habe ihn als Kind zur Strafe stets unter das Klavier verbannt. Dort habe er stundenlang ausharren müssen, in der halbdunklen Enge, verbunden nur mit der Musik, wenn denn die Mutter gerade spielte. Irgendwann jedoch habe die Musik ihm eine Tür geöffnet. Eine Welt habe sich ihm erschlossen, in die er fliehen konnte, während sein kleiner Körper unter dem Instrument kauerte. Ja selbst wenn er alleine dort verharren musste, konnte er im Geiste die Partituren spielen und entschwand an einen fernen Ort. Das vermutlich war auch der Grund für sein phänomenales musikalisches Gedächtnis; er war imstande, eine Sinfonie nach nur einmaligem Hören auswendig zu spielen. Trotz seines schon damals gewaltigen Erfolges hatte er stets an sich gezweifelt. Und gemessen an seinem weltweiten Ruhm gab es nur relativ wenige Schallplatten mit seinem Spiel. Zu groß war seine Furcht, ein Fehler seinerseits könne für die Ewigkeit aufgezeichnet werden.

Ihre Liebe zueinander war vom ersten Augenblick an greifbar gewesen. Und doch durfte niemand davon erfahren. Rachmaninow war verheiratet und Vater zweier Töchter. Er war von einer Sensibilität, wie sie es noch nie zuvor bei einem Mann erlebt hatte. Obwohl sie damals noch so jung gewesen war, hatte sie häufig das Gefühl, sie müsse ihn schützen. Immer wieder verfiel er in Depressionen, und wenn ein Kritiker sich negativ über seine Kompositionen äußerte, schien es, als falle er ins Bodenlose. Dann streichelte sie seinen zweifelnden Kopf, sie herzte und liebkoste ihn. Und doch schien ihr irgendetwas in ihm unerreichbar. Am meisten liebte sie seine großen, schlanken Hände. Weiche, kraftvolle Finger, wie sie nur ein Pianist haben konnte.

Nach diesem Konzert mit der «Toteninsel» im Bolschoi fuhr Rachmaninow auf Konzertreise nach Schweden und kehrte nicht mehr zurück. Seine Frau und seine Kinder ließ er nachreisen, und sie hatte nie wieder von ihm gehört.

Ein paar Jahre darauf heiratete sie ihren Ehemann Sergei Konjonkow. «Sterpitsja, sljubitsja», lautet ein altes russisches Sprichwort: «Wer aushält, der verliebt sich.» Was so viel heißt wie: «Mit der Zeit kommt auch die Liebe.» Aber nicht jedes russische Sprichwort erfüllt sich.

Sie erhebt sich, geht zum Plattenspieler und nimmt die Nadel vom Teller. Albert Einstein fragt erstaunt, ob sie Rachmaninow nicht möge. Ein wenig mehr Russland tue mitunter ganz gut.

Aber nicht zu viel, denkt sie. Sie sagt es nicht.

«Mir ist kalt», meint sie stattdessen, kuschelt sich an ihn und zieht Almas Decke hoch bis unters Kinn.

Morgen wird sie abreisen. Und ihn nie wiedersehen. Das ist ihr in diesem Moment klar geworden.

Wandern

Der lange Haselnussstab, den er sich als Wanderstock geschnitten hat, liegt ihm gut in der Hand und erweist sich als brauchbare Hilfe. Zügig, fast beschwingt schreitet er voran, die sonst so quälende Arthrose kaum spürbar. Sein Sohn Erwin direkt hinter ihm, er hört seinen gleichförmigen Atem. Zahlreiche Gipfel haben sie in den vergangenen Jahrzehnten gemeinsam erklommen. Schweigend laufen sie bergauf, im beständigen Gleichschritt. Das richtige Tempo zu finden und zu halten, ist eine der wichtigsten Regeln beim Wandern. Gespräche lenken da nur ab.

In der Natur und in der Musik findet er zu sich, findet seinen Seelenfrieden. Da ist der Sohn nicht anders als er. Und so halten sie es wie stets, gänzlich unausgesprochene Übereinkunft: Zielstrebig steigen sie wortlos bergauf, nur wenn es etwas Besonderes zu entdecken gibt, machen sie sich gegenseitig darauf aufmerksam.

Die Luft ist erfüllt vom Duft des wilden Majorans, der am Wegesrand blüht. Große Ochsenaugen flattern durch die Luft: braun-orange Falter mit einem hübschen dunklen Augenfleck auf den Vorderflügeln. Wenn er als Kind versucht hat, diese Schmetterlinge zu fangen, waren sie plötzlich verschwunden. Oft hat er das Gefühl gehabt, sie könnten sich ins Nichts auflösen. Erst viel später hat er über ihre Kunst des Verschwindens gelesen: Kommt man ihnen zu nahe, klappen sie sich blitzschnell zusammen, schneller, als das menschliche Auge es fassen kann. Lassen sich zu Boden fallen wie ein welkes Blatt und sind mit ihren braunen Flügelunterseiten unauffindbar.

Gelbes Johanniskraut steht in voller Blüte, auch langstielige lilafarbene Glockenblumen, und auf den riesigen Blütendolden des Wasserdosts sitzen zahlreiche Käfer und Fluginsekten. Der Weg steigt an und führt durch einen Buchenwald, durchsetzt mit vereinzelten Bergahornbäumen. Die Sonne bricht sich hoch über ihnen im dichten Laub der Baumriesen, der ganze Wald wirkt wie in grünes Licht getaucht.

Am Wegesrand einiges Totholz, eine vom Sturm gefällte große Buche liegt quer über dem Weg. Sie steigen über den Stamm hinweg, dahinter wird es zunehmend steinig: Geröll und Schotter, den der Regen hinuntergespült hat. Weiter oben ist der Boden von verrottendem Buchenlaub und den dunklen Fruchtbechern vorjähriger Bucheckern bedeckt, was den Schritt angenehm federn lässt. Es riecht nach dunkler Erde und frischem Harz. Linker Hand einige Fichten, von denen lange Triebe der Waldrebe wie Lianen herunterhängen, dazwischen wächst Bittersüßer Nachtschatten, die kleinen Blüten leuchten lila.

Wenig später queren sie die Forststraße, die Luft nun wärmer, die Sonne bricht durch, und sie geraten erstmals ins Schwitzen. Sie wandern durch einen jungen Buchenwald, die schlanken silbergrauen Stämme mit Moosen und Flechten bewachsen. Kein Wort, nur der Gleichklang ihrer Schritte auf dem weichen Waldboden. Vater und Sohn eine Einheit, ein Fleisch, ein Blut, gemeinsamer Herzschlag.

Als sie einen kleinen Gebirgsbach kreuzen, halten sie kurz inne, um zu trinken. Das Wasser so klar, dass es wie ein Vergrößerungsglas wirkt: scharf umrissenes Gestein, am Boden leuchten glatt gewaschene Kiesel. Der Weg windet sich in die Höhe und führt durch einen dunklen Fichtenwald. Der Boden ist jetzt feuchter, sämtliche Steine von zottigem, dichtem Moos bewachsen. Irgendwo in den Wipfeln erklingt der zarte, hohe Gesang der Sommergoldhähnchen. Das erfreut ihn. Heißt es doch, nur jungen Menschen sei der Genuss dieser Vogelstimme vergönnt, denn ab einem gewissen Alter vermögen die meisten nicht mehr, derart hohe Töne wahrzunehmen. An den Stellen, an denen das Licht durchbricht, ist der Waldboden dicht bewachsen: Farne unterschiedlicher Größe und Art, Brombeerranken, dazwischen Sauerklee. Sie steigen über knorriges Wurzelwerk hinweg, über herabgebrochene tote Äste. Behände läuft er mit seinem Stock voran, von ungeahnter Kraft gezogen. Als sie ein ausgetrocknetes Bachbett queren, schimpft in der Ferne ein Tannenhäher.

Der Weg wird steiniger, abgesprengter Splitt knirscht bei jedem Schritt. Die Sonne scheint erbarmungslos auf sie herab, sodass sie froh sind, als sie wieder den schützenden Schatten des Waldrandes erreichen. Fichten und Buchen wechseln sich ab, an einer Lichtung mit Bergahornbäumen meinen sie, einige Sommersteinpilze entdeckt zu haben, die sich bei näherer Betrachtung jedoch als Satansröhrlinge entpuppen. Dafür entschädigt sie kurz darauf der beeindruckende Blick auf die umliegenden Berge. Ansteigende, dichte Wälder, aus denen sich zerklüftete Felsen erheben. Durch das Tal unter ihnen, hinter zahlreichen Bäumen versteckt, schlängelt sich der Fluss wie ein grünes Band. Kurz halten sie inne, ehe sie dem beständig schmaler werdenden Weg folgen.

Die Luft ist nun feucht-schwül, das Vorankommen wird anstrengend. Er sieht auf seine Taschenuhr. Die Zeit rennt, ohne Pause steigen sie weiter den steinernen Pfad bergan. Mit gleichmäßigen, festen Schritten umrunden sie einen grauen

Felsblock, der von Flechten in unterschiedlichen Farben bedeckt ist: grün, orange und schwarz leuchten sie, wie Länder in einem unbekannten Atlas.

Als sie aus dem Schatten der letzten großen Fichten treten, tut sich vor ihnen eine gigantische Felslandschaft auf: ein riesiges Geröllfeld, durch das der schmale Pfad verläuft, zu ihrer Linken türmen sich mächtige Felswände auf. Die Luft ist dünner und kühler, der blaue Himmel über ihnen jetzt von zahlreichen kleinen Wolken bedeckt, weiße Wattebälle, die am Firmament entlangtreiben.

Rechts fällt das Gelände unterschiedlich steil ab. Zwischen den Geröllflächen sieht man vereinzelte Almmatten. Die Pflanzen wachsen hier oben kleiner und deutlich magerer. Als sie das Geröllfeld queren, sehen sie oberhalb drei Gämsen äsen. Gelbbraunes Sommerfell, das sich kaum von den Grautönen der Felsen abhebt. Zwischen dem Gestein haben die Tiere Kräuter entdeckt. Eine Gams hält inne, blickt zu ihnen, erstarrt in der Bewegung. Deutlich erkennt man die Gesichtsmaske mit der dunklen Längsbinde, die von den Ohren über die Augen bis zur Schnauze verläuft. Schließlich springt sie elegant über das karstige Gestein hinweg, die beiden anderen folgen ihr nach.

In der Mitte des Geröllfeldes wird der Weg zu einer Spur. Die Steine von einem dunkleren Grau, flechtenlos, kantig und scharf, kürzlich erst herabgestürzt aus der mächtigen Felswand. Vor jedem Schritt lässt er seinen Haselnussstock Halt finden, beim Auftreten kommt hier und da Bewegung in das Geröll, der Untergrund knirscht und knackt, ehe er, frisch verkantet, neuen Halt bietet. Unbeirrt ziehen sie voran, der Weg wird allmählich wieder breiter, erkennbar. Steil zieht er sich nun bergauf, durch große graue Felsbrocken hindurch. Über

ihnen plötzlich ein Schwarm Alpendohlen, schwarze Raben-
vögel mit gelb leuchtendem Schnabel. Ihr metallisches Zwitschern schallt laut durch die Luft.

Als er sich umdreht, sieht er, dass sich am Himmel graue
Wolkentürme aufbauen. Erwin lächelt ihm zu und wischt sich
den Schweiß von der Stirn.

Weiter oben verändert sich die Landschaft erneut: das Fels-
plateau vor ihnen wie ein riesiges, zerknittertes, über den Berg
geworfenes Tischtuch. Gefurchter, silbergrauer Stein, über
den sich der Weg windet. Nebel steigt auf.

Zwischen den Felsen einige Grünerlen. Kleine, mehr-
stämmige Büsche, nicht höher als drei Meter. Wie in einem
Märchenwald schießen sie gleichmäßig aus den Felsritzen empor. Kein Halt spendender Untergrund, kein nährender Hu-
mus zu sehen. Schmale Stämme, die, an Wind und Witterung
angepasst, sich buschig verzweigen und über das Gestein biegen.

Schon zieht der Berg ihn weiter, seinem Ziel entgegen.
Zügig schreitet er voran, links und rechts erkennt er einige Dolinen: trichterförmige Senken, manche nur von gut
zwei Metern Durchmesser, in ihrer Mitte klafft bisweilen ein
schwarzes Loch, aus dem zarter Nebel emporsteigt. Andere
sind deutlich größer, flacher, mit Pflanzen bewachsen und nur
schwer erkennbar. Das Geschrei der Alpendohlen über ihnen
schwillt an, ein schrilles Pfeifen und Zwitschern, ein Gewirr
an schwarz flatternden Flügeln.

Den Weg gilt es zu halten, denkt er. In der Mitte der Dolinen häufig der gefürchtete Spalt, ein oft durch Vegetation
zugewachsener Schlund, der bis ins Herz des Berges reichen
kann. Zwischen den Senken immer wieder die mannsgroßen
Erlen.

Plötzlich muss er an den «Erlkönig» denken, Erwins Lieblingsballade. Als die Kinder klein waren, musste er sie immer wieder vortragen. Gebettelt haben sie und gruselten sich doch, wenn er seine Stimme verstellte, den Erlkönig sprach, den nur der sterbende Sohn im Arm des Vaters zu hören imstande war. Noch heute kann er sämtliche Strophen auswendig. Wer reitet so spät durch Nacht und Wind, denkt er. Eine kleine Böe kommt auf und lässt die feinen Haare auf seinem Unterarm zu Berge stehen.

«Erwin!», ruft er belustigt aus, dreht sich um und sieht plötzlich in eine Wand aus Nebel.

Die Welt hinter ihm wie abgerissen, ein dumpfes Nichts, auch die Vögel verschwunden. Das verwaschene Grau des Nebels scheint alles zu schlucken. Unscharf, kaum wahrnehmbar, ragen nur vereinzelt die dunklen Konturen der Erlen heraus.

«Erwin», ruft er nun laut, aber eine unerklärliche Gewissheit lässt ihn ahnen, dass er keine Antwort bekommen wird.

«Erwin!», schreit er immer wieder, blickt in den undurchdringlichen Dunst, seine Stimme überschlägt sich, das Echo wirft sie zurück. Der Name hallt von der im Nebel verschwundenen Felswand wider wie ein boshaftes Lachen.

Schweißgebadet wacht er auf.

Die Nachricht
27. Januar 1945, Rogätz

Diesen Satz aus dem eigenen Mund zu hören.

Das Unfassbare in nüchternen Worten zu benennen, es trocken dahinzusagen. Ihr ist, als ob sie sich selber zuschaue, wie sie dort sitzt und spricht, im Salon des Gutshauses.

«Erwin ist tot», wiederholt Nelly nochmals, was sie selbst noch immer kaum glauben kann.

Ihr gegenüber auf dem Sofa die Schwiegereltern, mit blassen, versteinerten Gesichtern. Sie schweigen.

«Es ist alles ganz schnell gegangen», sagt Nelly. Am Morgen hat sie es erfahren. «Himmler ist an der Ostfront, Hitler in Berlin. Montagabend hat er sich die Listen der Todeskandidaten geben lassen und hat verfügt.»

Draußen vor dem Fenster wirbeln Schneeflocken durch die Luft. Noch immer fühlt sie sich, als bewege sie sich durch eine Welt aus Watte. Ihre Schritte auf dem Weg hierher nahm sie eigenartig gedämpft wahr, wobei sie sich schon gefragt hatte, ob das nur der Schnee sei, der leise unter ihren Schuhsohlen knirschte.

«Erwin soll», sie räuspert sich, «er soll ganz gefasst gewesen sein. Vor vier Tagen, Dienstagfrüh, hat man ihn gemeinsam mit Helmuth Moltke, Nikolaus Groß, Eugen Bolz und einigen anderen nach Plötzensee gebracht. Gegen Mittag wurden sie alle gehängt. Lediglich Bolz hat man enthauptet.»

Die große Standuhr in der Ecke des Salons tickt laut in die entstandene Stille hinein. Das Geräusch dringt selbst durch die Watte hindurch.

Seltsam, denkt sie. Wie oft hat sie sich in den vergangenen Monaten den Moment vorgestellt, wenn die Schreckensnachricht sie ereilen würde. Bis in ihre Träume hat dieser Gedanke sie verfolgt. Laut aufgeschluchzt hat sie in ihrer Vorstellung, hat im Traum verzweifelt die Hände zum Himmel gereckt und hat ihren ganzen Schmerz, ihre Wut über die himmelschreiende Ungerechtigkeit hinausgebrüllt. Jetzt aber, wo die Realität die Vorstellung einholt, ist da plötzlich – nichts. Sie empfindet nichts.

An die Stelle der ja begründeten Hoffnung, die zuletzt sogar noch gewachsen war, ist eine tiefdunkle Leere getreten. Ein stumpfes, taubes Gefühl, das Körper und Geist gleichermaßen lähmt und umklammert hält.

Noch immer herrscht Stille im Raum. Nichts als das unablässige Ticken der Standuhr ist zu vernehmen.

Marga sitzt und starrt. Max sitzt und starrt.

Irgendwann erhebt sich ihr Schwiegervater langsam, seine Schritte schlurfen über das knarzende Parkett. Er nimmt am Flügel Platz, klappt den Deckel der Klaviatur auf und verharrt eine kleine Weile in sich gekehrt. Dann beginnt er zu spielen.

Wie aus weiter Ferne dringen die Töne an ihr Ohr, und in ihrer Erinnerung sieht sie alle drei dort sitzen: der Vater am Flügel, rechts vor ihm Erwin, über sein Cello gebeugt, ihm gegenüber Albert Einstein, die Violine unter dem Kinn.

Wenige Tage zuvor hatten Erwin und sie ihre Verlobung bekannt gegeben, und sie war angesichts der Wärme, mit der sie in die neue Familie aufgenommen wurde, geradezu überwältigt gewesen. Mit glänzenden Augen hatte der künftige Schwiegervater zu ihr gemeint, er sei etwas egoistisch, denn er freue sich nicht nur für seinen Sohn. Er selbst freue sich ganz außerordentlich, nun wieder eine Tochter zu haben!

Als sie an diesem Abend Anfang November 1923 in der nüchtern, aber stilvoll eingerichteten Planck'schen Villa im Grunewald eingeladen war, gab es eine kleine Gesellschaft. Adolf von Harnack, Karl Bonhoeffer und Hans Delbrück mit ihren Ehefrauen waren zu Gast, allesamt Professorenkollegen, die in der Nachbarschaft wohnten. Außerdem Fritz Haber, Erwin Schrödinger, Albert Einstein, der bereits damals eine Berühmtheit war, und Lise Meitner. Mit ihr war Erwin immer besonders verbunden gewesen. Schließlich kannte er sie bereits, seit sie die Vorlesungen seines Vaters besucht hatte, obwohl das Frauenstudium in Preußen noch verboten gewesen war. Damals hatte sie sich mit Erwins älteren Schwestern angefreundet und war auch ihm wie eine große Schwester gewesen.

An diesem Abend hatte Lise Meitner als einzige habilitierte Frau unter den vielen gelehrten Männern einen besonderen Eindruck auf Nelly gemacht. Bei Tisch hatte sie Nelly lächelnd erzählt, dass auch «Vater Planck» anfänglich große Vorbehalte gegenüber einer Studentin gehabt habe. Aber da sie im etwas moderneren Wien bereits promoviert hatte, konnte sie ihn schlussendlich mit ihrer Doktorarbeit überzeugen. Und so durfte sie, zum allgemeinen Erstaunen, zwischen den männlichen Studenten im Vorlesungssaal Platz nehmen. Bald forschte sie gemeinsam mit Otto Hahn heimlich im Chemischen Institut der Friedrich Wilhelms-Universität, wobei sie auch hier das Gebäude stets durch die Hintertür betreten musste. Anschließend war sie bei Planck ein paar Jahre offiziell Assistentin. Inzwischen leitete sie eine eigene radiophysikalische Abteilung – «und man stelle sich vor, ich darf sogar darüber sprechen», hatte sie gelacht. Sie war von einer herben Schönheit, mit warmen braunen Augen und dunklem Haar, streng zu einem Dutt nach hinten gebunden. Sie pflegte einen wunderbar feinen Humor, und die Art, wie sie sich unter ihren männlichen Kollegen ganz selbstverständlich auf Augenhöhe bewegte, beeindruckte Nelly nachdrücklich. Als sie hörte, wie Lise Meitner ihren Arbeitskollegen Hahn korrigierte, indem sie meinte, «nein, Hähnchen, da muss ich dir leider widersprechen», hatte Nelly sich glatt verschluckt.

Zu späterer Stunde schließlich saß sie neben Meitner und Hahn in dem dunkel getäfelten Wohnzimmer auf dem Sofa und lauschte ehrfurchtsvoll, wie Erwin, sein Vater und Albert Einstein das Klaviertrio Nr. 3 von Johannes Brahms gaben.

Selten hatte eine Musik sie derart ergriffen. Und gleichzeitig verwirrt. Wobei sie nicht sicher war, ob es an dem herbstlich düsteren Stück in c-Moll lag oder an der sehnsuchtsvollen Leidenschaft, mit der sich die drei Männer der Musik hingaben. Nach einem stürmischen Beginn war es vor allem der zweite Satz, der sie berührte. Ihre Augen hingen an Erwin, es war, als ob eine Wärme und gleichzeitig eine Traurigkeit von seinem Cellospiel ausgingen, die sie bewegten.

Von ihrer ersten Begegnung an hatte sie sich zu Erwin hingezogen gefühlt. Auf eine Art, wie sie es nie zuvor gekannt hatte. Meist war sie, wenn ihr ein junger Mann Avancen machte, auf Abstand gegangen. Hier und da hatte sie sich zaghaft auf eine Begegnung eingelassen, hatte gar mal einen Nachmittag lang Händchen gehalten. Aber sobald ihr jemand allzu nahe kam, hatte sie sich stets schlagartig zurückgezogen. Manch einen Jungen hatte sie auf diese Weise verprellt. Eine Erklärung hatte sie dafür selbst nicht. Vielleicht lag es daran, dass ihr eigener Vater zu früh aus dem

Leben geschieden war, acht Jahre war sie alt, als er verstarb. Der neue Mann der Mutter, ihr Stiefvater, war ihr fremd geblieben.

Bei Erwin jedoch war es anders gewesen. Er war der Erste, dem sie von Anfang an vertraute und dessen Nähe sie zulassen konnte. Vielleicht lag es an der Geduld, die er ihr entgegenbrachte. Daran, dass er ihr eine Tür öffnete und dann geduldig wartete, ob sie eintreten würde, ohne jemals zu drängen. Sicher lag es auch daran, dass er zehn Jahre älter war, bereits dreißig, und über ein gewisses Maß an Lebenserfahrung verfügte, die sie ebenfalls als beruhigend empfand. Dabei trumpfte er mit diesem Erfahrungsvorsprung nicht auf, sondern vermittelte ihr stets ein Gefühl von Gleichberechtigung. Und auch Erwin trug etwas Dunkles in sich, trotz seines heiteren Gemüts. So lustig und geradezu albern er sein konnte, gab es doch auch diese schwermütige Dunkelheit, die manchmal über ihn kam. Eine schattenhafte Melancholie, die man auch zu verspüren meinte, wenn er Cello spielte. An jenem Abend hatten sie noch viel über Musik gesprochen. Erwin hatte ihr erzählt, er habe als Kind ursprünglich Violine spielen wollen. Aber da die beiden großen Schwestern dies bereits taten, hatte der Vater ihn von einem anderen Instrument überzeugt. Das Violoncello, hatte Max Planck damals seinem Sohn erklärt, sei die Stimme der Welt. Die Decke des Korpus bestehe aus Fichtenholz. Boden, Zargen, Hals und Wirbelkasten würden in der Regel aus Ahorn gefertigt, das Griffbrett, Saitenhalter und Wirbel schließlich aus Ebenholz oder Buchsbaum hergestellt. Es sei das vielseitigste Instrument innerhalb der Streichergruppe. Der Tonumfang umfasse mehr als vier Oktaven, gehe tiefer als die menschliche Bassstimme und in der Höhe über den Tonumfang des Soprans hinaus.

«Ja, ein herrliches Instrument, das Violoncello», hatte Albert Einstein sich während Erwins Erzählung in das Gespräch gemischt. «Ich bin fast ein bisschen neidisch darauf. Liegt es doch im Arm wie eine schöne Frau, nicht?» Gezwinkert hatte er dabei, und Nelly stieg Schamesröte ins Gesicht.

Im späteren Verlauf des Abends konzentrierten sich die Gespräche zunehmend auf die angespannte politische Lage, und eine gedrückte Stimmung breitete sich aus. Das Ruhrgebiet war noch immer von den Franzosen besetzt, überall regten sich Separatisten, vom Ende Deutschlands war die Rede. Dazu die Inflation, die in nie gekannter Geschwindigkeit in schwindelerregende Höhe schoss, ein Laib Brot kostete fünf Milliarden Mark. Oder wie Einstein meinte, «in diesen verrückten Zeiten hat man jedes Gefühl für Zehnerpotenzen verloren». Nachdem Erwin und sie ihren Wunsch verkündet hatten, noch vor Ende des Jahres heiraten zu wollen, hatten ihnen alle zu dem Mut gratuliert, angesichts der widrigen Umstände eine Ehe zu begründen. Irgendwann mochte sie es nicht mehr recht hören.

Auch die antisemitische Stimmung im Land hatte in jenen Tagen einen traurigen Höhepunkt erreicht. Im Berliner Scheunenviertel waren Geschäfte ostjüdischer Immigranten geplündert worden, erzählte Einstein, und am Alexanderplatz habe ein wütender Mob skandiert: «Schlagt die Juden tot!» Er selbst habe wieder Morddrohungen erhalten, nicht nur per Brief, sondern neuerdings auch über den Fernsprechapparat. Bedauerlicherweise habe Elsa das Gespräch entgegengenommen und sei seitdem ganz außer sich. Und dann erzählte er leise, dass er überlege auszuwandern.

Es war das erste Mal, dass Nelly ihren stets ruhig und vornehm wirkenden Schwiegervater verärgert erlebte. Man werde dieser bissigen Meute unter allen Umständen Herr werden müssen, sprach er mit hochrotem Kopf. Von ein paar laut tönenden, infamen Dunkelmännern dürfe man sich das Leben nicht diktieren lassen! Und an Einstein gewandt: Er möge lieber an jene denken, die ihn hier lieben und verehren.

Aber als sie ein paar Tage später abends wieder in die Wangenheimstraße gekommen war, musizierten Vater und Sohn zu zweit. Albert Einstein war bis auf Weiteres ins niederländische Leiden abgereist, zu seinem Freund Paul Ehrenfest.

«Ob er wiederkommt», meinte Max Planck betrübt, «– ich weiß es nicht.»

Mitte Dezember hatten Erwin und sie Hochzeit gefeiert. Der spätere Reichskanzler Kurt von Schleicher, ein langjähriger Freund Erwins, war ihr Trauzeuge gewesen. «Ein alter Junggeselle, genau wie ich», hatte Erwin damals erklärt. Wobei Schleicher noch einmal gut zehn Jahre älter war als er. Nirgends lerne man einen Menschen so gut kennen wie im Krieg, hatte Erwin über Schleicher gesagt, der ihm erstmals während des Weltkriegs begegnet war. «Ich muss es ihm schonend beibringen», hatte er in Bezug auf ihre Verlobung gemeint. Anfänglich hatte sie das für albern gehalten, musste dann aber feststellen, dass Schleicher in der Tat ein harter Verfechter des Junggesellen-Daseins war. «Das Herz eines alten Soldaten kann keine Frau erobern», pflegte er zu sagen. Erstaunlicherweise jedoch nahm er Erwin die Abtrünnigkeit nicht übel und willigte umgehend ein, ihr Trauzeuge zu sein. Einige Jahre später geschah dann, was sie lange nicht für möglich gehalten hätten: Schleicher, der ewige Junggeselle, heiratete.

Das Glück währte keine drei Jahre, bis 1934. Dann kam eines Mittags jener schreckliche Anruf, dessen Erinnerung erst heute Morgen wieder aufblitzte, als sie Erwins Todesnachricht erhielt.

«Herr General ist tot», sagte damals eine zitternde Stimme am anderen Ende der Leitung und stockte.

«Wie meinen Sie das? Wieso tot?», fragte Nelly ungläubig.

«Erschossen. Fünf Männer, drei Schuss», kam die Antwort, und Nelly erkannte die Stimme von Marie Güntel, der Haushälterin Schleichers.

Nach einem Schockmoment verlangte Nelly Schleichers Frau Elisabeth zu sprechen.

«Frau General ist auch tot.» Ein Schluchzen war zu vernehmen. «Überall Blut. Es ist alles voller Blut», sagte die Haushälterin.

Sofort waren Erwin und sie zu Schleichers Haus gefahren. Er hatte sich da schon ins Privatleben zurückgezogen. Vor der Villa diskutierte der eingetroffene Potsdamer Polizeipräsident mit ein paar Herren von der Mordkommission und schickte die ermittelnden Beamten offenbar fort. Erwin erhielt keinerlei Auskunft. Schließlich fuhren sie zu Werner Freiherr von Fritsch, dem Chef der Heeresleitung. Er müsse Schleichers Haus durch die Wehrmacht besetzen lassen, drängte Erwin. Um zu verhindern, dass die SS die Leichname raube, Spuren verwische. Fritsch zögerte.

«Wenn Sie tatenlos zusehen», insistierte Erwin, «dann wird Sie früher oder später das gleiche Schicksal ereilen.» Schließlich gab Fritsch nach. Kurz vor der geplanten Beisetzung allerdings ließ die Gestapo nachts die beiden Särge abholen, der Familie wurden einige Tage später zwei Urnen ausgehändigt. Der Mord wurde nie aufgeklärt.

Manchmal sprachen Erwin und sie über jenen schicksalhaften Sommertag 1934, als sie die Todesnachricht erhielten, und die anderen Morde dieser Zeit, die die Nazis als «Niederschlagung des Röhm-Putsches» rechtfertigten. Dann pfleg-

ten sich Erwins Gesichtszüge zu verdunkeln. Grübelnd meinte er zu ihr: «Komisch. Manchmal denke ich, sie haben mich
vergessen.»

Das Haus der Weisheit am Ende der Welt

Sein halber Körper fühlt sich an wie ein Panzer. Kaum bewegen kann er sich. Beide Beine eingegipst, der linke Arm hoch bis zur Schulter. Fast wie eine Schildkröte. Nur ist es bei ihm nicht der Leib, sondern die Gliedmaßen, die gepanzert sind. Er denkt an die echten Schildkröten, die im Graben am Fuße des Burghölzlihügels leben. Nach dem Hügel ist die Irrenanstalt ja benannt.

Früher, als Kind, war er hier manchmal spazieren gewesen. Damals hat er gemeinsam mit dem großen Bruder versucht, die Sumpfschildkröten zu fangen. Im Spätsommer fanden sie manchmal Schildkröten-Babys, ein perfektes Abbild der erwachsenen Tiere, ihr Panzer nicht größer als ein Zweifrankenstück.

Später hat er sie gerne beobachtet. Wie sie bewegungslos auf einem aus dem Wasser ragenden Ast oder einem Stein am Ufer saßen und den Kopf in die Sonne reckten. Ihr Panzer dunkelbraun, manchmal fast schwarz, bei genauerem Hinsehen mit feinen gelben Sprenkeln übersät. An Kopf und Gliedmaßen sah man die Musterung deutlicher: auf dunkelbraunem Grundton die zahlreichen hellgelben Punkte und Sprenkel, mitunter strahlenförmig angeordnet. Am schönsten aber waren ihre Augen: die Iris leuchtend gelb bis orange, manchmal auch weiß und selten sogar rot.

Aber so dicht an die Schildkröten heranzukommen, dass man das erkannte, war nicht einfach: Wenn man sich zu auffällig näherte, ließen sich die scheinbar trägen Tiere blitzschnell fallen, plumpsten wie ein Stein ins Wasser und tauchten ab. Im besten Falle sah man noch einen dunklen Schatten im trüben Wasser verschwinden.

Sein Grundschullehrer hatte einmal gesagt, dass die großen Exemplare der Schildkröten über siebzig Jahre alt sein können. Sie hätten noch den Sonderbundskrieg miterlebt und die daraus resultierende Gründung des Schweizer Bundesstaates. Deshalb solle man sie nicht ärgern oder zum Spaß auf den Rücken drehen, sondern Respekt vor diesen Tieren haben. Es sei kein Zufall, dass sie fast überall auf der Welt ein Symbol für Weisheit wären. Und sowohl im Hinduismus als auch bei den Indianern in Nordamerika heiße es, die Welt sei auf dem Rücken einer Schildkröte entstanden.

Auf dem Weg zu den Schildkröten war man unweigerlich an den hohen Backsteinmauern der Anstalt vorbeigelaufen, die inmitten von Feldern vor dem bewaldeten Burghölzlihügel liegt. Es kursierten schaurige Geschichten über die Irren, die hinter diesen Mauern lebten. Viele von ihnen seien gefährlich und könnten in ihrer Raserei nur durch das Anlegen von Zwangsjacken, tagelange Dauerbäder oder das Anketten in sogenannten Tobzellen beruhigt werden. Und so hatten sie sich immer ein wenig gegruselt, wenn sie an den Anstaltsmauern vorbeiliefen.

Häufig sah man die Patienten auf den Feldern außerhalb des Anstaltsbezirks arbeiten. Einmal machten sich ein paar Kinder über einen der Arbeiter lustig, der mit seiner Sense zugange war. Mit großen, ausladenden Bewegungen mähte er das Korn, energisch wie ein Getriebener. Dabei riss er die Sense in regelmäßigen Abständen in die Höhe und ließ das Sensenblatt über seinem Kopf durch die Luft sausen, als ob er auch da oben etwas schnitt. Als ob er in der Luft eine unsichtbare Ernte einholte. Die Kinder äfften seine Bewegungen nach, rollten wie verrückt mit den Augen und schlugen sich dabei vor Lachen auf die Schenkel.

Schon damals hatte er nicht mitgelacht. Erschrocken und zugleich fasziniert hatte er dem Patienten bei seiner Arbeit zugesehen. Im Nachhinein betrachtet, hatte er sich schon damals mehr mit dem Mann auf dem Feld verbunden gefühlt als mit seinen lachenden Altersgenossen am Wegesrand.

Es juckt ihn in der rechten Kniekehle. Die ganze Zeit schon. Unmöglich, sich dort zu kratzen. Unmöglich allein, die Beine zu bewegen. Zum einen des Panzers wegen, zum anderen ist er festgegurtet.

Das hat er jetzt davon. Ob es Schildkröten wohl manchmal juckt, unter ihrem Panzer? Auch als Maturant hat er die Sumpfschildkröten bei seinen Spaziergängen hin und wieder beobachtet. Im Frühjahr bei ihren Paarungsversuchen im Wasser, im Sommer fand man die etwas größeren Weibchen auch manchmal an Land, wenn sie auf der Suche nach einem Eiablageplatz waren.

Da kommt ihm einer seiner Aphorismen in den Sinn, die damals in der *Neuen Schweizer Rundschau* veröffentlicht wurden: «Nicht die härtesten, die weichsten Tiere haben einen Panzer.»

Einmal spazierte er im Sommer mit dem Vater hinten am Burghölzli entlang, später aßen sie im Restaurant Obere Flühgasse zu Mittag und tranken Himbeersoda. Unter einem schattenspendenden Dach aus Weinreben hatten sie im Gastgarten gesessen, ehe sie zum Zürichsee hinunterliefen. Vor vielen Jahren war das, bei einem der seltenen Besuche, die der Vater ihnen abstattete.

Bevor Eduard erkrankte. Bevor der Vater über den großen Teich ging, um nie wieder zurückzukehren. Und Jahre später nicht, wie versprochen, ihn, sondern den großen Bruder nach Amerika holte. Sodass schlussendlich Tete und seine Mutter zurückgeblieben waren.

Heiß war es an jenem Sommertag gewesen. Über Musik hatten sie gesprochen, über die verschiedenen Vorzüge unterschiedlicher Instrumente. Eduard hatte dem Vater vom Einüben von Beethovens Cellosonaten mit einem Klassenkameraden erzählt, wobei er den Klavierpart übernahm. Er hatte bedauert, dass das Klavier nicht ermögliche, Vierteltöne zu spielen. Was ja, ein entsprechendes Gehör vorausgesetzt, auf einem Streichinstrument möglich sei.

Der Vater liebte die Musik und das Spazierengehen, genau wie er. Damals spazierten sie auch an den Schildkröten vorbei. Und an den hohen Mauern des Burghölzli. Später, als sie auf einem Baumstamm sitzend Rast machten, deutete der Vater zur großen Auffahrt des mächtigen Burghölzli-Baus, die leer und verlassen in der Sonne lag.

«Manchmal kommt das gelbe Wägeli», sagte er augenzwinkernd, «vor dem muss man sich in Acht nehmen.»

«Wieso?»

«Wenn dich das gelbe Wägeli holt, bringt es dich hinter die Mauern des Burghölzli», erklärte er, «und wer einmal dort gelandet ist, kommt meist nicht wieder raus.»

Die Sonne schien gleißend hell. Den Blick Richtung Burghölzli gerichtet, hielt Eduard eine Hand schützend über die Augen, aber weit und breit konnte er kein gelbes Wägeli entdecken.

«Warum denn gelb?», fragte er nach einer Weile, denn Gelb war seine Lieblingsfarbe. «Warum ist das Wägeli gelb? Wegen der Post?»

Der Vater überlegte. Schließlich antwortete er: «Das denke ich nicht. Vermutlich ist es gelb, weil das Wägeli Menschen einsammelt, die aus der Gesellschaft ausgeschlossen werden. Gelb ist die Farbe der Schande. Zumindest ist sie es irgendwann geworden. Die alten Meister haben Venus, die römische Göttin der Liebe, auf ihren Bildern üblicherweise in einem gelben Gewand dargestellt. Im Mittelalter wurden Prostituierte gezwungen, einen gelben Gürtel oder Umhang zu tragen, damit man sie gleich erkannte. Weil die Menschen nämlich sehr züchtig waren. In vielen Ländern mussten auch wir Juden damals einen gelben Punkt oder Ring tragen. Ich vermute, das ist der Grund für die gelbe Farbe.»

Das hatte Eduard traurig gemacht. Für ihn war Gelb immer die Farbe der Sonne gewesen.

«Aber», erzählte der Vater lächelnd und deutete nochmals Richtung Burghölzli, «der Dichter Gerhart Hauptmann hat es ‹das Haus der höchsten Weisheit dieser Welt› genannt.»

«Das Burghölzli?», fragte Eduard erstaunt.

«Ja», nickte der Vater. «Er hat mir erzählt, dass er viele Inspirationen zu seinen zahlreichen Charakteren aus dem Burghölzli hätte. Die Irrungen und Wirrungen der menschlichen Natur, die hat er dort hinter den hohen Backsteinmauern ausgiebig studiert.»

«War er denn verrückt?»

«Nein, nein», hatte der Vater belustigt erwidert, «also, ein wenig verrückt sicher schon, wie wir alle. Aber im Burghölzli war er nur zu Gast. Er kannte Auguste Forel, den damaligen Direktor, war mit ihm befreundet. Er besuchte Forels Vorlesungen und erhielt freien Zutritt zur Anstalt. Mit einem Notizbuch bewaffnet, nahm er an den Visiten und Patientenvorstellungen teil und lernte sämtliche Formen des menschlichen Irreseins kennen. Einmal hat er zu mir gemeint: ‹Ein

Mensch ohne irgendeinen kleinen Wahnsinn lebt nicht und hat nichts Göttliches.>»

Damals hätte Eduard dem Vater am liebsten gesagt, dass auch er Schriftsteller werden wolle. Und dass auch er sich zur Not, mit einem Notizblock bewaffnet, hinter die hohen Mauern traue. Aber er hatte geschwiegen.

Es juckt ihn immer noch in seiner rechten Kniekehle. Er will sich bewegen, aber der Gurt hält ihn fest. Mitsamt Panzer. Alles, was er von Gerhart Hauptmann kriegen konnte, hatte er damals gelesen. Und es war, wie der Vater gesagt hatte: In all seinen Dramen und Erzählungen stieß er auf die psychische Not der Protagonisten. Auch Ärzte tauchten regelmäßig auf, Anstalten, und der Suizid spielte in zahlreichen seiner Werke eine Rolle.

«Der Apostel» war Eduards Lieblingsgeschichte. Ein junger Mann, der sich als Apostel fühlt und in mönchsartigem Gewand durchs Zürcher Land wandert. Er nimmt die Natur um sich herum wahr in all ihrer Pracht, lauscht den singenden Vögeln, bestaunt die Blumen. Sind die Stimmen, die er schließlich hört, wirklich da, oder nur in seinem Kopf? Auf poetischste Art und Weise steigert sich der Apostel immer weiter in einen religiösen Wahn. Auch diese Erzählung, so hatte Eduard gelesen, beruhte auf einer Begegnung Hauptmanns im wirklichen Leben. Er hatte einen Wanderprediger kennengelernt – der dann offenbar äußerst erbost war über seine Darstellung in Hauptmanns Werk.

So gesehen war das Burghölzli tatsächlich das Haus der Weisheit. Denn Vorlagen für menschliche Abgründe, Beispiele sämtlicher nur möglicher geistiger Abartigkeiten, die gab es hier reichlich.

Aber Eduard empfand es meist eher so wie Hänschen: «Das Burghölzli», hatte Hänschen vor vielen Jahren, bei Eduards erster Internierung, mit seiner sanften, flüsternden Stimme zu ihm gemeint, «das Burghölzli ist das Ende der Welt.»

Anfangs hatte er es nicht ganz verstanden. Erst mit der Zeit hatte er begriffen, dass Hänschen recht hatte. Weil es von hier kein Entrinnen gab. Zwar gelang manchmal einem der Patienten die Flucht, aber am Ende waren sie alle wieder hier gelandet. Das Leben da draußen spuckte sie wieder aus und hier herein, an diesen trostlosen Ort. Es sei denn, man wählte den kurzen Ausgang, oben im Wäldchen. Die große Buche. Erst letzten Herbst hatte sich eine junge Patientin dort erhängt.

Vor einigen Jahren war er selbst einmal geflohen, hatte sich nach der Feldarbeit unbemerkt zurückfallen lassen und mithilfe eines selbst geflochtenen Seiles die Anstaltsmauer überwunden. Über Umwege war er im Halbdunkel die ganze Strecke bis zum mütterlichen Haus in der Huttenstraße gelaufen. Überrascht hatte die Mutter ihn empfangen, sonderlich erfreut hatte sie nicht gewirkt. Traurig wissend hatte sie genickt.

Das hatte ihn verärgert. Dabei hatte er ihr beweisen wollen, dass er sich selbst im Griff habe. Wer, wenn nicht er, wäre der Herr über die Stimmen in seinem Kopf? Aber es war anders gekommen. Nur wenige Tage später war der Chor der Verdammten in ihm angeschwollen zu einem höllischen, vielstimmigen Choral. Ein wütend zehrendes Fordern, ein beständiges Aufwiegeln, durchmischt von schadenfrohem Gelächter – eine nicht auszuhaltende Dissonanz in seinem Schädel. Wie stets hatte er versucht, die Stimmen mit Schubert, Brahms und Mozart zu besänftigen. Täglich saß er stundenlang am Klavier und spielte ohne Unterlass. Die Mutter drängte, er möge pausieren, mal einen Spaziergang machen, etwas Lektüre, eine Runde Mensch ärgere Dich nicht vielleicht?

Sie verstand nicht. Nichts verstand sie! Kein Wunder, dass der Vater sie verlassen hatte. Trotz all ihrer Wissenschaft, all ihrer Berechnungen, ihrem Beitrag zu seinem sagenumwobenen Welterneuerungswerk, seiner Theorie der Relativität. Wütend hämmerte er auf das Klavier ein, spielte rasend und ohne Unterlass, die Stimmen in seinem Kopf lachten boshaft, er ließ sie gewähren, fletschte die Zähne, Schaum vor dem Mund.

Schließlich hatten sie ihn geholt. Und gelandet war er wieder hier, im Burghölzli. Dem Haus der Weisheit. Er denkt an Gerhart Hauptmann. Der hatte gut reden.

Er starrt an die weiße Zimmerdecke, weiß wie der Gips um seine Gliedmaßen. Unfähig, sich zu bewegen.

Es ist eben etwas anderes, ob man durch ein Kaleidoskop die bunten Scherben in all ihren wunderbaren Formen und Mustern betrachtet, wie auch er es als Kind gerne getan hat. Oder ob man selbst eine solch bunte Scherbe ist, eingesperrt in ein Kaleidoskop.

Ende und Neubeginn

Der Volksgerichtshof brennt!», berichtet Erika, eine junge Stationsschwester atemlos, als sie am späten Nachmittag ihren Dienst in der Charité antritt. «Freisler ist tot! Ein herabstürzender Balken hat ihm den Schädel eingeschlagen», fügt sie aufgeregt hinzu.

Dabei sieht Erika aus, als sei sie selbst gerade der Hölle entronnen. Ihre blonden Locken kleben feucht und dunkel an ihrer Stirn. Ihre Augäpfel leuchten gespenstisch weiß aus ihrem von Ruß geschwärzten Gesicht heraus, schwarz tropft es von ihrer durchnässten Kleidung, und sie stinkt nach beißendem Rauch.

Nelly erschrickt. Erst über Erikas Aussehen, dann über ihre Nachricht. Sie weiß nicht, ob sie lachen oder weinen soll. Zu spät, schießt es ihr durch den Kopf, während sie Erika ein mit Essigwasser getränktes Tuch reicht, damit sie ihr Gesicht von dem Ruß befreien kann.

«Jetzt hat's ihn zu früh erwischt», meint Adolphe Jung verärgert zu Nelly. Sie sieht ihn erstaunt an.

«Das hätte man doch gerne gesehen, wie der Kerl zur Rechenschaft gezogen wird», erklärt Jung.

Als heute Vormittag gegen halb elf die Sirenen aufheulten und der langanhaltende Ton Voralarm verkündete, stand sie mit Jung rauchend im Hof. Der Schnee der vergangenen Tage war in der vorfrühlingshaft warmen Sonne zu großen Pfützen zerschmolzen. Als der Dauerton kurz darauf in den auf und ab jaulenden Vollalarm überging, sahen sie, wie sich von Süden her in großer Höhe riesige Bomberverbände näherten. Von Flakgeschützen war kaum etwas zu vernehmen, unaufhaltsam zogen die Flugzeuge über den strahlend blauen Himmel. Wie ein riesiger Schwarm kleiner Fische, im Sonnenlicht silbern glänzend. Sie hinterließen feine weiße Kondensstreifen im klaren Blau, die den Himmel binnen kurzer Zeit linierten wie ein Notenblatt.

Kaum waren sie in den Bunker zurückgekehrt, vernahmen sie bereits das schreckliche Donnern der herabfallenden Bomben. Der Schutzraum war völlig überfüllt, die Luft trotz der Belüftungsanlage stickig und verbraucht. Anfangs klangen die Einschläge noch wie in weiter Entfernung, doch kurz darauf erschütterten heftige Detonationen den Boden des Bunkers. Plötzlich ein dumpfes Grollen, die schweren Luftschutztüren wackelten, und die Wände erbebten. Der ganze Raum schien zu schaukeln, als die Bomben in unmittelbarer Nähe einschlugen. Alles verstummte, niemand sprach ein Wort. Dann erlosch das Licht, und die phosphoreszierende Wandfarbe ließ den Raum in einem eigenartigen Giftgrün schimmern. Jung versuchte, die Notbeleuchtung einzuschalten, die von den Akkumulatoren des Schutzbunkers angetrieben wurde.

Eine Stunde später war der Spuk vorbei. Als sie wieder vor die Tür traten, hatte sich der Himmel über Berlin schwarz gefärbt. Ein Meer aus Ruß und Qualm lag über der Stadt, aus dem sich große graue Gipfel mit weiß gezeichneten Rändern gleich einem unheilvollen Gebirge in den Himmel erhoben.

Der Boden ringsum war übersät von Scherben und Schutt. Auch die letzten Scheiben der Klinik waren nun zersprungen, der Druck hatte ganze Fensterflügel aus der Fassade gerissen.

Das Pförtnerhäuschen war verschwunden, mitsamt den Menschen, die darin Schutz gesucht hatten. An seiner Stelle klaffte ein Bombentrichter.

Aus den Fenstern eines gegenüberliegenden Gebäudes in der Luisenstraße schlugen Flammen, in der Ferne sah man halbe Straßenzüge brennen. Der aufkommende Ostwind fachte das Feuer weiter an, und die Funken stoben bis zur Klinik.

Sie sahen einzelne Soldaten und Feuerwehrmänner bei ihren verzweifelten Versuchen, die Brände zu bekämpfen. Mit langen Schläuchen wurde Löschwasser aus der Spree gepumpt. Aber erst als nachmittags Starkregen einsetzte, gelang es, einen Großteil der Brandherde zu löschen.

Seitdem strömen unaufhörlich Verletzte in die Charité, und Nelly tut das, was sie all die letzten Tage getan hat: Sie gibt sich ganz der nicht enden wollenden Arbeit hin, und insgeheim ist sie geradezu dankbar dafür. Die Arbeit hilft ihr, sich abzulenken und den Schmerz zu betäuben. Wenn sie nicht gerade den Röntgenapparat bedient oder Aufnahmen auswertet, assistiert sie wie früher als OP-Schwester und bereitet die Patienten für die Operation vor. Sie wäscht die Haut des zu operierenden Bereichs erst mit Benzoe, dann mit Ether und pinselt zuletzt die Jodtinktur auf. Anschließend kontrolliert sie die Abdeckung mit Schlitztüchern oder korrigiert in letzter Sekunde nochmals die Position des Patienten, der mittels Gurten und Bändern und unter Einsatz diverser Kissen auf dem Tisch fixiert wird. Wohl wissend, dass der Chef einen Tobsuchtsanfall bekommt, wenn nicht alles bis ins kleinste Detail seinen Ansprüchen entspricht. «Der Patient muss so nah als möglich am operierenden Arzt positioniert werden!», mahnt er ständig. Der Tisch wird dazu auf die höchstmögliche Position eingestellt, der Patient häufig in einer unbequemen, ja schmerzhaften Stellung gelagert, was mitunter dazu führt, dass manch ein unter Lokalnarkose stehender Patient mehr aufgrund seiner Zwangshaltung stöhnt als wegen der eigentlichen Operation. Während der Chef den bestmöglichen Überblick hat und bequem seine Arbeit verrichten kann, ist die Situation für seine Assistenten ihm gegenüber umso komplizierter. Auf Schemeln und Bänkchen stehend, müssen sie mit langem Arm und in äußerster Ruhe die Klemmen halten oder Fäden durchschneiden. Jeder hat zu wissen, wann er was zu tun hat, der Chef operiert hoch konzentriert und verliert bei der Arbeit selten ein Wort. Jung, der häufig die Aufgabe hat, die Handleuchte zu halten, bezeichnet sich dann selbst als Armleuchter, worüber der Chef jedes Mal lachen kann.

In jüngster Zeit ist das Personal immer knapper geworden, die Arbeit dadurch noch anstrengender. Seitdem sämtliche Aufgebote des Volkssturms zur «Verteidigung des Heimatbodens» aktiviert wurden, sind nun auch die letzten alten Pfleger, die kurz vor der Pensionierung standen, als «waffenfähig» beurteilt worden. Sosehr der Chef auch getobt hat, nur die wenigsten der männlichen Pflegekräfte, wie beispielsweise Josef, hat er als unabdingbar halten können.

Seit einigen Wochen arbeitet auch Liesel als Rotkreuzhelferin in der Charité. Obwohl das tägliche Leid, das sie dort erlebt, schwer zu ertragen ist, gibt diese Arbeit ihren Tagen ein wenig Sinn. Kürzlich hat sie Nelly erneut erklärt, dass es noch immer ihr größter Wunsch sei, auch Ärztin zu werden.

Am Abend holt Liesel Nelly wie verabredet in der Röntgenstation ab. Gemeinsam gehen sie bei Schwester Erika zur Blutspende. Sämtliche Mitarbeiter sind dazu angehalten, regelmäßig Blut zu spenden. In Kriegszeiten für alle eine Selbstverständlichkeit, auch wenn man sich durch die anstrengende Arbeit und wegen immer schlechterer Ernährung im Anschluss stark entkräftet fühlt.

Der Nachhauseweg an diesem Abend ist lang und beschwerlich. Die Schnellbahn fährt wegen der Bombenschäden bereits länger nicht mehr, sie müssen seitdem das Fahrrad nehmen. Wegen der herumliegenden Trümmer und ohne Straßenbeleuchtung fällt die Orientierung in der zerstörten Stadt schwer. Mehrfach müssen sie Umwege machen, da manche Straßen unpassierbar sind. Nur der Mond leuchtet ihnen den Weg, er spiegelt sich in schwarzen Pfützen. Schwerer Brandgeruch liegt in der Luft, und sie sind froh, als sie nach eineinhalb Stunden Fahrt endlich Grunewald erreichen.

Hier scheint es ruhig geblieben zu sein, die Häuser in der Winklerstraße stehen bis auf einige zersprungene Fensterscheiben weitestgehend unversehrt. Kalt ist es in der Wohnung. Kein Gas, kein Wasser, und das Licht geht auch hier nicht. Nelly entzündet eine Kerze, ihr Atem hinterlässt selbst hier in der Wohnung einen Nebelhauch.

«Ich gehe Wasser holen», meint Liesel und verschwindet mit zwei Eimern nach draußen, während Nelly den Kamin anheizt. Eine Viertelstunde später ist Liesel wieder zurück, zumindest muss man um diese Zeit an der Pumpe kaum anstehen. Trotzdem macht sie ein betretenes Gesicht.

«Was ist los?», fragt Nelly.

«Post aus Tegel», antwortet Liesel mit gedämpfter Stimme und überreicht ihr das Kuvert aus dem Briefkasten. Nelly wird bleich. Von solchen Briefen hat sie bereits gehört. Manche Angehörige erfahren auf diese Weise erstmals von der vollzogenen Hinrichtung. Mit zittrigen Händen öffnet sie das Kuvert und entfaltet ein graues Blatt Papier:

«Kostenrechnung der Gerichtskasse», lautet der Betreff. Darunter sauber aufgelistet sämtliche Beträge, die sie umgehend zu begleichen habe:

Gebühr für Todesstrafe	300,— RM
Postgebühren	2,70 RM
Gebühr Rechtswahrer	78,— RM
Kosten für die Strafvollstreckung	158,18 RM
Haftkosten	320,— RM
Porto	0,12 RM

Insgesamt, so schließt das Schreiben, soll sie binnen acht Tagen achthundertneunundfünfzig Reichsmark für die Hinrichtung ihres Ehemannes bezahlen. Sie blickt auf das Schreiben, und für einen Moment fühlt sie sich wie heute Vormittag im Bunker. Der Boden unter ihren Füßen scheint zu schwanken, und sie sinkt kraftlos aufs Sofa. Die Schrift verschwimmt vor ihren Augen, und dann schießen ihr die Tränen ins Gesicht. Sie schluchzt auf, ihr Körper bebt, und für einen Moment ist sie dankbar, dass sie jetzt weinen kann, zum ersten Mal. Erst als sie Liesels Hand auf ihrer Schulter spürt, beruhigt sie sich allmählich.

Schließlich zündet sie sich eine Zigarette an und wirft nochmals einen Blick auf das Kuvert. Die übliche rote Zwölfpfennigmarke mit dem Kopf des Führers klebt darauf. Erstaunlich, dass in diesem Fall die Zustellung funktioniert, dabei bringt die Post bereits seit Wochen nur noch höchst unregelmäßig Briefe. Sie steckt das Schreiben wieder ins Kuvert und wirft es verächtlich auf den Tisch.

«Dass die sich nicht schämen! Sie haben doch bereits unser ganzes Geld!»

Um die Finanzen hatte sich Erwin gekümmert, damit hatte sie nie etwas zu tun. Geldsorgen haben sie niemals gehabt, Erwin hatte immer gut verdient. Und sie hatte ihren Teil dazu beigetragen, anfangs als Krankenschwester, nun als Ärztin. Inzwischen sind ihre Konten gesperrt, Erwins Vermögen fällt dem Reich anheim. Kurz nach seiner Verhaftung hatte Erwin ihr bereits geraten, vorsichtshalber sämtliches Bargeld abzuheben. Aber da war es bereits zu spät gewesen.

Immerhin hat sein Arbeitgeber ihr einen Teil des Geldes, das Erwin aus vergangenen Abrechnungen noch zugestanden hatte, ausgezahlt. Sodass sie zumindest einige Verbindlichkeiten regeln konnte. Ansonsten sind sie auf ihr Charité-Gehalt angewiesen, das für eine Ärztin im Medizinalpraktikum nicht allzu üppig ausfällt.

Liesel räuspert sich.

«Ich habe noch fünfzig Mark von meiner Tante.»

Nelly lächelt gerührt. «Wir kriegen das schon hin.»

Dann erhebt sie sich, schürt den Küchenofen ein, und sie kochen Graupen und Kartoffeln. Es schmeckt nicht nach viel, aber es macht satt und wärmt angenehm. Schließlich kriechen sie mitsamt Kleidung unter die Federbetten und kuscheln sich aneinander. Kalt ist es noch immer, das Licht der Kerze flackert im Windzug. Auch hier sind einige Fensterscheiben durch Pappe ersetzt.

Bevor sie die Kerze löschen, greift Nelly nach der Streichholzschachtel, die auf ihrem Nachttisch liegt, und betrachtet die Samen, die ihr Erwin geschenkt hat.

«Nächsten Monat, am 12. März, werden wir sie einpflanzen. Dann hat Erwin Geburtstag», sagt sie, «und dann kommt der Frühling.»

Rückkehr

Die Kirschbäume blühen. Und es riecht nach Verwesung. Ungewöhnlich warm ist dieser April. Die Sonne blendet, am Straßenrand liegen tote Wehrmachtssoldaten.

Nach Tagen abenteuerlicher Evakuierung geht es nun endlich zurück ins Dorf. Er sitzt zwischen Decken und Zeltplanen auf der Ladefläche eines Pferdefuhrwerks, Marga an seiner Seite. Unterm Arm hält er einen blauen Koffer. Es rumpelt und poltert, die Hufe klappern über das Kopfsteinpflaster, und er traut sich kaum hinzusehen: Manche der schmalen Gestalten, die dort verdreht am Boden liegen, sehen noch aus wie Kinder.

In den vergangenen Wochen war immer mehr Militär ins Dorf gekommen. Die ganze Magdeburger Straße entlang bis hoch zum Gutshaus haben die Lastwagen der Wehrmacht zuletzt gestanden. Der Großteil der Truppen hat versucht, über die Elbe Richtung Osten zu gelangen. «Zum Befreiungskampf um Berlin», hatte es offiziell geheißen. Die ständigen Durchhalteparolen glaubte da inzwischen kaum einer mehr. Auch wenn manche immer noch behaupteten, jetzt käme die Wunderwaffe zum Einsatz, von der schon seit Monaten orakelt wurde. Und General Wenck mit seiner sagenumwobenen 12. Armee sei im Anmarsch.

Manch einer der Soldaten hoffte vermutlich nur, noch

rechtzeitig vor den anrückenden Amerikanern fliehen zu können. Tag und Nacht hatte der Fährmann Leuffert zuletzt Soldaten übergesetzt. Bloß ein paar Landser hatten den eilig eingerichteten Brückenkopf gesichert. Am Steilufer der Ohre hatten sie geschanzt, und entlang der Elbe. Ein Major hatte Marga auf ihre Frage hin erklärt, das sei ein fabelhaftes Gelände für Luftlandetruppen, da müsse man sich auf einiges gefasst machen.

Als sich vor vier Tagen dann die Nachricht verbreitete, die Amerikaner seien bereits im Nachbarort Angern einmarschiert, war das ganze Dorf in Panik geraten. Hals über Kopf waren die Bewohner von Rogätz in die umliegenden Wälder geflohen. Auch Marga und ihn hatte man nach Friedrichshöhe gebracht, ein mitten im Wald gelegenes Gut, wo sie in einer Scheune kampierten. Mitnehmen hatten sie in der Eile nur das Nötigste können: ein paar Decken, Kleidung und einige Lebensmittel. Seine wichtigste Habe, Briefe und Fotos von Erwin, hatte er in den kleinen blauen Koffer gepackt, den er auch jetzt umklammert hält. Mit einer Handschelle, die er im Gutshaus fand, hat er den Griff des Koffers an sein Handgelenk gefesselt. Marga fand das übertrieben, aber wenn er die letzten Tage rückblickend überdenkt, so ist dieser Umstand vermutlich der Grund, warum er seinen letzten Besitz noch immer in Händen hält.

Die Dorfkinder, erinnert er sich, hatten das Ganze anfangs noch als spannendes Abenteuerspiel empfunden, hatten Sauerklee gepflückt und sich aus Buschwindröschen kleine Kränze geflochten. Am Abend hatten sie in der Scheune alle gemeinsam Schweinskopfsülze gegessen, die Dorfbewohner hatten reichlich Proviant in Dosen mit Kutsche und Handwagen in den Wald transportiert. Davor hatte es zuletzt selten Fleisch gegeben, aber dann hatte der Ortsvorsteher die

Frachtkähne, die seit Wochen in der Ohre festlagen, zur Plünderung freigegeben: «Bevor das alles der Ami kriegt, darf sich jeder bedienen.» Das musste man den Leuten nicht zweimal sagen, und so war zumindest die Versorgungslage gar nicht schlecht gewesen.

An jenem Abend, als es zu dämmern begann, spielten die Kinder noch Verstecken im Wald, der das Gutshaus umgab. In der Ferne hörte man ihr Lachen und Kreischen, und ganz allmählich mischte sich, anfangs kaum wahrnehmbar, das dumpfe Brummen der nahenden Panzer darunter.

Da schlugen plötzlich die ersten Granaten am Waldrand ein. Und alles stob schreiend auseinander. Fast alles.

Seine Marga stützte ihn, mühsam schleppten sie sich vom Gutshofgelände, immer tiefer ins dunkle Dickicht. Es war Neumond, und mit Eintreten der Dunkelheit sah man die Hand vor Augen nicht. Als sie das Rauschen des Bachs vernahmen, hielt Marga inne.

Unruhig lagen sie in dieser Nacht eng aneinandergeschmiegt in einer Wolldecke auf dem bloßen Waldboden und taten kaum ein Auge zu. Die feuchte Kälte kroch in seine müden Knochen. In der Ferne vernahm man das Brummen der Panzer und die donnernden Einschläge der Granaten, die hie und da den Himmel ein wenig erhellten. Dazwischen das Rattern der Maschinengewehre und die helleren Detonationsgeräusche der Flak, die die Wehrmacht zur Panzerabwehr einsetzte.

Als schließlich der Morgen graute und Marga zum Aufbruch mahnte, gelang es ihm nicht, sich zu erheben. Sosehr sie ihn auch zu stützen und aufzurichten suchte – er schrie vor Schmerzen. Schließlich ging sie alleine los und kehrte bald mit zwei Bauern zurück, die ihn nun in ihr eigenes Versteck trugen.

Mit ein paar dünnen Baumstämmen und einer großen Zelt-plane hatten die Bauern einen Unterstand errichtet. Marga bereitete ihm ein Lager, die Arthrose peinigte ihn wie niemals zuvor. Nur unter großen Schmerzen und mit Hilfe gelang es ihm dort, von Zeit zu Zeit einige Schritte zu machen. Tagelang hörten sie in der Ferne das Geschützfeuer.

Jeden Morgen machte sich eine Bäuerin mit ihrem Fahrrad zum Auskundschaften auf den Weg ins Dorf, an einen Ast hatte sie eine weiße Stoffwindel gebunden, als Friedenszeichen. Und heute, nachdem sie die vierte kalte Nacht im Freien verbracht hatten, kam die Frau mit guten Nachrichten zurück: Man könne endlich heim nach Rogätz, inzwischen sei Ruhe eingekehrt. Zum Beweis hielt die Bäuerin lächelnd eine Zigarette in der Hand, die ihr ein amerikanischer Soldat geschenkt hatte.

Die Pferde scheuen, der Wagen schaukelt, er hält sich verzweifelt an seinem Koffer fest. Hans, der Kutscher, knallt mit der Peitsche. Das schwarze Gerippe eines ausgebrannten Militärlastwagens steht vor der Ziegelei, beißender Brandgeruch liegt in der Luft.

Weiter unten haben auch die Stallungen des Gutshauses einen Treffer abbekommen, eines der Gebäude ist eingestürzt. Auf der gegenüberliegenden Straßenseite hängen Plakate an der Friedhofsmauer: «Wer nicht mitmacht, ist gegen uns! Werwölfe! Auf uns kommt es an!» Auf einem weiteren: «Deutsche Jugend meldet sich freiwillig zur Waffen-SS!»

Vor dem Torhaus halten sie an. Daneben steht ein amerikanischer Panzer, das Kanonenrohr zeigt in den Himmel. Marga steigt vom Wagen und läuft gemeinsam mit Hans durch das Tor, um nach dem Rechten zu sehen. Die Sonne scheint angenehm warm, ein paar Zitronenfalter flattern durch die Luft, und in der Ferne hört er einen Kuckuck rufen. Für einen Moment könnte man meinen, die Welt sei wieder in Ordnung. Wenn nur der Geruch nicht wäre.

Schließlich kehrt Marga alleine zurück und schüttelt den Kopf: Das Gutshaus sei von der US-Armee besetzt, erklärt sie, ebenso das Kantorat und die Schule. Sie sollen sich eine andere Unterkunft suchen. Und auf seinen fragenden Blick hin: «Hans haben sie dabehalten. Er muss helfen, die gefallenen Soldaten zu begraben.»

Eine ganze Weile bleiben sie ratlos auf dem Wagen sitzen. Bis der Gutsverwalter auftaucht und ihnen sofort ein Quartier bei sich anbietet. Zwei amerikanische Soldaten, die gerade aus dem Tor treten, sind nach ein paar Erklärungen bereit, Max Planck von der Kutsche zu heben.

«Es ist nur ein kleines Zimmer, eher eine Kammer», meint der Gutsverwalter entschuldigend, als sie vor dem Verwalterhaus stehen.

«Wir sind Ihnen sehr dankbar», erwidert Max Planck müde, «das ist ja der Vorteil des Flüchtlings. Er findet in der kleinsten Bleibe Platz.»

Was die Schmerzen betrifft, wird es tags darauf nicht besser. Bewegen kann er sich kaum mehr, alleine aufzustehen – undenkbar. Sosehr Marga sich auch bemüht, Medikamente sind in diesen Tagen nirgends zu bekommen. Daran kann auch der herbeigerufene Arzt nichts ändern. Die Novocain-Spritzen, die ihm früher oft Linderung verschafften, gibt es höchstens noch im Krankenhaus, aber die Krankenhäuser sind voll und unerreichbar, in der Umgebung toben noch die Schlachten. «Vorerst kann ich Ihnen nur Ruhe verordnen», meint der Arzt, als er sich verabschiedet, und hebt entschuldigend die Hände.

Die Ruhe währt nicht lange. Drei Tage später, am 19. April, läuft der Ortsvorsteher von Haus zu Haus und fordert die Dorfbewohner auf, den Ort erneut zu verlassen. «Zum Führergeburtstag wird zurückgeschlagen» – so geht ein Gerücht. Angeblich hat der Fähnleinführer Kühn im Städtchen Burg auf der anderen Elbseite bereits eine Truppe Jungvolk zusammengestellt. Ein Haufen Vierzehn- und Fünfzehnjähriger ist den Aufrufen zum letzten Kampf offenbar gefolgt. Mit Panzerfäusten bewaffnet sollen sie von Burg aus versuchen, über die Elbe zu setzen und die Amerikaner in Rogätz anzugreifen.

Am Nachmittag wird Straße für Straße evakuiert. Sie werden auf die Nachbarorte verteilt. In der Nähe von Haldensleben ist noch Platz in einer Scheune, heißt es.

Die Russen kommen

Hoch lebe Lenin», lallt der Chef, als er am späten Abend endlich von einer schweren russischen Limousine vor der Klinik abgesetzt wird. Acht lange Stunden haben sie alle um ihn gebangt, nachdem er am Nachmittag von einem russischen Hauptmann in Begleitung zweier Adjutanten ohne weitere Erklärung abgeholt wurde. Zuletzt hat Jung besorgt zu Nelly gemeint: «Ich fürchte, sie haben ihn erschossen.»

Im linken Arm hält der Chef zwei Rotweinflaschen, im Rechten ein prachtvolles Rad Käse, das ihm plötzlich entrutscht und über den Asphalt rollt. Sauerbruch selbst wankt bedrohlich. Nelly läuft auf ihn zu, um ihn zu stützen, aber er hebt abwehrend die Hand: «Ich brauch keine Hilfe. Fang du nur den Käse ein!» Er deutet Richtung Rinnstein.

«Lenin hat mir das Leben gerettet», murmelt er, dann fällt sein Blick auf Josef, der besorgt im Eingang steht. Inzwischen kann Josef zumindest wieder auf Krücken laufen, nachdem ihn drei Monate zuvor die Druckwelle einer Sprengbombe so gegen eine Wand geworfen hatte, dass er sich einen Beckenbruch und eine Unterschenkelfraktur zuzog.

«Was stehst du hier faul rum», fährt der Chef ihn in seiner frotzelnden Art an, bei der man nie ganz sicher sein kann, ob er scherzt oder es ernst gemeint ist. Josef setzt sich sogleich in Bewegung.

«Wir machen jetzt Visite», befiehlt der Chef mit schwerer Zunge. Als Josef und die herbeieilenden Assistenten verzweifelt versuchen, ihn davon abzuhalten, hält er brüskiert inne: «Alles muss man selber machen! Ihr seid zu nichts zu gebrauchen!» Dann greift er nach Josefs Arm. «Komm her, mein lieber Josef», und tätschelt die Hand des Oberpflegers. Adolphe Jung kann Josef, der mit seinen Krücken das Gleichgewicht zu verlieren droht, gerade noch halten, der Chef stützt sich bei seinem Assistenten ab, während er unverdrossen in Richtung Station wankt.

Gemeinsam ziehen sie schließlich von Bett zu Bett, von Matratze zu Matratze, der Chef blickt mit glasigen Augen umher und murmelt Worte, die niemand versteht.

Eine Stunde später hat Sauerbruch schlussendlich ein Einsehen und lässt sich von Margot, mit Nellys Unterstützung, in den Gang der Röntgenabteilung bringen, wo er vor einigen Wochen gemeinsam mit seiner Frau in einem kleinen Zimmer Quartier bezogen hat. Fast das gesamte Klinikleben spielt sich inzwischen im Untergrund ab. Soweit möglich, bewegen sie sich zwischen den einzelnen Gebäuden nur über das verzweigte Kellersystem der unterirdischen Heizungsanlage, gebückt und mit einer Kerze hasten sie durch die engen Gänge. Wenn man zu den Schwerkranken, die nicht mehr transportfähig sind, in das Erdgeschoss hochsteigt, herrscht auch dort Dunkelheit, denn sämtliche Fenster sind zum Schutz vor Sprengbomben bereits vor Wochen zugemauert worden. In dieser beständigen Finsternis verrät einem nur noch der Blick auf die Uhr, ob es Abend oder Morgen ist.

Inzwischen gibt es in dem riesigen Krankenhauskomplex nur noch zehn Ärzte, die hier unten im Wechsel pflichtbewusst ihren Dienst verrichten, unterstützt von etwa dreißig

Schwestern und einer Handvoll Pflegern. Die meisten Mediziner haben die Charité längst verlassen, zu gefährlich und erschöpfend ist die Arbeit geworden, viele sind aus Angst vor den Russen nach Westen geflohen. Was den Chef zutiefst verbittert. Ein Arzt, der seine Patienten im Stich lässt, hat seiner Ansicht nach den Beruf verfehlt. Zugleich reihen sich im Bunker immer mehr Verletzte auf Betten, Matratzen und Tragbahren aneinander. Um der Not irgendwie Herr zu werden, operieren sie buchstäblich Tag und Nacht.

Notgedrungen wohnt das verbliebene Personal inzwischen in der Charité. In den letzten Kriegswochen ist der Nachhauseweg zu lang und zu gefährlich geworden. Die öffentlichen Verkehrsmittel sind längst lahmgelegt, und überall läuft man Gefahr, zwischen die Fronten des Häuserkampfs zu geraten oder einem Granatsplitter zum Opfer zu fallen. Die nur drei Kilometer entfernte Reichskanzlei ist ein vornehmliches Ziel der russischen Armee, und so ist auch die Gegend um die Charité in den letzten Tagen heftig umkämpft. In den Stadtbahnbögen und im halb zerstörten Gebäude der AEG-Hauptverwaltung auf der anderen Spreeseite hat sich die SS verschanzt.

Selbst beim Gang zum nahen Bäcker und beim Wasserholen müssen sie um ihr Leben bangen. Der letzte noch funktionierende Hydrant vor dem Hauptgebäude der Charité gerät immer wieder unter Beschuss. Und so bleiben sie alle soweit möglich in der Klinik und haben ihre Schlafplätze auf die verschiedenen Kellerräume der Klinikgebäude verteilt.

Margot hilft dem Chef, den blutbeschmierten Kittel abzustreifen, während Nelly ihm die Schuhe auszieht. Als Sauerbruchs Körper kraftlos auf das Feldbett sinkt, wird Nelly mit einem Mal bewusst, wie alt dieser Mann doch ist, der täglich lange Stunden am OP-Tisch steht. Da schlägt er nochmals die Augen auf und sieht sie an.

«Man darf den Russen nicht zeigen, wenn man Angst vor ihnen hat», sagt er leise. «Das hat mir bereits der alte Schulenburg erzählt. Und der musste es ja wissen.» Kurz hält er inne, als würde er nachdenken. «Und noch etwas solltet ihr euch merken ...» Doch mitten im Satz drehen sich seine Augäpfel nach oben, die Lider zucken kurz, fallen zu, und augenblicklich fängt er an zu schnarchen.

Margot nimmt ihm behutsam die Brille ab, dann pustet sie die Kerze aus. Nelly greift nach der Petroleumlampe, und die beiden Frauen laufen durch den dunklen Kellergang zurück an ihre Arbeit.

Drei Tage zuvor, am Abend des 30. April, waren die ersten russischen Soldaten in der Charité aufgetaucht. Jahrelang hatten sie sehnsüchtig ihre «Befreier» erwartet, noch eine Woche zuvor hatte Margot überschwänglich ausgerufen: «Dem ersten Russen, dem ich begegne, gebe ich einen Kuss!» – aber nun, wo das Ende unmittelbar bevorstand, war ihnen doch allen mulmig zumute. Unentwegt hörte man von Vergeltungsmaßnahmen der Russen, von vergewaltigten Frauen und erschossenen Zivilisten.

In den vorangegangenen Tagen war der Krach ohrenbetäubend gewesen. Jetzt waren die amerikanischen Flieger größtenteils verstummt, dafür ertönte das Artilleriefeuer von nah und fern. Die russischen Panzer rückten unaufhörlich voran, Granaten jeglichen Kalibers schlugen rund um sie ein. Aus der Ferne vernahm man das Jaulen der Stalinorgel, wie die Berliner den neu entwickelten russischen Mehrfachraketenwerfer nannten: ein großer Lastkraftwagen, bespickt mit einer orgelpfeifenartig angeordneten Batterie von Raketen, die beim Zünden ihren charakteristischen Ton von sich gaben.

Am frühen Montagabend kehrte schließlich Ruhe ein. Eine Ruhe allerdings, die nach dem nicht enden wollenden Lärm der Vortage umso bedrohlicher wirkte. Von draußen war nur das gleichmäßige Wummern des Dieselmotors zu vernehmen, der die Notbeleuchtung mit Strom versorgte.

Plötzlich flog die Tür des Bunkers auf, und ein SS-Sturmscharführer stand im Raum. Wo Sauerbruch sei, wollte er wissen, er habe einen Befehl zu überbringen.

Schon seit Tagen lag ein grauenhafter Gestank von Blut, Schweiß, Ether und verbranntem Fleisch in der Luft. Die Belüftungsanlage war abgestellt. Der spärliche Strom des Dieselmotors reichte gerade noch für die Beleuchtung.

«Hier», rief Sauerbruch laut, das Skalpell in der Hand über einen OP-Tisch gebeugt, ohne sich von seinem Patienten abzuwenden, worauf der SS-Mann auf ihn zulief.

«Herr Generalarzt!» Der Offizier schlug die Hacken zusammen. «Ich überbringe Ihnen im Auftrag meines Hauptsturmführers folgenden Befehl», brüllte er, als seien sie alle schwerhörig, «Sie haben diesen Bunker umgehend zu beräumen!»

Der Chef hob den Kopf und sah ihn ungläubig an.

«Unsere SS-Division ist von den Russen eingekesselt», fuhr der Soldat in unverminderter Lautstärke fort. «Schaffen Sie die Patienten raus, wir beschlagnahmen diesen Bunker und errichten hier ein Widerstandsnest!»

Der Chef blieb in seine Arbeit vertieft. «Sehen Sie nicht, was hier los ist?», antwortete er, ohne aufzublicken. Und mit unterdrückter Wut fügte er hinzu: «Das hier ist eine Klinik. Wir bleiben und gehen unserer Arbeit nach.»

Einen Augenblick starrte der Obersturmführer fassungslos

in die Luft. Widerspruch war er offensichtlich nicht gewohnt. Schließlich entgegnete er: «Wenn dieser Bunker in einer Stunde nicht leer ist, wird die SS das Gebäude mit Gewalt beräumen. Heil Hitler!» Er hob den Arm und verschwand.

Als der Chef wenige Minuten später die Operation beendet hatte, rief er Nelly zu sich. Er zeigte auf die kleine Schreibmaschine, die in einer Ecke verstaubte, Operationsberichte hatten sie seit Wochen keine mehr verfasst. Eilig tippte Nelly, was ihr Sauerbruch diktierte. «Mein Führer!», schrieb sie, und dann legte der Chef in wenigen Sätzen dar, dass er dem Befehl nicht Folge leisten könne, und bat darum, die SS zurückzurufen. Ein Pförtner musste das Schreiben schnellstmöglich zur Reichskanzlei bringen.

Alle wandten sich darauf wieder ihrer Arbeit zu, niemand verlor ein Wort.

«Unter der größten Belastung wird der Mensch ganz ausgeglichen und ruhig», hatte der Chef einmal zu Nelly gesagt. In der Tat fühlte sie eine eigenartige Gelassenheit in sich, und ihr war, als ob selbst die Verwundeten nun unter ihren Schmerzen leiser stöhnten.

Als die Spannung nach einer Stunde anwuchs, zischte der Chef: «Verdammt noch mal, wo bleibt der Junge?» Plötzlich gab es draußen ein seltsames, dumpfes Geräusch. Wie eine Detonation. Jedoch anders als alles, was sie zuvor gehört hatten, ganz nah und gleichzeitig gedämpft.

Kurz darauf hörten sie es erneut. Verwundert sahen sie einander an. Schließlich ging Nelly zur Eingangstür des Bunkers, um nachzusehen. Als sie nach draußen trat, erschrak sie. Keine fünf Meter von ihr entfernt stand ein russischer Soldat. Sie sah ihm direkt ins Gesicht. Neben ihm drei weitere Rotarmisten in erdbraunen Mänteln, auf dem Kopf trugen sie runde grüne Stahlhelme. Sie waren damit beschäftigt, ein schweres Geschoss in eine große Feldhaubitze zu laden. Das Kanonenrohr deutete auf das gegenüberliegende AEG-Gebäude.

Erst als der Soldat sein Maschinengewehr auf Nelly richtete, erwachte sie aus ihrer Starre.

«Vratsch», rief sie laut, «Ärztin», und zeigte auf ihren weißen Kittel. Nach einer gefühlten Ewigkeit ließ der Soldat das Gewehr wieder sinken und deutete ihr mit einer Kopfbewegung an zu verschwinden.

Kurz darauf erschienen einige Russen im Bunker. Sie trugen einen verletzten Kameraden, packten ihn auf eine Liege und redeten heftig gestikulierend auf sie ein. Anfangs hielten sie ihre Gewehre noch schussbereit und verfolgten jede Bewegung misstrauisch. Erst als sie sahen, dass sich Sauerbruch sofort des neuen Patienten annahm, wurden sie ruhiger. Sie besprachen sich untereinander. Schließlich verschwanden sie und kehrten eine halbe Stunde später mit weiteren Verletzten zurück.

Jetzt, wenige Tage später, wird die Arbeit nicht weniger. Weil die Kampfhandlungen nach und nach eingestellt werden, trauen sich die Zivilisten allmählich wieder auf die Straße. Verletzte schleppen sich in die Charité oder werden von Angehörigen hergebracht. Manche sind in einem erbärmlichen Zustand.

Immerhin, die russischen Soldaten beliefern die Charité mit dringend benötigten Medikamenten und Verbandsmaterial. Heute nimmt Nelly außerdem drei große Kartons Konservendosen in Empfang. «Schmalzfleisch» steht in altdeutscher Schrift auf dem Etikett, und «Wehrmachtspackung».

Frieden

Zu spät kommt er, der Frieden. Das tut mir besonders für dich leid, Nelly. Und für das Kind. Erwin hatte sichtbar Freude daran, ihr ein Vater zu sein.»

Der Chef sieht sie teilnahmsvoll an.

«Und, geht es dem Kind gut?»

Sie nickt.

Der Chef ist gerade auf dem Weg ins Bett, als sie sich im Gang vor der Röntgenabteilung begegnen. Es ist das erste Mal seit Wochen, dass sie ein privates Wort wechseln, obwohl sie einen Großteil des Tages Seite an Seite arbeiten.

«Ich hoffe», er zögert, «ich hoffe, es gab keine Vorkommnisse mehr?»

Sie lächelt. «Nein, Herr Professor.»

«Das hast du gut gemacht, Nelly.» Er grinst. «Man muss als Arzt – oder Ärztin – immer einfallsreich bleiben, in jeder Hinsicht.»

Ein Lob vom Sauerbruch ist selten. Das freut sie. Noch mehr freut sie allerdings, dass es eben keine Vorkommnisse mehr gab. Das Unaussprechliche, die Vergewaltigungen durch die russischen Soldaten, hat auch vor der Charité nicht haltgemacht. Gehört hatte man ja schon so einiges. Nachdem aber eine Krankenschwester von mehreren Soldaten auf dem Klinikgelände vergewaltigt worden war, nahm sich eine andere Schwester aus Furcht das Leben. Sie fanden die junge Frau leblos im Keller, eine Überdosis Schlaftabletten. Schließlich hatte Nelly eine Idee: Bereits vor einem guten Jahr hatte Erwin ein russisches Wörterbuch angeschafft. «Es kann nicht mehr allzu lange dauern», hatte er gemeint, «und dann kann es nur von Vorteil sein, wenn man ein paar Worte Russisch beherrscht.» Das hatte Nelly nun auf den Gedanken gebracht. Zusammen mit Liesel hatte sie große Schilder aus Pappe gebastelt. In kyrillischer Schrift schrieben sie die russischen Worte für Tuberkulose, Diphtherie, Typhus und Ruhr darauf, versehen mit einem kleinen Totenkopf. Die jüngeren Schwestern verteilte Nelly anschließend auf die Stationen im Erdgeschoss und brachte an den Türen die Warnschilder mit den Infektionskrankheiten an. Und tatsächlich, kein russischer Soldat ließ sich mehr in diesen Räumen blicken.

«Herr Professor?» Nelly sieht Sauerbruch von der Seite an. «Ja?»

«Eines würde ich gern noch fragen. Was wollten die Russen von Ihnen, als Sie letzte Woche abgeholt wurden?»

Der Chef blickt sie an, dann nickt er. «Dazu muss ich mich setzen», erwidert er zögernd, «lass uns in dein Reich gehen.» Damit steuert er auf die Dunkelkammer neben dem Röntgenraum zu, wo sie auf zwei Schemeln Platz nehmen.

«Der Raum war nicht viel größer als dieser hier, nur die Beleuchtung war etwas besser», beginnt er seine Erzählung, indem er auf die Kerze in Nellys Hand zeigt. «Ich wurde vor einem Tisch platziert. Mir gegenüber saß der Kommandant mit zwei Adjutanten, einer führte das Protokoll. Hier auf der Seite», er deutet Richtung Nelly, «saß ein kleiner ukrainischer Priester, der die Aufgabe hatte zu dolmetschen.»

Sauerbruch kratzt sich hinterm Ohr.

«Wer ich bin», fährt er fort, «das war denen klar. Allerdings dachten sie wohl, ich sei der Leibarzt Hitlers gewesen. Hitler sei tot, haben sie mir gesagt. Und haben geguckt, wie ich reagiere. Ich habe ihnen erzählt, dass ich kein Freund des Nationalsozialismus gewesen bin, dass ich letztes Jahr beinahe verhaftet worden wäre, nach dem 20. Juli. Dass ich stundenlang verhört wurde, von Kaltenbrunner selbst. Und dass mein Sohn inhaftiert wurde. Aber der Kommandant sieht mich nur kühl an und meint, es sei doch erstaunlich: Sie würden ausnahmslos auf Deutsche treffen, die keine Nationalsozialisten gewesen seien. Wo die denn alle hin seien, die Heerscharen von Nazis? Ob ich denn der Meinung sei, die wären alle ausnahmslos im Krieg gefallen? Sein sarkastischer Unterton verhieß nichts Gutes. Ich sei bekannt, haben sie schließlich gemeint, und da wäre es doch naheliegend, dass Hitler eben mich, Sauerbruch, den berühmtesten deutschen Arzt, konsultiert hätte. Ich habe betont, ich sei Chirurg. Und in dieser Eigenschaft zum Glück nicht gefragt gewesen. Ich habe ihnen erklärt, dass Theodor Morell Hitlers Leibarzt gewesen sei, dass Hitler Morells eigens hergestellten Medikamenten vertraut habe. Das machte sie neugierig. Und so erzählte ich ein wenig von den Vitaminspritzen, die Morell ihm verabreichte, und von den zahlreichen Hormonpräparaten, die er in seinen Hamma-Werken für Hitler anfertigen ließ. Aus Prostata, Hoden und Samenblasenextrakt junger Bullen. Der Priester machte große Augen beim Übersetzen. Viele seiner Produkte hatte Morell bereits an Mussolini erprobt, fuhr ich fort. Er verabreichte dem Führer Injektionen von Progynon, Cortiron und Glykonorm: Ersteres ein Östrogenpräparat, das Zweite ein synthetisch hergestelltes Hormon der Nebennierenrinde und Letzteres ein eigens hergestelltes Hormonpräparat aus Herzmuskelpresssaft, Nebennierenrinde und

Leber-Pankreas von Schweinen. Und das alles für einen Vegetarier, wohlgemerkt. Das schien die Russen zu amüsieren. Ich fand das ja selbst immer höchst skurril. ‹Reichsspritzenmeister› wurde Morell von Göring genannt, erklärte ich ihnen.»

Sauerbruch lacht kurz auf. Für einen Moment ist der Chef wie früher, denkt Nelly. Von Müdigkeit nichts mehr zu spüren.

«Nur der Kommandant sah mich weiterhin kühl an», fährt Sauerbruch ernst fort. «Woher ich das denn alles wisse, fragte er. Ich entgegnete ihm wahrheitsgemäß, dass mein Assistent Wohlgemuth zuvor bei Morell assistiert hätte. Er sah mich ohne jegliche Reaktion an, und mir wurde zusehends klar, dass das Gespräch einen ungünstigen Verlauf nahm.»

Der Chef fährt sich mit der Hand über den weißen Bart, der ihm in den vergangenen Tagen gewachsen ist.

«Die Russen lieben Geschichten, dachte ich», Sauerbruch lächelt, «und an Anekdoten mangelt es mir ja bekanntlich nicht. Deshalb erzählte ich ihnen von meinen russischen Begegnungen: Wie ich einmal während meiner Zeit in Zürich den russischen Außenminister Sasonow behandelte. Die beiden Adjutanten schien das zu beeindrucken, aber der Kommandant guckte noch immer misstrauisch. ‹Ein paar Jahre später›, fuhr ich fort, ‹habe ich Lenin einen Zahn gezogen!› Erst dachten sie, ich mache Witze.

Ich erzählte ihnen, wie in meiner Vorlesung an der Zürcher Universität eines Tages ein Hörer saß, der das übliche Studentenalter deutlich überschritten hatte. Sein Kopf war beinahe kahl, und er trug einen rötlichen Bart. Ältere Hörer hatten wir öfter im Publikum, ungewöhnlich an diesem Herrn war jedoch, dass seine rechte Wange derart angeschwollen war, dass alleine der Anblick schmerzte! Als ich mich nach der Vorlesung auf den Nachhauseweg begab, ich wohnte nicht weit in einem herrlichen Haus in der Florhofgasse, entdeckte ich besagten Herrn auf einer Bank im Garten des Kantonspitals sitzend. Er hielt sich die Wange vor Schmerzen und starrte vor sich hin. Ich setzte mich zu ihm und fragte ihn, ob ich ihm einen Zahnarzt empfehlen solle. Er winkte ab und erklärte in exzellentem Deutsch, dass er keinen Franken dafür übrighabe. Also bot ich ihm an, ihm selbst Erleichterung zu verschaffen, und er solle sich keine Sorgen um die Bezahlung machen. Auf dem Weg zu meiner Privatpraxis erzählte er mir, dass er sich nun zum wiederholten Mal im Exil befände, er hatte eine Wohnung, gar nicht weit entfernt in der Spiegelgasse. In der Praxis zog ich ihm dann das eitrige Ungetüm, und er fragte mich, wie er das wiedergutmachen könne ... ‹Wie lautete sein vollständiger Name?›, unterbrach der Kommandant plötzlich meine Erzählung. Zum Glück habe ich ein gutes Namensgedächtnis, und ich wusste, worauf er hinauswollte. ‹Uljanow›, erklärte ich, ‹er nannte sich Wladimir Iljitsch Uljanow. Später habe ich erfahren, dass Lenin sein Deckname war.› Da hellte sich das Gesicht des Kommandanten auf, und er befahl, eine Flasche Wodka zu öffnen. Was das Trinken angeht, nun ja: Die Russen haben zahlreiche Regeln, und sie trinken nie ohne Trinkspruch. Man hält das Glas in die Höhe, bis der jeweilige Spruch zu Ende ist, um es anschließend in einem Zug zu leeren. ‹Wer nur eins will trinken, dem wird Alleinsein winken›, hat der Kommandant plötzlich auf Deutsch gesagt, und so ging es immerzu weiter. Zu fortgeschrittener Stunde erfuhr ich schließlich noch, dass eine einmal geöffnete Wodkaflasche geleert werden muss, will man kein Unglück heraufbeschwören. Selbstverständlich brachte ich das erst in Erfahrung, nachdem der Adjutant die nächste Flasche bereits aufgemacht hatte.»

Er schüttelt sich.

«Der Kommandant meinte schlussendlich, er werde mich zum Stadtrat für Gesundheitswesen ernennen. Ich hielt es für einen Scherz, wir haben gelacht. Aber gestern erfuhr ich von einem Boten, dass ich in einer Woche mein Amt antrete. Keine Sorge», er sieht Nelly ernst an, «erst kommt die Klinik. Daran wird sich nichts ändern. Das habe ich auch den Russen gesagt.»

Der Chef hält sich gähnend die Hand vor den Mund. «Entschuldige, Nelly. Ich wusste gar nicht, dass ich noch so viel reden kann.» Er klopft ihr sanft auf die Schulter und verschwindet.

Mit ihrer Kerze läuft Nelly durch den Keller zurück und steigt die Treppe hoch zu einer der neuen «Infektionsstationen», um Liesel abzuholen. Bevor sie zu Bett gehen, entfliehen die beiden jeden Abend für einen kurzen Moment dem Klinikalltag. Dann laufen sie in den abgelegenen Innenhof hinter der zweiten Medizinischen Klinik und betrachten den Neubeginn.

Einen guten halben Meter sind die Stängel bereits hoch. Die graugrünen Blätter handförmig gefiedert und, wenn man genau hinsieht, dicht mit silbrigen Härchen bedeckt. Die Anzahl der Finger pro Blatt schwankt von sieben bis dreizehn.

Eine Zeit lang war sich Nelly nicht sicher. Inzwischen weiß sie, dass es Lupinen sind. In den kommenden Wochen wird jede Pflanze einen aufrechten, traubigen Blütenstand austreiben, mit über fünfzig Blüten. Sie werden Bienen anlocken und fast den ganzen Sommer hindurch blühen.

Wie schön, denkt sie, dass die Lupinen überlebt haben. Anfangs wussten sie nicht, wo sie die Samen einpflanzen sollten. Einen intakten Blumentopf findet man dieser Tage nirgends.

Liesel hatte schließlich die rettende Idee: «Granathülsen. Die geben gute Gefäße ab. Und von denen gibt es mehr als genug.»

«Ja», hatte Nelly gelacht, «Blumen aus Granathülsen. Das würde Erwin gefallen.»

Unerwarteter Besuch

10. Mai 1945, Rogätz

Drei kurze, dumpfe Paukenschläge, dann folgt ein langer. Dreimal wiederholt sich dieses Motiv, das ihn entfernt an die Anfangstakte der 5. Sinfonie Ludwig van Beethovens erinnert. «Hier ist England! Hier ist England!», verkündet der Radiosprecher des Deutschen Dienstes der BBC nach der schlichten Erkennungsmelodie. Noch vor Kurzem war das Hören des «Feindsenders» strengstens verboten. Jetzt, wo die Reichssender ihren Betrieb nach und nach eingestellt haben, ist es eine der wenigen verbliebenen Möglichkeiten, sich zu informieren.

Schweigend sitzen sie am Tisch und löffeln ihre Suppe. Seit Anfang Mai haben sie zumindest wieder ein festes Dach über dem Kopf. Fast zwei Wochen lang waren sie davor mit den anderen getreckt. Über Angern und Colbitz sind sie durch Wälder und Heidelandschaft bis in das entlegene Dörfchen Born gezogen. In Scheunen und einem alten Pferdestall hatten sie übernachtet, bevor sie, nun endgültig, nach Rogätz zurückkonnten.

Das Gutshaus ist weiterhin von den Amerikanern besetzt. Glücklicherweise hat ihnen der Melkmeister des Betriebs, Herr Zeh, Quartier gewährt. Gemeinsam mit dessen fünfköpfiger Familie bewohnen sie ein Zimmer in einem einfachen Bauernhaus, schräg gegenüber dem Rittergut. Entsprechend beengt sind die Verhältnisse, die Luft ist stickig; gleichwohl aber ein Fortschritt im Vergleich zu dem, was sie zuletzt erlebt haben.

Wenn es ihm doch vergönnt wäre zu sterben, hat er hin und wieder für sich gedacht. Demut war die Tugend, in der er sich zu üben suchte. Gottlob ist Marga vierundzwanzig Jahre jünger als er, gesund und bei Kräften. Tapfer hat sie ihn umsorgt, hat ihn gestützt, wenn er versuchte, ein paar Schritte zu machen. Nur an dem Tag, als sie irgendwo hinter Angern im Wald festsaßen, als es in Strömen regnete und Marga ihm mitteilte, dass heute sein siebenundachtzigster Geburtstag war, hat sie geweint.

Aber «der Mensch ist zäher, als man denken mag» – das hat Erwin ihm in einem seiner letzten Briefe geschrieben. Dieser Erkenntnis kann er nur beipflichten.

Nun ist endlich Ruhe eingekehrt. Die letzten Werwölfe sind geschlagen, die Amerikaner halten das Dorf fest in der Hand, und vor zwei Tagen hat die deutsche Wehrmacht offiziell kapituliert. Die britische Nachrichtenagentur Reuters bringt die Situation in einem einzigen Satz auf den Punkt: «Deutschland ist ein unterworfenes, erobertes und besetztes Land, das keine unabhängige Existenz hat.»

Der Melkmeister, ein groß gewachsener, kräftiger Mann um die vierzig mit tief gefurchten Wangen, von der harten Arbeit sichtlich gezeichnet, setzt seinen Teller an die Lippen und schlürft den Rest Suppe hinunter.

In diesem Moment beginnt der Säugling zu schreien. Er hat in einem Wäschekorb geschlafen, der auf einem Schemel unter dem offenen Fenster steht. Gerade mal drei Monate ist er alt, jetzt reißt er den kleinen, zahnlosen Mund weit auf. Vermutlich hat das Kind Hunger, denkt er. Wer weiß, ob seine Mutter genügend Milch hat, in diesen Zeiten. Noch ist die Frau des Melkmeisters jedenfalls damit beschäftigt, ihre Suppe zu essen. Weiße Bohnensuppe gibt es, die Marga gekocht hat, als das Ehepaar Zeh heute Vormittag drüben auf dem Gut gearbeitet hat. Während sich der sechsjährige Sohn der Familie Zeh erhebt, um nach seinem Geschwisterchen zu sehen, kündigt der BBC-Sprecher eine Ansprache von Thomas Mann an.

Seit fünf Jahren hält Thomas Mann aus dem fernen amerikanischen Exil regelmäßig Ansprachen an seine deutschen Mitbürger, die die BBC auf Langwelle ausstrahlt. Reden zur politischen Lage Deutschlands, in denen er mit dem Nationalsozialismus hart ins Gericht geht, daneben kommentiert er schonungslos das aktuelle Kriegsgeschehen. Erwin hatte ihm häufig von diesen Beiträgen erzählt, und zuletzt hatte auch Planck selbst regelmäßig den britischen Sender eingeschaltet. Selbstverständlich erst, nachdem er sich vergewissert hatte, dass kein Personal im Hause war.

Dankenswerterweise dreht der Sohn ihrer Gastgeber jetzt den Lautstärkeregler des Volksempfängers etwas auf, erfahrungsgemäß ist die Tonqualität der Aufzeichnungen eher mäßig. Schließlich spricht der Schriftsteller seine Rede bei der NBC in Los Angeles auf eine Langspielplatte ein, die dann per Luftpost nach New York gebracht und von dort über Telefon auf eine Schallplatte nach London übertragen wird, welche dann schlussendlich vor dem Mikrofon abgespielt wird.

«Deutsche Hörer!», begrüßt Thomas Mann sein Publikum in gewohnter Manier. «Wie bitter ist es, wenn der Jubel der Welt der Niederlage, der tiefsten Demütigung des eigenen Landes gilt!» Der Säugling schreit erneut, das Radio rauscht und knackt. Der Melkmeister zündet sich eine Pfeife an, sein Sohn wiegt das Brüderchen im Arm. Tatsächlich scheint sich das Kind zu beruhigen, seine großen Augen gucken wach in den Raum. Fast wirkt es, als würde selbst der Säugling lauschen, was die knisternde Stimme aus dem Radio zu verkünden hat. Zumindest ist er auf einmal ganz still.

«Und dennoch, die Stunde ist groß», spricht Thomas Mann weiter. Und dann erklärt er, dass ja auch für Deutschland eine neue, bessere Zeit anbricht, weil der Drache des Nationalsozialismus endlich erschlagen sei – unten auf der Straße vernimmt er ein vorfahrendes Auto, der Motor wird abgestellt, kurz darauf fällt die Wagentür ins Schloss –, und dann sagt Thomas Mann etwas von Deutschlands Rückkehr zur Menschlichkeit und bemerkt: «Wenn Deutschland sich selbst hätte befreien können, das wäre freilich das Allerwünschenswerteste gewesen.»

In diesem Moment klopft es an der Tür.

«Herein», ruft der Melkmeister, bevor er an seiner Pfeife zieht. Die Tür öffnet sich, und ein großer, schlanker Mann von Mitte vierzig, mit schütterem Haar und gutmütigen hellen Augen, betritt den Raum.

«Hier bei unserem Herrn Zeh finde ich Sie», ruft er noch auf der Schwelle erfreut aus, «ich habe bereits überall nach Ihnen gesucht.» Margas Mine hellt sich schlagartig auf, als sie Karl Friedrich Still, den Sohn des Gutsbesitzers, erblickt.

Den weiten Weg von Struthütten bei Siegen bis nach Rogätz hat er innerhalb von zwei Tagen zurückgelegt. «Eine kleine Weltreise», wie er erklärt. Der Melkmeister hat sich schon erhoben und Still seinen Stuhl angeboten, aber der winkt dankend ab. Soeben habe er sich ein grobes Bild vom Zustand des Gutshauses machen können, fügt er weniger erfreut hinzu. Er plane, eine Zeit lang vor Ort zu bleiben, um sich zumindest um den Gutsbetrieb zu kümmern. Grüße von seinen Eltern überbringt er, und während er das überfüllte Zimmer mustert, dankt er der Melkmeisterfamilie für ihre

Hilfsbereitschaft und fährt an die Plancks gerichtet fort: «Ich fahre noch heute bei der US-Kommandantur in Wolmirstedt vorbei, dort werde ich um Hilfe für Sie bitten. Es muss sich doch ein Weg finden lassen, Sie zu Ihren Verwandten nach Göttingen zu bringen.»

Draußen ist es noch warm, als Karl Friedrich Still abends in der US-Kommandantur empfangen wird. «Snow» steht auf dem Namensschild des Kommandanten, ein etwa fünfzigjähriger Mann mit akkurat geschnittenem, grau meliertem Haar, vor dessen Schreibtisch Still Platz genommen hat.

Der Kommandant sieht ihn etwas ratlos an. «Max Planck», wiederholt er und trommelt mit den Fingern der rechten Hand auf die Schreibtischplatte. «Max Planck?», fragt er schließlich erneut nach, schüttelt den Kopf und blickt fragend zu seinem Assistenten, der gleichfalls mit den Schultern zuckt.

Still erklärt ihnen geduldig, es handle sich um einen Wissenschaftler von Weltruf, einen Nobelpreisträger und im Übrigen den Entdecker Albert Einsteins. Der Kommandant rollt erstaunt mit den Augen.

«I don't know Max Planck», erklärt er, «I just know Max Schmeling!» Dabei hebt er scherzhaft seine geballten Fäuste an die Wangen und schlägt gekonnt einen rechten Haken in die Luft.

Dann greift er zum Hörer seines Feldtelefons.

Verrückt

Die Sonne blendet, Albert Einstein zieht seinen in die Jahre gekommenen Leinenhut etwas tiefer ins Gesicht. Es ist früher Nachmittag, als er gemeinsam mit Kurt Gödel den schmalen Pfad entlangspaziert, der sich durch eine sattgrüne Wiese von der Fuld Hall zur Olden Farm erstreckt. Gödel hat sein Arbeitszimmer fast direkt über dem von Einstein, worauf der einmal meinte, «man könne sich glücklich fühlen, wenn einem ein Kurt Gödel auf dem Kopf herumtanzt». Auch an diesem Donnerstag hat der junge Kollege ihn zum gemeinsamen Nachhauseweg abgeholt. Neben Einstein gilt der Mathematiker als das größte Genie hier in Princeton. Gar als größter Logiker seit Aristoteles wird Gödel von vielen Wissenschaftlern bezeichnet. Aber anders als Einstein bringt man dem jungen Genie diese Wertschätzung am Institut weit weniger offen entgegen. Noch immer hat Gödel lediglich einen Dozentenvertrag und verdient nur einen Bruchteil des Gehalts von etwa Einstein oder anderen Professorenkollegen. Zudem bangt er ständig um seine Anstellung, was Einstein für gänzlich übertrieben hält und eher als Indiz für Gödels Paranoia und Zukunftsängste betrachtet. Doch auch ihm fällt auf, dass der Logiker ein verschrobener Charakter ist. Wie suspekt muss er da erst anderen sein? Selbst die Mathematiker meiden ihn. Den einen sind seine Gedanken zu verworren, die anderen ärgern sich über seine beharrliche Schweigsamkeit; und selbst wenn er mal etwas sage, klagen sie, dann mit hoher Wahrscheinlichkeit etwas, worauf man nichts erwidern könne.

Einstein empfindet die Beziehung zu Kurt Gödel nichtsdestotrotz als innig, fast väterlich. In seiner genialischen, verletzlichen und etwas verrückten Art erinnert ihn der junge Kollege an Eduard. Vielleicht, wenn die Umstände andere gewesen wären, würde Tete an seiner Seite hier entlangspazieren, und sie könnten gesellschaftliche Diskussionen führen.

Schon als Kind hatte er ihn mit seinen Fragen oft nachdenklich gemacht. Einmal, da war er acht oder neun Jahre alt, hatte Tete ihn gefragt, warum er so berühmt sei. «Wenn ein blinder Käfer», hatte Einstein nach ein wenig Überlegung geantwortet, «an einem gekrümmten Halm entlangkriecht, merkt er nicht, dass der Halm krumm ist. Ich hatte das Glück zu bemerken, was der Käfer nicht bemerkt hat.»

Einige Jahre später hatte Tete einmal gemeint, auch er sei ein blinder Käfer. Aber immerhin sei er sich, im Gegensatz zu anderen Käfern, seiner Blindheit bewusst.

Was er von Kafkas «Schloss» halte, möchte der junge Mann neben ihm wissen, als sie unter mächtigen, knorrigen Platanen entlanglaufen. Ob Einstein jemals Kafka persönlich begegnet sei. Gödel hat einen auserlesenen Literaturgeschmack, er liest Ovids Liebesgedichte im lateinischen Original und verehrt Kafka.

Auch wie Gödel über Kafka spricht, erinnert Einstein an seinen Sohn. Die typischen Motive, die sich überall in Kafkas Werk finden, bestimmen auch Gödels wie Tetes Leben: Figuren, die sich entfremdet und aus der Gesellschaft ausgeschlossen fühlen. Dann quälende Zukunftsängste, und zu guter Letzt die Angst vor einem übermächtigen Vater. Für einen kurzen Moment überkommt ihn der Anflug eines schlechten Gewissens. Aber diesen Gedanken wischt er beiseite, Familie an sich wird in seinen Augen überbewertet, seine Familie kann man sich nun einmal nicht aussuchen. Er will dem jungen Mann an seiner Seite ein väterlicher Freund sein, was in Einsteins Augen genauso viel wert ist.

«Dass ich ‹Das Schloss› gelesen habe, ist zugegebenermaßen lange her. Ich erinnere mich noch an diesen Landvermesser, von dem man nie weiß, ob er denn wirklich ein Landvermesser ist. Und natürlich seine vergeblichen Versuche, in das Schloss zu gelangen. Franz Kafka selbst habe ich in Prag kennengelernt. Dort traf ich ihn einmal, zusammen mit Paul Ehrenfest. Er beklagte sich über Gerhart Hauptmanns ‹Der Biberpelz›, das fand er zu spannungslos. Ich erzählte ihm, was ich von Hauptmann selbst über das Stück wusste: dass sämtliche Figuren aus seinem privaten Umfeld inspiriert waren, von Hauptmanns Aufwartefrau angefangen bis zum reichen Hauswirt und dem misstrauischen Amtsvorsteher, der dem Privatgelehrten Dr. Fleischer das Leben schwer macht. Wobei Hauptmann mit Letzterem ein ironisches Bild von sich selbst entwarf. Während Hauptmann das Stück schrieb, hatte er ständig den eigenen Tod vor Augen gehabt, denn er litt an Bluthusten und rechnete jederzeit mit seinem Ende. Das erzählte ich Kafka, und das hat ihn schließlich milder gestimmt. Später kam er uns mal in Berlin in der Haberlandstraße besuchen. In seinem Wesen war etwas Düsteres, Melancholisches. Das blieb auch Elsa nicht verborgen. Gewöhnlich freute sie sich besonders, wenn Künstler oder Schriftsteller zu Besuch kamen. Aber Franz Kafka war ihr unheimlich.»

Er lacht laut, ehe er hinzufügt: «Vor allem, nachdem sie ‹Die Verwandlung› gelesen hatte. Dazu wollte ihr gar nichts einfallen, aber düster berührt hat es sie doch. Und als Kafka dann an der Haustür klingelte, verschwand Elsa heimlich über den Dienstboteneingang.»

Er lacht erneut. «Aber was das Veröffentlichen angeht», bemerkt Einstein, «hatte es Kafka ja ähnlich eilig wie Sie.»

Gödel guckt gequält, als Einstein ihn spitzbübisch angrinst. «Über ‹Das Schloss› hätten wir uns gar nicht unterhalten können, es ist wie der Großteil seiner Werke ja erst posthum veröffentlicht worden.»

Eine Weile läuft Gödel schweigend neben ihm her. Kurz bevor sie in die Mercer Street biegen, meint Einstein: «Rein sprachlich ist Kafkas Werk ja sehr nüchtern.»

Gödel schweigt. Schließlich antwortet er: «Je mehr ich über die Sprache nachdenke, umso mehr wundert es mich, dass die Menschen einander überhaupt je verstehen.» Mit der rechten Hand wischt er unsichtbaren Staub vom Ärmel seines hellen Leinenjacketts. «In jedem Fall ist Kafka ein hervorragender Logiker gewesen», fügt er anerkennend hinzu.

Wundern tut es Einstein nicht, dass Kurt Gödel sich gern in Kafkas Welten verliert. Da fällt ihm etwas ein. Bereits seit Wochen hat er nichts mehr von Margarita gehört. Auf seinen Brief hat sie zwar geantwortet, aber seit ihrem letzten Treffen sind bereits Monate vergangen.

«Vielleicht hätten Sie Lust, demnächst mit Ihrer Frau zum Essen zu uns zu kommen? Ich könnte Sie mit meiner Freundin Margarita Konjonkowa bekannt machen, der Frau des berühmten russischen Bildhauers. Ich habe Margarita bereits des Öfteren von Ihnen erzählt. Sie ist wissenschaftlich sehr interessiert und würde sich sicher freuen, Ihre Bekanntschaft zu machen.»

Gödel hält abrupt inne.

«Eine Russin?», fragt er stirnrunzelnd nach.

Einstein nickt.

«Haben Sie denn keine Angst?»

«Vor Margarita?» Einstein lacht sein donnerndes Lachen.

«Eine Russin, die sich für Wissenschaft interessiert, finden Sie nicht suspekt?», insistiert Gödel. «Sie könnte eine Spionin sein!»

Einstein muss sich bemühen, nicht laut loszuprusten.

«Margarita lebt seit Jahrzehnten hier in den Staaten. Ihr Mann ist ein international beachteter Künstler, der mit Politik nichts am Hut hat. Im Übrigen ist Margarita mit Eleonore Roosevelt befreundet», erklärt Einstein amüsiert.

Gödels Miene verfinstert sich. «Das macht sie in meinen Augen nur umso verdächtiger», entgegnet er ruhig, ehe er sich verabschiedet.

Schon verrückt, der Gödel, denkt Einstein kopfschüttelnd, als er die Tür seines Hauses aufschließt. Die Katzen miauen, und als er seinen Hut an die Garderobe hängt, klingelt das Telefon. Ob er einen «Mäx Plänck» kenne, will eine raue Männerstimme wissen. In einem Englisch, das sehr weit entfernt klingt.

Von der Welt und ihren Hyphen

10. Mai 1945, Zürich, Burghölzli

Der junge Volontärarzt, der Eduard begutachten soll, fährt sich nervös über die Stirn.

Vorgestern hat ihn ein dreister Patient angespuckt. Mitten ins Gesicht. Eine ordentliche Dosis Apomorphin hat er dem Kerl als Konsequenz verpasst. Daraufhin musste der so heftig und lange brechen, dass er sich das nächste Mal gut überlegen wird, wen er anspuckt. Man darf sich ja schließlich nicht alles gefallen lassen.

Gestern wiederum ist Frau Stierlin, eine erfahrene Wärterin im Frauentrakt, beinahe ertränkt worden. In einem Putzeimer. Die Stierlin war bereits bewusstlos, als sie in letzter Sekunde durch die zu Hilfe eilenden Kolleginnen gerettet werden konnte. Die Verrückten können in ihrer Raserei mitunter unmenschliche Kräfte entfalten. Und solche Vorkommnisse können auch den erfahrensten Arzt noch nervös machen. Vor ein paar Tagen erst hat der Anstaltsleiter ein Gespräch mit ihm geführt. Stets ruhig müsse man agieren, hat Bleuler zu ihm gemeint: «Unsere Patienten sind wie Hunde. Die riechen, wenn Sie Angst haben.» Gegrinst hat der Direktor und hinzugefügt: «Und ein Hund, der Angst riecht, kann gefährlich werden.»

Keine Angst soll man also haben. Aber die Gefahr ist trotzdem da, denkt der Volontärarzt. Die robuste Stierlin zum Beispiel hat etwas Rohes, Grobschlächtiges, die wirkt alles andere als ängstlich. Trotzdem liegt sie jetzt im Spital.

Schon der allererste Direktor des Burghölzli, Bernhard von Gudden, war Opfer seiner Patienten geworden. Vor gut sechzig Jahren hatte ein ehemaliger Patient auf ihn geschossen. Wie durch ein Wunder hat von Gudden das Attentat unverletzt überstanden. Und dann fiel er dem verrückten bayerischen König Ludwig zum Opfer, der ihn und sich ertränkt hat.

Der junge Volontärarzt reibt sich müde die Augen. Schlecht geschlafen hat er. Wieder einmal. Vorübergehend ist er in einem winzigen Zimmer in der Abteilung für Unruhige untergebracht, weil sonst nichts frei ist. Da bekommt man naturgemäß kein Auge zu. Den ganzen Tag im Bett liegen wie sein Patient vor ihm, das möchte er auch gerne mal. Inzwischen hat man Eduard den Gips am Arm abgenommen, der an den Beinen soll demnächst entfernt werden. Der Volontärarzt blättert fahrig in seinen Unterlagen, rückt seinen Stuhl zurecht und erläutert nochmals sein Vorhaben:

«Beim Assoziationstest nach Brunnschweiler geht es, wie der Name bereits deutlich macht, lediglich um Assoziationen. Sie sagen mir, was Ihnen bei den Begriffen, die ich Ihnen nenne, in den Sinn kommt. Haben Sie das verstanden?»

Eduard nickt.

Der Arzt zieht einen gespitzten Bleistift aus seinem Kittel hervor und hält ihn kurz prüfend gegen das Licht. Eduard sieht ihm dabei zu. Genauso macht es Franz immer mit seinen Aufsteckern, denkt er.

«Grün», sagt der Arzt und sieht Eduard durchdringend an.

«Gelb ist mir lieber», antwortet Eduard zögernd, «aber Grün ist die Farbe der Hoffnung. Heißt es.»

Der Arzt macht sich eine Notiz auf seinem Block.

«Oder sollte ich lieber ... war das falsch ...?», fragt Eduard verunsichert.

«Wie bereits erwähnt, es gibt kein Richtig oder Falsch», unterbricht ihn der Arzt bestimmt, «es handelt sich hier um einen Assoziationstest. Alles ist möglich.»

Trotzdem kann dir jede Assoziation zum Verhängnis werden, ergänzt die Stimme in Eduards Kopf boshaft.

«Wasser», fährt der Arzt fort und kratzt sich nervös am Hinterkopf.

«Wasser ist lebensnotwendig», entgegnet Eduard, «aber man kann natürlich auch seinen Tod darin finden. Wenn man ertrinkt.»

Kratzend fährt der Bleistift des Arztes über das Papier seines Notizblocks.

«Stechen.»

Eduard überlegt. «Meine Mutter hat eine große Kakteensammlung», erklärt er schließlich, «als Kind habe ich mich oft daran gestochen.» Der Arzt blickt auf.

«Also an den Stacheln, meine ich.»

«Engel», erwidert der Arzt ohne den Anflug einer Gefühlsregung.

«Da muss ich an die Wärterinnen denken, die sich zur Weihnachtsfeier als Engel verkleidet haben.» Leiser fügt er hinzu: «Obgleich sie gar nicht so engelhaft sind.»

«Lang», fährt der Arzt fort.

«Ich bin schon sehr lange hier.»

«Schiff», erwidert der Arzt.

«Mein Vater ist immer gerne gesegelt. Ich selber hatte Angst davor. Obwohl ich schwimmen kann. Mein Vater kann nicht schwimmen und hatte trotzdem keine Angst. Er hat noch nicht einmal eine Schwimmweste mitgenommen. Tja, das ist wohl ein entscheidender Unterschied.»

Der Bleistift des Mediziners kratzt über das Papier, etwas länger als zuvor.

«Wolle.»

«Wolle kratzt.» Eduard hält kurz inne. «Scheinbar nicht, wenn man ein Schaf ist.»

Der Arzt hebt den Blick. Ausdruckslos sieht er Eduard an. Humor hat er offensichtlich keinen.

«Freundlich», fährt er dann mit kalter Stimme fort.

«Man freut sich ... wenn jemand freundlich ist», antwortet Eduard schüchtern.

«Tisch», entgegnet der Arzt.

«Reimt sich auf Fisch», rutscht es Eduard heraus. Er beißt sich auf die Zunge.

Du assoziierst dich um Kopf und Kragen, tadelt die Stimme in seinem Kopf. Schweiß tritt ihm auf die Stirn.

«Fragen», fährt die Stimme des Arztes unerbittlich fort.

«Ja, manchmal hätte man gerne Antworten», entgegnet Eduard hilflos. «Auf die vielen Fragen, die man hat.»

«Trotzig.»

«Trotzig, trotzig ... soll man wohl nicht sein?», fragt Eduard.

«Stängel», schallt es aus dem Mund des Arztes, einer Antwort gleich. Ohne dass er aufblickt.

«Ein Stängel» wiederholt Eduard, überlegt kurz und muss unwillkürlich grinsen, auf das hin, was die Stimme in seinem Kopf ihm einflüstert. Aber er reißt sich zusammen: «Da, also, da antworte ich: Blume.»

Der Stift des Mediziners fliegt kratzend über das Papier.

«Welt», sagt er schließlich und sieht ihn herausfordernd an.

«Pilz», antwortet Eduard, wie aus der Pistole geschossen.

«Pilz?», wiederholt der Arzt fragend.

«Ja», Eduard nickt bekräftigend, «wissen Sie», er greift

unwillkürlich unter seine Decke und zieht sein Notizbuch hervor und blättert. «Ich hatte einen Traum», erklärt er aufgeregt, sucht in dem abgegriffenen Büchlein und präsentiert es schließlich stolz seinem Gegenüber.

Etwas genervt sieht der Arzt auf die Zeichnung, die Eduard ihm entgegenhält. Was soll das sein?, fragt er sich. Eine einzelne weibliche Brust mit einem gigantischen Wirrwarr an lockigem Haar drum herum? Allmählich machen die Verrückten ihn wahnsinnig.

«Das ist ...», der Arzt räuspert sich, «das ... haben Sie also geträumt?»

Eduard nickt und sieht ihn strahlend an, mit einem eigenartigen Glanz in den Augen.

«Wissen Sie, Herr Doktor», erklärt Eduard, indem er auf die Zeichnung deutet, «es ist so: Die Welt ist ein Pilz.»

«Aha», entgegnet der Arzt nüchtern, «ist sie das? Und wieso ein Pilz?»

«Was wir sehen», erläutert Eduard mit einer weit ausholenden Geste seines rechten Armes, «alles um uns herum ist Materie. Und diese Materie, all das, was wir sehen und anfassen können, das ist der Fruchtkörper.»

Er zeigt auf das halbrunde Etwas auf seiner Zeichnung, das der Arzt für einen Busen gehalten hatte.

«Der Fruchtkörper», fährt Eduard fort, «ist aber nur der winzige sichtbare Teil des ganzen Pilzes. Wenn wir beispielsweise im Wald einen Steinpilz pflücken, ist das ja auch nur die Frucht des eigentlichen Pilzes, der als gigantisches Myzel in der Erde versteckt ist. Nur ein Apfel vom Baum, wenn Sie so möchten. Das in der Erde verborgene Myzel besteht aus Millionen von Hyphen, die wie hauchfeine Wurzeln alles durchdringen. Und miteinander verbinden. Die Hyphen sind so klein, dass wir sie gar nicht sehen können. Aber sie sind trotzdem da.»

Sein Blick wandert erwartungsvoll zum Arzt. Der Mann starrt ihn teilnahmslos an.

«Verstehen Sie?», fragt Eduard. «Die Hyphen sind überall. Sie verbinden alles und jeden miteinander. Alles ... ist miteinander verbunden.»

Der Arzt starrt auf sein Papier.

«Jaja», antwortet er schließlich und kratzt sich abermals.

Und nach einer Weile: «Wie ging es denn weiter? Ihr Traum?»

«Es ging nicht weiter. Ich habe nur zum ersten Mal den ganzen Pilz gesehen. Mitsamt Myzel.»

Hoffnungsvoll blickt er zum Arzt.

Der Arzt guckt schließlich beiseite, ehe er nickt und fragt: «Und was hat das mit Ihnen zu tun, Eduard? Wie erging es Ihnen in dem Traum?»

Aber Eduard antwortet nicht. Er lächelt stumm.

Nach einer Weile beginnt der Bleistift des Arztes erneut über das Papier zu kratzen. *Störrigkeit, sexueller Komplex*, notiert er, *Defektschizophrenie, erethische Idiotie*. Und mit einem Blick auf Eduards untersetzte Gestalt fügt er ergänzend hinzu: *Verdacht auf Naschsucht*.

Dann verabschiedet er sich von seinem Patienten. Traurig ist das, denkt der Arzt im Hinausgehen. Da hat einer den intelligentesten Menschen des Planeten zum Vater, und was wird aus ihm? Ein Verrückter.

Die Sieger und ihre Beute

16. Mai 1945, Rogätz

Falsche Richtung, meine Herren», ruft er aufgeregt, als der Fahrer unerwartet nach links abbiegt und den Geländewagen die Magdeburger Straße hinunter steuert. Marga greift beruhigend nach seiner Hand. Der Fahrtwind weht ihr ins Gesicht und verwirbelt ein paar graue Strähnen, die unter ihrem Kopftuch hervorschauen. Hinter ihr sieht er kurz das Gutshaus auftauchen, im Hof parken amerikanische Militärfahrzeuge. Die Sonne brennt vom Himmel, es ist sommerlich warm, gar nicht unangenehm, dass ihnen der Fahrtwind in diesem ungewöhnlichen offenen Fahrzeug um die Ohren pfeift.

Die Strecke, die er bis vor Kurzem täglich zu Fuß ging, ist nicht wiederzuerkennen: In der unteren Magdeburger Straße steht kaum noch ein Haus. Das Kaufhaus Staack ist nur mehr ein Haufen Schutt, nachdem vorigen Monat ein mit Munition beladener Wehrmachts-Lkw direkt davor explodiert ist. Die Gaststätte Zur Sonne – mitsamt Saal bis auf die Grundmauern abgebrannt. Daneben stehen ein paar junge Frauen im Schutt und klopfen Steine ab. Der Wagen biegt rechts in den Fährdamm ein. Als das Fahrzeug durch ein Schlagloch rumpelt, schreit Planck kurz auf. Der Körper eines siebenundachtzigjährigen Mannes ist für diese Welt nicht gemacht. Bei jeder plötzlichen Bewegung schießt ihm ein unerträglicher Schmerz durch seine verknöcherte Wirbelsäule.

Marga streichelt seine Hand, er sieht sie dankbar an. Wenn er Marga nicht hätte.

Langsam und gedämpft rollt der Wagen jetzt den Fährdamm hinunter, die Straße unter den groben Stollenreifen ist mit Teppichen unterschiedlichster Art bedeckt, die die Bevölkerung gestern eilig herbeischaffen musste. Auch die Mauer am Straßenrand ist dekoriert: mit prächtigen roten Stoffschleifen und rot-weiß-blauen Rosetten. Das alles haben die Frauen aus dem Dorf aus zerschnittenen Hakenkreuzfahnen, Bettlaken und alten Fischerhemden auf Anweisung der Amerikaner hastig zusammengebastelt, ein bizarrer Kontrast zu der Zerstörung ringsum.

Der Soldat auf dem Beifahrersitz, der sich als Gerard Kuiper vorgestellt hat, dreht sich zu ihm um und erklärt freundlich lächelnd: «Wir müssen nur noch den Fahrer wechseln, Herr Professor. Keine Sorge, es dauert nicht lang.» Kuiper ist im zivilen Leben von Beruf Astronom, ein Amerikaner niederländischer Herkunft, der ein tadelloses Deutsch spricht, mit einem charmanten holländischen Akzent. Jetzt wendet Kuiper sich wieder dem Fahrer zu und redet in diesem amerikanischen Slang, den Planck nicht versteht.

Direkt vor ihrem Wagen schiebt ein russischer Soldat zwei Fahrräder neben sich her. Aus dem Haus, in dem der Fährmann Leuffert wohnt, tragen ein paar Rotarmisten Matratzen und Federbetten heraus.

Acht Tage ist es her, dass die deutsche Wehrmacht bedingungslos kapituliert hat. Das Volk musste neben sämtlichen Waffen auch seine Radiogeräte abgeben, daher verbreiten sich Nachrichten neuerdings nur noch über Buschfunk. Vorwiegend beim Wasserholen, denn da treffen sich die Leute mehrmals täglich an der Schwengelpumpe vor dem Gutshaus und tauschen Neuigkeiten aus. «Der Iwan kommt!», hat es bereits seit Tagen geheißen. Angstvoll haben sie die Ankunft der Roten Armee erwartet, gestern früh war es schließlich so weit: Die erste russische Vorhut war am gegenüberliegenden Ufer der Elbe gesichtet worden. Und so haben die Amerikaner, die das Dorf bereits seit Mitte April besetzt halten, ihren Verbündeten umgehend einen gebührenden Empfang bereitet und vergangene Nacht ihre Zusammenkunft gefeiert.

Die Bremsen quietschen, als der Wagen zum Stehen kommt. Auch das Elbufer ist noch mit Teppichen bedeckt. Dort vorne erkennt er zwischen Strohmatten und einfachen Läufern den großen, prachtvollen Perserteppich aus dem Salon des Gutshauses, vor wenigen Wochen ist er selbst noch täglich über diesen Teppich gelaufen. Als wäre eine Ewigkeit seitdem vergangen.

Die riesige Tafel am Elbufer, zusammengestellt aus verschiedensten Tischen, Stühlen und Sesseln, ist nun verwaist, leere Flaschen und Gläser stehen herum, ein paar Stühle sind umgekippt. Weiter rechts liegen einige Männer bewegungslos im Gras. Aber anders als vor ein paar Wochen sind es keine Toten: Die reglosen Leiber, die hier in ihren Uniformen in der Sonne ruhen, schnarchen laut. Soweit er erkennen kann, allesamt Amerikaner. Was das Trinken angeht, sind die Russen härter im Nehmen. Die sind alle schon wieder auf den Beinen.

Gerard Kuiper ist inzwischen ausgestiegen und spricht etwas abseits mit einem amerikanischen Offizier. Sie stehen vor der Feldsteinmauer an der Lügenbank, wie die Leute sie nennen, auf der in Friedenszeiten die alten Fischer sitzen und sich ihre Geschichten erzählen. Während der Offizier gestikuliert, blinkt und funkelt sein linker Arm im Sonnenlicht, als wäre er mit riesigen Pailletten übersät. Was Planck anfangs für neuartige Orden oder Abzeichen hält, entpuppt sich, als der Offizier sich etwas abwendet, als ganz eigene Art von Kriegstrophäen:

Von der Schulter bis zum Handgelenk reihen sich an die fünfzehn Armbanduhren um seinen linken Arm. Mit der Rechten deutet der Offizier jetzt zum Flussufer, wo drei Soldaten
Wache stehen, das Maschinengewehr im Anschlag. Am anderen Elbufer sind ebenfalls Wachen postiert. Dort sind es Rotarmisten, die darauf achten, dass niemand unerlaubt den Fluss
überquert.

Es ist so gekommen, wie sein Kollege Max von Laue bereits
vor Monaten prophezeit hat. Nun ist es plötzlich von Bedeutung, dass das Dorf Rogätz auf der linken, nicht auf der rechten
Elbseite liegt. In den letzten Kriegswochen haben zahlreiche
deutsche Soldaten und Zivilisten versucht, hier über den Fluss
zu kommen und Richtung Berlin zu fliehen. In den vergangenen Tagen allerdings hat sich das Blatt gewendet. Ob gewöhn-
liche Zivilisten, Wehrmachtssoldaten oder stramme Nationalsozialisten: Alle haben Angst vor den Vergeltungsmaßnahmen
der Russen. Manch einer versucht, sich seine Weste blütenrein
zu waschen, die braunen Flecken wegzubekommen. In Berlin,
hat er gehört, werden neuerdings fünfhundert Reichsmark für
einen Judenstern gezahlt. Inzwischen fliehen die Menschen
in die entgegengesetzte Richtung wie kürzlich, jetzt wollen
sie in den Westen gelangen. Manch einer geht in der starken
Strömung des kalten Elbwassers unter oder fällt den Maschi-
nengewehren der sichernden Soldaten zum Opfer. Die Dorfbewohner sichten seit Tagen immer wieder Leichen, die den
Fluss hinuntertreiben.

«Alles klar, Herr Professor. Unsere Reise kann losgehen.»
Der Ruf Gerard Kuipers holt ihn aus seinen Gedanken zurück. An der Seite des Astronomen ein junger, kaugummi-
kauender GI, der ihnen als neuer Fahrer vorgestellt wird und
sich zur Begrüßung lässig mit zwei Fingern an seinen Stahlhelm tippt. Die beiden Männer schwingen sich auf die Vorder-

sitze, eine Tür hat dieser neumodische Geländewagen nicht, verriegelt wird mit einer dünnen Kette. Mit einem kurzen Ruck, der ihm schmerzhaft in die Knochen fährt, setzt der Wagen zurück, wendet und steuert die Magdeburger Straße wieder bergauf.

Am Ortsausgang ragt linker Hand das Ziegeleigelände auf. Rund um das umzäunte Areal haben die Amerikaner aus frisch gefällten Pappeln einfache Wachttürme errichtet, die wie Jägerstände aussehen. Sämtliche Landser, die sie in der Umgebung aufgreifen, werden hierhergebracht. Weit über tausend deutsche Kriegsgefangene sollen es inzwischen sein, die hier hinter dem Zaun unter freiem Himmel leben, einer ungewissen Zukunft entgegenharrend. Ein paar Mägde vom Gutshof haben kürzlich erzählt, dass sie aus Mitleid einige Lebensmittel über den Zaun geworfen hatten. Daraufhin kam es unter den Gefangenen zu Tumult und Prügelszenen.

Als sie am Lager vorbeifahren, heben die wachhabenden Soldaten auf ihren Türmen grüßend die Hand, der kaugummikauende Fahrer tippt sich zur Antwort wieder flüchtig an den Stahlhelm.

Ihr Weg führt über Loitsche, vorbei an Zielitz. Im nahegelegenen Wolmirstedt machen sie bei der dortigen US-Kommandantur halt und tanken den Wagen auf. Wenig später sieht er in der Ferne die Silhouette der zerstörten Stadt Magdeburg. Einzig die Kirchtürme ragen aus einem riesigen Trümmerfeld. Hinterm Ortsschild von Barleben liegt ein großer Pferdekadaver am Straßenrand. Genau genommen nur mehr das Gerippe und ein paar stinkende Gedärme, den Rest hat sich die hungernde Bevölkerung offenbar von den Knochen geschnitten.

Das ist das Ende, denkt er. Jahrelang haben sie das Kriegsende herbeigesehnt, aber dass es so kommen würde, das haben sie nicht gedacht. Nervös trommeln seine schmalen Finger auf den blauen Koffer, der auf seinem Schoß liegt. Wenn er jetzt zu Hause wäre, würde er Trost in der Musik suchen, denkt er. Er würde sich an den Flügel setzen und Brahms spielen. Aber ihr Zuhause wurde bereits vor zwei Jahren von den Amerikanern zerbombt. Und das Gutshaus in Rogätz wurde vor einem guten Monat zur Unterkunft der 102. Division des 407. Regiments der US-Armee umfunktioniert. Die wenige Habe, die ihnen geblieben war, ist in den vergangenen Wochen auf der Flucht verloren gegangen. Selbst die Partituren, die er abends gelesen und zumindest im Kopf noch gespielt hat, sind fort. Sein ganzer weltlicher Besitz steckt in dem taubenblauen Koffer vor ihm.

Kurz vor der Auffahrt zur Reichsautobahn kommen sie an einem Panzerwrack vorbei. Aus dem Turm hängt kopfüber ein toter Soldat. Ein riesiger Schwarm schillernder Fliegen erhebt sich von den leblosen Körpern, die davor auf dem Asphalt liegen, als ihr Wagen vorüberbraust.

An der Musik kann man sich aufrichten, hat er seinen Kindern immer erklärt. Und an der Physik. Das mit der Musik haben sie sofort verstanden. Aber was er so liebt an der Physik, hat ihn Erwin als Kind einmal gefragt.

«Die Physik», hat er geantwortet, «versucht, uns die Welt zu erklären. Was kann es Schöneres und Beruhigenderes geben?»

Der dritte Hauptsatz der Thermodynamik kommt ihm in den Sinn: Der absolute Nullpunkt der Temperatur kann durch keinen Prozess mit einer begrenzten Anzahl von Schritten erreicht werden.

«Das bedeutet», flüstert er leise zu sich, «man kann sich dem absoluten Nullpunkt beliebig nähern, ihn aber nie erreichen.» Diesen Gedanken empfindet er als tröstlich.

Der freundliche Gerard Kuiper wendet sich erneut zu ihm um: «Wie lange wir nach Göttingen brauchen werden, ist in diesen Zeiten schwer zu sagen, Herr Professor.»

«Zeit ist relativ», sagt Planck und lächelt zurück.

Kuiper nickt. «Das weiß ich von Ihrem Freund und Kollegen, Herrn Einstein. Und während des Studiums habe ich Ihre Schriften natürlich gelesen. Einstein hat sich für Ihre Rettung eingesetzt, sonst säßen wir jetzt wohl nicht gemeinsam in diesem Wagen.»

Er schweift kurz in Erinnerung ab. Von Einstein hat er seit Jahren nichts mehr gehört.

«Es ist zu gütig, was Sie für uns auf sich nehmen, werter Kollege. Ich weiß gar nicht, wie ich Ihnen meine Dankbarkeit erweisen kann.»

Kuiper winkt bescheiden ab und dreht sich wieder nach vorne. Und denkt an seinen Auftrag. Denn Kuiper ist stellvertretender Leiter von Alsos, einer US-Geheimdienstmission im Rahmen des Manhattan-Projektes. Seit zwei Jahren arbeitet er mit seinem Team aus Wissenschaftlern und Militärs fieberhaft daran, an Informationen aus Deutschland zu kommen, insbesondere zur Atomforschung. Vor wenigen Wochen erst haben sie herausgefunden, dass die größte Angst der Alliierten unbegründet war: Vom Bau einer Atombombe waren die Deutschen hoffnungslos weit entfernt. Seitdem soll die Alsos-Mission vor allem verhindern, dass wissenschaftliche Erkenntnisse in fremde, nichtamerikanische und insbesondere nicht in russische Hände gelangen. Der greise Mann, der sich hinter Gerard Kuiper an seinem kleinen Koffer festhält, ist an den jüngsten Forschungen zur Atomkraft nicht beteiligt gewesen, das weiß man. Aber die größte Koryphäe der deutschen Naturwissenschaft, den Begründer der Quantentheorie, ließe man ungern in den Händen der russischen

Verbündeten zurück. Daran ändert auch keine gemeinsame Feier etwas.

In Göttingen werden sie problemlos unterkommen, denkt Max Planck. Dort hat er Verwandte, seine Nichte hat ihm bereits vor Wochen zwei Zimmer in ihrem Haus angeboten. Ein Großteil seiner Vorfahren lebte in Göttingen. In dieser Stadt der Wissenschaft kennt er auch Kollegen. Und vielleicht werden nun auch weitere Kollegen aus dem Ausland zurückkehren, denkt er.

Sein Blick fällt auf den tadellos ausrasierten Nacken des vor ihm sitzenden Kuiper. Dass dieser angenehme Mensch und Wissenschaftler im Militärgewand den weiten, beschwerlichen Weg bis nach Rogätz gekommen ist, um ihn und seine Frau zu seinen Verwandten zu bringen, ist jedenfalls höchst erbaulich.

Er sieht Marga zuversichtlich an.

Dank

Zuerst möchte ich meinem Vater danken, ohne den es dieses Buch nicht geben würde. Er brachte mich auf die Idee, diesen Teil Familiengeschichte aufzuarbeiten. Er hat mir schon vom Schicksal Erwin Plancks erzählt, als ich noch ein Kind war. Als ich diesen Roman schrieb, konnte ich mich auf zahlreiche Briefe, Notizen, Fotos und Dokumente der Familie Planck stützen; mein Vater war mir beim Entziffern der Handschrift Max Plancks eine große Hilfe.

Für viele Hinweise und hilfreiche Gespräche danke ich der Autorin Astrid von Pufendorf, Johannes Tuchel von der Gedenkstätte Deutscher Widerstand, Dieter Hoffmann vom Max-Planck-Institut für Wissenschaftsgeschichte, Carolin Pommert vom Institut für Geschichte der Medizin und Ethik in der Medizin, Judith Hahn vom Berliner Medizinhistorischen Museum der Charité, Ulrich S. Soénius von der Stiftung Rheinisch-Westfälisches Wirtschaftsarchiv zu Köln, Ralf Hahn von der Deutschen Physikalischen Gesellschaft, Thomas Parschik und Ecf Overgaauw von der Handschriftenabteilung der Staatsbibliothek zu Berlin, Karin Huser vom Staatsarchiv des Kantons Zürich, meiner Schwester Friederike Rauch (Sammlung Prinzhorn), Katrin Luchsinger von der Zürcher Hochschule der Künste, dem Autor Werner Rügemer, Hans-Josef Reichmann vom Deutschen GeoForschungsZentrum, dem Mathematiker Reinhard Tiebel und nicht zuletzt meiner Freundin Sophie Gudenus, meinen Onkeln Thomas Kuhnert und seinem Bruder, dem Pianisten Rolf Kuhnert. Sowie meinem Freund Michael Degen, der dieses Buch leider nicht mehr lesen kann.

Ich danke der Journalistin Margitta Häusler vom Verein Heimat- und Kulturfreunde Rogätz für zahlreiche Telefonate und aufschlussreiche Führungen durch Rogätz.

Ich danke dem Ministerium für Wissenschaft, Forschung und Kultur des Landes Brandenburg für die Förderung dieses Projekts durch ein Literatur-Stipendium.

Ich danke Hildegard Krämer und dem Schriftsteller Vladimir Porudominskij, die mir so lebendig von Nelly Planck und ihrer Ziehtochter Elisabeth zu Salm-Salm erzählten. Das Gleiche taten Daria Naumez sowie Franz zu Salm-Salm. Ihnen gilt mein herzlicher Dank für die großartige Unterstützung und ihr Vertrauen. Ohne ihre Hilfe wäre dieses Buch um vieles ärmer.

Besonderer Dank gilt dem Rowohlt Berlin Verlag. Vor allem meinem Lektor Wilhelm Trapp, der mich auch bei diesem Buch tatkräftig unterstützt hat. Und ganz besonders meinem Verleger Gunnar Schmidt, der von Anbeginn an dieses Projekt geglaubt und mich auf dieser langen Reise immer wieder ermutigt hat.

Am meisten aber danke ich meiner Frau Ute. Für ihre Geduld und Unterstützung, du bist und bleibst mir meine liebste Kritikerin.

Inhalt